세계적인 정보과학자가 된 어느 철공소 직공의 이야기

퓨처드림

일러두기

1. 본문에 등장하는 인용문은 각주에 출처를 밝혔습니다.
2. 본문에 등장하는 소설 및 단행본 저작은 『 』, 영화, 음악 및 미술작품은 「 」으로 표기했습니다.
3. 본문에 등장하는 외래어는 기본적으로 국립국어원 외래어표기법을 따랐으며, 필요에 따라 한자, 영문 및 외국어를 병기했습니다. 외국인명은 원칙적으로 영문명을 병기했으나, 잘 알려진 인물의 경우는 생략했습니다.
4. 책 속에 등장하는 사진은 구글, 핀터레스트 및 저작권이 해결된 소스에서 가져왔으나, 삽화의 저작권은 출판사에 있습니다.

FUTURE

퓨처 드림

김병곤
지음

DREAM

피톤치드

저자에게 원고를 받아 읽고 큰 감명을 받았습니다. 철공소 직공에서 출발하여 정보과학 분야 세계적인 학자가 되기까지 시련을 온몸으로 이겨낸 저자의 이력이 제일 먼저 눈에 들어왔습니다. 그 다음에는 낙동강 뗏목여행이나 히말라야 등반 같이 생사를 넘나드는 극한의 체험을 통해 저자의 도전이 눈물겹게 느껴졌습니다. 그러나 원고의 마지막을 다 읽고 나니 평소 치열한 학술 연구와 산업 현장의 실무 체험을 통해 자신의 운명마저 극복한 저자의 인간 승리가 감동의 파도처럼 밀려왔습니다. 이 책은 한 번 읽어서는 안 될 책인 것 같습니다. 저자의 성공 스토리는 오늘날 인생의 행복과 성공을 꿈꾸는 젊은이들에게 강한 울림을 줄 것이라 확신합니다. 또한 어린 자녀를 둔 부모님들에게도 성공적인 자녀 교육을 위한 지침서로써 이 책을 추천하고 싶습니다.

장대환
(매경미디어그룹 회장)

원고를 읽는 내내 감탄과 존경의 마음을 금할 수 없었습니다. 어떻게 이렇게 스스로에게 철두철미한 삶을 살 수 있었을까? 꿈을 가진 철공소 직공은 만난萬難을 헤치고 세계적으로 인정받는 학자로 우뚝 섰습니다. 이 책은 인생에서 비류比類를 찾을 수 없는 괄목할만한 성공을 거둔 한 인간의 감동적인 휴먼 스토리이자 이 땅의 젊은이들에게 무너지지 않는 인생의 설계도를 친절하게 알려 주는 나침반과 같습니다. 아마 이 책은 김 교수님이 지금까지 이룬 인생의 업적 중에서 가장 훌륭한 필생의 과업이 될 것으로 믿습니다. 여러분들에게 일독을 권합니다.

길환영
(전 KBS 한국방송공사 사장)

책을 읽는 내내 울고 웃었습니다. 오랜만에 몸에 좋은 보약과 같은 책을 만난 느낌입니다. 저자의 날렵하고 번뜩이는 아이디어와 곳곳에 숨어 있는 촌철살인의 글에서 많은 영감을 얻었습니다. 한 편의 멋진 인생 드라마를 본 것만 같습니다. 그렇다고 개인적인 이야기로 멈춘 책이 아닙니다. 자서전이 아니라 인문 교양서로도 손색이 없습니다. 여러분들에게 강력하게 추천합니다.

장경동
(대전 중문교회 담임목사)

여러 모임에서 여러 번 뵈었지만, 김 교수님이 대구 철공소 직공 출신이었는지는 이번에 책을 읽으며 처음 알았습니다. 그렇게 3D 업종에서 일하던 처지를 극복하고 4차 산업혁명을 주도하는 세계적인 석학이 되셨다는 게 믿기지 않습니다. 운명을 이긴 도전들 하나하나가 지금의 교수님을 만들었다고 생각합니다. 책 구석구석에서 건져 올린 귀중한 가르침이 교수님의 인생과 어우러지며 멋진 앙상블을 이루고 있어 시간 가는 줄 모르고 읽었습니다. 성공을 원하는 분들은 꼭 한 번 읽어 보세요.

양승조
(충청남도 도지사)

앉은 자리에서 순식간에 후루룩 읽었습니다. 한 편의 드라마를 보는 것 같았습니다. 저자의 삶이 실존한 인물의 이야기라는 것이 믿기지 않을 정도였습니다. 나태와 타협이라는 중력을 이기고 성공이라는 무대에 오르는 한 인물의 눈물겨운 일대기는 시간에 의지하듯 조금은 안일하게 살아가고 싶은 내 안의 무언가를 깨워주었습니다. 인문교양서로서도 손색이 없을 이 드라마 같은 자서전이 수많은 영혼들에게 의지와 영감을 불어주길 응원합니다. 감사합니다.

이세준
(가수, 유리상자)

꿈과 목표를 향해
오늘도 변화하고 계십니까?

    심리학자 댄 시몬스Dan Simons와 다니엘 레빈Daniel Levin은 1998년 흥미로운 실험을 하나 했습니다. 실험자가 지도를 들고 아무 보행자에게 다가가 길을 묻습니다. 현지인이라면 쉽게 찾을 수 있는 거리에 있는 건물이었습니다. 보행자는 그 낯선 사람에게 열심히 길을 안내합니다. 그런데 피실험자가 지도를 보며 실험자에게 길을 설명하는 동안, 수리공으로 가장한 실험자 둘이 커다란 문짝을 양쪽에서 들고 피실험자와 실험자 사이를 지나갑니다. 순식간에 일어난 일이라 보행자와 실험자는 길을 비켜줄 수밖에 없습니다. 여러분도 다들 길에서 이런 경험이 한 번쯤은 있지 않습니까? 그런데 아주 잠깐 둘 사이를 지나가는 문짝 뒤에 다른 실험자가 숨어서 따라 걷다가 피실험자의 시야가 완전히 가려졌을 때 지도를 들고 길을 묻던 이전 실험자와 바꿔 서버립니다. 채 몇 초도 되지 않는 찰나에 교체된 새 실험자는 한눈에 보더라도 이전 실험자와 생김 새도 목소리도 완전히 다른 사람입니다. 과연 피실험자는 이 변화 를 눈치챌 수 있었을까요?

여러 번의 실험을 통해 밝혀낸 놀라운 사실은 거의 피실험자의 50%는 자신이 길을 설명해주던 상대가 바뀌었다는 사실을 전혀 알아차리지 못했다는 겁니다. 어떻게 이럴 수 있을까요? 바로 몇 초 전에 자신이 마주보고 있던 상대가 감쪽같이 바뀌었는데도 보 행자의 절반은 변화를 감지하지도 못했습니다. 교체된 사람이 지 도만 들고 있을 뿐 원래의 실험자와는 완전히 다른 사람이었는데도 불구하고 말입니다. 이 현상을 댄 시몬스와 다니엘 레빈은 변화 맹시changes blindness라고 불렀습니다. 피실험자는 오로지 지도에만 집중하고 있었기 때문에 지도 주변의 변화에는 둔감해질 수밖에 없었던 겁니다.

옛말에 '눈 뜨고 코 베어간다.'는 말이 있듯, 주변의 변화에 주의를 기울이지 않으면 우리는 인생이라는 무대에서 조연으로 남을 수밖에 없습니다. 현재 우리가 생존만을 위해 목을 매고 눈앞의 생계와 당장 급한 대출 이자를 융통하느라 하루하루 이리저리 뛰며 바쁘게 살아간다면, 비록 우리가 정면을 바라보고 두 눈을 크게 뜨고 있다 할지라도 우리 주변에서 오늘도 어김없이 시시각각 일어나고 있는 변화를 전혀 알아차리지 못할 것입니다. 그 변화가 커다란 굉음을 내면서 일어나도 전혀 듣지도 못할 것입니다.

변화 맹시는 눈을 감고 있는 사람이 아니라 오히려 눈을 부릅뜨고 있는 사람에게 온다는 사실을 알아야 합니다. '나는 항상 주변을 살피기 때문에 그 정도 변화쯤은 금세 감지할 수 있어.' 내 눈만 믿고 호기롭게 지내다 보면, 어느새 자신이 목적으로 삼았던 지점과는 너무 동떨어진 곳에 길을 잃고 표류하는 자신을 발견할지도 모릅니다. 변화 맹시에서 벗어날 수 있는 유일한 방법은 꿈과 목표를 설정하고 항상 그 푯대를 바라보는 자세를 갖는 것입니다. 스스로 변화하지 않으면 시류와 추세를 따라갈 수 없고, 이상과 계획에 자신을 설정하지 않으면 세상의 낙오자가 되기 때문에 누구나 어쩔 수 없이 인생을 '눈뜬장님'으로는 살아갈 수 없게 됩니다.

저는 남에게 내세울 것 없는 배경에다 별 볼일 없는 출신의 평범한 유년기를 보냈습니다. 흔히 요즘 젊은이들 사이에서 자조적으로 말하는 '흙수저'에 가까운 사람이었죠. 저를 뒷받침해줄 환경도, 제가 비빌 수 있는 언덕도 없었기 때문에, 어려서부터 생활전선에 뛰어들어야 했습니다. 가진 건 몸뚱이 밖에 없었기 때문에 태백 탄광촌에 찾아가 일도 했고, 철공소 직공에 파출소 사환을 전전하며 돈을 벌어야 했죠. 식당 종업원에 중국집 배달 등 정말이지 해보지 않은 일이 없을 정도였습니다. 그러나 저는 꿈이 있었습니다. 배움에 대한 굶주림과 지식욕으로 부단히 변화하려고 했고 현재를 개혁하려고 했습니다. 저는 뜻한 바가 있어 20대 때 인생의 목표를 정하고 그 목표에 맞는 계획을 세워 하루하루 끈기 있게 도전했습니다. 물론 그 도전은 지금도 계속되고 있습니다.

어떤 분들이 보기에는 자그마한 성공으로 보일 수도 있으며, 또 어떤 분들에게는 시시한 이야기로 들릴지도 모릅니다. 저 역시 '성공'이라는 단어로 제 인생을 묘사하기에는 많이 부족한 삶을 살아왔다고 느껴집니다. 남들처럼 유명한 대학도 나오지 못했고, 유학도 다녀오지 못했습니다. 수재들이 모인다는 수도권으로도 진출하지 못했고, 태어나서 지금까지 줄곧 경상도와 충청도를 벗어나지 못한 채 미약한 학문 활동을 해왔습니다. 하지만 부족하고 비천한 삶이라 해도 누군가 그간 제가 걸어왔던 길에서 뭔가 인생에 자그마한 도움의 단서라도 얻을 수 있다면 그것만으로 이 책은 집필의 가치가 있을 것이라 스스로를 채찍질하며 글을 썼습니다.

언제나 느끼는 것이지만, 책을 쓰는 건 그게 제아무리 하찮은 것이라 할지라도 결코 쉬운 작업이 아닙니다. 지금까지 여러 권 책을 썼지만 이번 책만큼 오랜 기간 숙고와 사색이 필요했던 책이 이전에 따로 있었는지 잘 기억나지 않습니다. 그만큼 글을 쓰면서 자신과 씨름하며 많은 어려움을 감내해야 했습니다. 때로는 부끄러운 실패의 기억들과 얼굴이 화끈거리는 경험들이 떠올라 몇 번이고 글을 쓰다 말고 노트를 접었던 경우도 있었습니다. 하지만 그럴 때마다 저의 좌우명, '할 수 있다는 생각과 끊임없는 노력은 생각 이상의 큰일을 이룰 수 있다.'를 늘 생각하며, 열정에 사로잡혀 몇 주 동안 묵혀두었던 노트를 다시금 펼치고 무언가에 이끌리듯 펜을 들 수밖에 없었습니다. 그렇게 글을 쓰면서 다시 새로운 인생의 도전을 떠올리며 꿈의 청사진을 새롭게 설정하는 귀한 기회도 얻었습니다.

이 책은 어떻게 인생의 꿈과 목표를 삼을 것이며 그에 따른 계획을 어떻게 실천할 것인가를 말해주는 인문실용서입니다. 검증도 안 된 여러 현란한 이론들로 도배된 책이 아니라 처음부터 끝까지 제가 경험하고 겪었던 일화를 바탕으로 정직하게 써내려간 보고서입니다. 그래서 이 책에는 단순히 '자기계발서'라는 명칭을 붙이고 싶지 않습니다. 차라리 이 책은 '인문서'에 가깝습니다. 난삽한 개인 이야기가 아니라 처음부터 끝까지 일관된 시점을 가지고 쓴 책입니다. 책을 주욱 읽어보면 아시겠지만, 제 개인적인 이야기는, 비유하자면, 꿈과 목표라는 훌륭한 정찬에 곁들인 애피타이저에 불과합니다. 여러 독자분들이 이 책을 읽으면서 저의 스토리에 감동을 받는 것보다 행간에서 느껴지는 제 삶의 진실성을 느끼실 수 있으면 좋겠습니다. 그래서 부디 이 책을 읽으시고 저마다 변화 맹시에서 벗어나 인생의 꿈과 목표를 정하고 드림 프레임워크에 따라 성공자로 우뚝 서는 모든 분들이 되셨으면 합니다.

이 책이 나오도록 수고해주신 피톤치드 박상란 대표와 편집자 김다은 씨에게 감사의 마음을 전하고 싶습니다. 더불어 추천사를 정성껏 써주신 매경미디어그룹 장대환 회장님, KBS 한국방송공사 길환영 전 사장님, 대전중문교회 장경동 목사님, 양승조 충남도지사님, 가수 이세준 님에게도 감사드리고 싶습니다.

성산 연구실에서 저자 씀

목차

Part 2
열정으로 이루는
위대한 플랜

Part 3

성공을 보장하는
드림 로드맵

PART 1

철공소 직공이 만든
꿈의 여정

FUTURE
DREAM

CHAPTER 1
운명을 이긴 선택

운명은 가망의 문제가 아니다.
그건 선택의 문제다.
운명은 기다려야 하는 게 아닌
성취해야 하는 것이다.

윌리엄 제닝스 브라이언William Jennings Bryan

기회는 결코 기회의 모습으로 오지 않는다. 그리스-로마신화에
'카이로스'라는 신이 등장한다. 그를 처음 보는 사람이라면 신이라는
지위에 어울리지 않는 그의 흉측한 모습에 그만 기겁하고 달아날 것
이다. 그는 벌거벗었으며, 머리채가 뒤가 아닌 이마에 달려 있고, 뒤
통수는 머리카락 한 올 없는 대머리이다. 발에는 날개까지 쌍으로 달
려 있다. 왜 이런 모습을 하고 있는 걸까? 카이로스는 자신을 이렇게
소개한다.

　　"내가 벌거벗은 건 누구나 나를 발견하게 하기 위함이고, 머리채
가 앞에 달린 건 그런 나를 쉽게 잡아챌 수 있게 하기 위함이며, 뒤통
수가 대머리인 건 일단 지나치면 누구도 다시는 나를 잡을 수 없게
하기 위함이고, 발에 날개가 달린 건 그
들에게서 빠르게 달아나기 위함이다."

　　그리고 마지막에 그는 이렇게 덧붙
인다.

　　"내 이름은 기회다!"

정주영 회장에게 짤린
머슴아

나 역시 기회는 기회의 모습으로 오지 않았다. 가난했던 시절, 변변한 공부의 기회조차 얻지 못했던 나에게 '배움'이라는 두 글자는 늘 가슴 깊이 간직하고 있던 빛바랜 꿈이었다. 현실이 암담하고 힘들 때마다 평소 꼬깃꼬깃 접어두었던 그 꿈을 혼자 몰래 꺼내 보고 위안을 삼곤 했다. 행여나 남들에게 들킬까 봐, 주제도 모르고 나불댄다고 놀림 당할까 봐, 답답한 가슴 미처 소리 내어 울지도 못하고 꺽꺽 숨죽이며 한탄했던 두 글자, 바로 '배움'이었다.

더 이상 꿈으로만 남기에 못 견딜 만큼 그 꿈의 크기가 자라면, 사람은 꿈을 따라 살기 시작하는 법이다. 대학을 가야겠다는 막연한 다짐 너머에 어렴풋이 보이는 내 꿈을 따라 혼자 교과서와 참고서를 사서 집에서 가까운 도서관에 틀어박혀 공부하기 시작했다.

독학은 실로 눈물겨웠다. 누구 하나 가르쳐주는 선생도 없이 낑낑대며 이해되지 않는 수학 공식들과 씨름하기를 수개월, 결국 1980년, 경제적 형편이 어려워서 단기에 대학을 졸업하고 취직해서 돈을 벌어야 자립할 수 있기에 당시 '취업이 잘 된다.'고 하는 경북공전에 입학하게 되었다.

'보는 것이 믿는 것이다Seeing is believing.'라는 말이 있다. 사람은 모름지기 내가 본 것 이상을 꿈꿀 수 없다. 오리너구리를 본 적이 없는 사람은 결코 상상만 가지고 오리와 너구리의 조합을 그려낼 수 없다. 자신이 매일 보는 환경에서 한 치도 벗어나지 못하는 게 인간이다. 그 환경은 안에 머물러 있는 자에게 안전한 삶의 터전을 제공해 주지만, 동시에 울타리 밖을 나가지 못하게 가두는 족쇄가 되기도 한다. 나 역시 살아가는 일상의 경계를 넘어갈 수 없었던지, 어린 마음에 대구를 벗어난다는 생각을 미처 해보지도 못했던 것 같다. 지금 생각해 보면, 타 지역 더 나은 조건에 있는 학교들도 많았는데, 당시 제한된 시각을 가진 어린 나에게는 경북공전이 최상의 선택이었다.

학교를 졸업한 후, 경북 경산에 있는 삼화봉제공업사에 취직하여 기성 양복을 제작하는 일을 시작했다. 처음에는 내 손으로 직접 제대로 된 돈을 번다는 게 마냥 뿌듯했다. 하루하루 기계처럼 돌아가는 일상과 고단한 업무는 종종 나를 지치게 했지만, 매달 어김없이 따박따박 채워져 들어오는 월급봉투가 당시에 얼마나 신기하던지, 일주일에 한 번씩 직원들과 삼삼오오 모인 대폿집 회식 자리에서 소주잔을 기울이며, 얼근한 동료가 흥얼대는 뽕짝에 맞춰 쇠젓가락을 튕기는 저녁도 나름 괜찮았다. '이런 게 삶이지, 인생 뭐 있어?' 어찌 보면 사람 사는 게 다 거기서 거기란 생각이 들었다. 가끔 한 번씩 속에서 울컥 솟아오르는 울분의 감정이 있었지만, 그때마다 '착실히 공장엘 다녀야겠다.'고 스스로 다짐하고 또 다짐했다. '이게 어디야? 허튼 생각 말고 열심히 벌어야지' 하는 생각을 했다.

하지만 6개월 정도 공장을 다니면서 그 울분의 감정을 제어할 수 없게 되었다. 점차 삶에 권태감이 몰려왔다. 아무리 그럴듯한 명분을 들이대도 결국 공돌이의 삶이었다. 한기가 느껴질 만큼 차디찬 냉수를 정수리에 확 끼얹은 것처럼 '여기는 내가 있을 곳이 아니구나.'라는 생각이 번쩍 들었다. '내가 지금 뭘 하고 있는 거지?' '내가 지금 어디 있지Where am I?'라는 말은 인생에서 스스로에게 던지는 가장 중요한 질문 중에 하나다. 인생의 좌표에 대한 자각이야말로 스스로의 울타리를 벗어날 때를 상기시켜주는 '알람'이다. 『성서』에서는 신의 입을 빌어 이 질문을 던진다. "아담아, 네가 어디 있느냐?"[1] 예나 지금이나 신의 목소리는 내 내면의 목소리이다. 게다가 '아담'은 히브리어로 '사람'이란 뜻이다.

---

1 「창세기」, 3장 9절.

영어에 '원점from the scratch'이라는 말이 있다.[2] 참 멋진 말이다. 우린 누구나 마음만 먹으면 삶에서 원점으로 되돌아갈 수 있다. 어떤 상황, 어떤 문제에 놓여 있더라도 헨젤과 그레텔처럼 내가 떠나왔던 '원점'에서 삶을 리셋reset할 수 있다. 누구도 인생의 100m 달리기 경주에서 이 원점에 서서 출발하지 않는 선수는 없다. 결승선을 통과하려면 먼저 출발선에 서 있어야 한다. 인생의 좌표를 먼저 찾고 내가 어디서 출발했는지 더듬어 보고 내 앞길의 목표를 설정하는 과정이 누구에게나 필요하다. 나 역시 '내가 지금 어디에 있지?'라는 인생의 좌표를 묻고, '내가 어디서 출발했지?'라는 시발점을 찾고, '내가 어디로 가야하지?'라는 미래의 목표점을 확인하는 과정을 겪었다.

내가 지금 어디에 있지? Where am I?	현실 점검을 통해 지금 나의 현주소를 냉엄하게 평가하고 확인한다. 상황을 타개할 수 있는 발판을 마련할 수 있다.
내가 어디서 출발했지? Where did I come from?	내가 처음 출발한 곳을 되돌아보면서 기준점에서 현재 얼마나 벗어나 있는지 확인한다. 그 간격을 통해 새로운 방향을 모색할 수 있다.
내가 어디로 가야하지? Where am I supposed to go?	현실에 매몰되지 않고 미래의 목표를 계속 바라본다. 정확한 방향을 가지고 미래에 대한 계획을 짤 수 있다.

현실 점검의 3단계

---

2 스크래치(scratch)는 육상 트랙경기에서 '출발선'을 의미한다.

'공부를 하자!' 현실에 안주할 수 없었다. '난 봉제공장에 평생 다닐 수 없어,' 대기업에 취직한다는 목표를 걸고 다시 6개월을 공부에 매달렸다. 내가 변화하려고 발버둥 칠 때 가장 큰 적은 내 자신이다. 하루 잠자는 시간을 빼고 밥 먹는 시간조차 아까워 책을 들고 식사를 했다. 자발성은 배움에 가장 큰 원동력이다. 내가 좋아서 하는 공부는 자기주도 학습의 기본자세다. 『논어』의 「옹야편」에는 "아는 것은 좋아하는 것만 못하고, 좋아하는 것은 즐기는 것만 못하다."는 말이 있다.[3] 남이 시켜서 하는 성취는 오래 가지 못한다. 내가 스스로 알아서 하는 성취야말로 지속 가능한 업적으로 오래 남는다.

　주변 친구들, 특히 같은 공장에 다니는 동료들은 이런 나를 비웃었다. 내가 가장 싫어하는 우리나라 속담이 세 개 있다. '송충이는 솔잎을 먹어야 한다.' '못 올라갈 나무는 쳐다보지도 말아라.' '모로 가도 서울만 가면 된다.' 대기업 입사 시험을 보겠다고 덤비니까 친구들은 송충이는 솔잎을 먹어야 한다고 나를 뜯어 말렸다. "괜히 희망 고문하지 말고 현실에 만족하라."고, "그래서 된다면 아무나 성공했게?"라고 나를 걱정해주는 척 은근히 무시했다. 이런 말들에 속지 말아야 한다. 자신과 다른 지위에 멋진 모습으로 변화된 상대에게서 괜한 자격지심을 느끼는 사람들의 말에 속아

---

3 知之者不如好之者, 好之者不如樂之者.

현실에 안주하면 나만 불행한 일이기 때문이다. 그들이 무서워하는 건 내가 성공할지 모른다는 가능성보다 내가 자신과 다른 위치로 올라갈지 모른다는 염려 때문이다.

송충이는 솔잎을 먹어야 한다.	스스로 일정한 틀 속에 존재를 규정하는 순간 발버둥 쳐도 벗어날 수 없는 숙명론에 매몰되기 십상이다.
못 올라갈 나무는 쳐다보지도 말아라.	외부에서 주어진 한계에 익숙해지다 보면, 인생에서 정말 아무런 도전도 하지 않는 안전주의에 빠지게 된다.
모로 가도 서울만 가면 된다.	과정을 무시하고 결과만을 강조하는 자세는 꿈을 성취해가는 과정에서 얻어지는 무한한 즐거움을 못 보게 만든다.

성공하려면 인생에서 반드시 무시해야 할 세 가지 우리말 속담

때로 비루한 현실의 각질을 벗고 멋지고 새로운 인생의 도약을 이루려면 잠깐이나마 자신의 눈과 귀를 막고 살아갈 필요가 있다. 때로 주변의 말보다 자신을 믿는 게 더 중요하다. 덕분에 이듬해 1월 현대중공업에 공채로 입사하게 되었다. 봉제공장 직공에서 대기업체 정규직 사원으로 신분을 갈아탔다. 처음에는 실력으로 당당히 대기업이라는 관문을 뚫은 내가 믿겨지지 않을 정도로 대견했다. 처음 발령을 받아서 간 전산실도 좋았고, 무엇보다 회사를 다니면서 4년제 대학에 다닐 수 있었던 점도 좋았다. 당시 전산실에는 채규대 실장이 선배로 계셨다. 고맙게도 입사한 지 겨우 2년이 지난 내가 회사에 근무하면서 대학에 다닐 수 있도록 배려해 주셨다. 선종禪宗의 유명한 공안公案 중에 줄탁동시啐啄同時라는 말이

있는 것처럼, 병아리가 껍질을 깨뜨리고 나오려면 껍질 안에서 쪼는 힘啐과 어미 닭이 밖에서 쪼아 깨뜨리는 힘啄이 동시에 필요하다. 대기업에 입사한 것도 감격인데, 전산실 업무를 익혀 가며 대학에서 늦깎이 공부를 이어갈 수 있었던 건 당시 전산실장의 이해와 배려가 결정적이었다. 어렵사리 다시 얻은 학업의 기회를 놓치고 싶지 않았다. 남들은 주말에 쉬고 친구들과 놀러 다니기 바빴지만, 나는 회사 일로 밀렸던 공부를 주말에 몰아서 한 수밖에 없었다. 정신없이 바쁜 회사 업무에도 틈틈이 요즈음 대학수능시험에 해당하는 대학 학력고사를 준비했고, 그 이듬해 1984년, 현대그룹 계열 울산공과대학 전자계산학과에 붙었다.

현대에 입사했던 시절

물론 회사원이 함께 학업을 이어간다는 건 쉬운 일이 아니었다. 공부한답시고 회사 업무에 조금이라도 지장이 있거나 틈이 생기면 당장 해고될 수도 있었기 때문이다. 돌이켜보면 눈물겨운 이중생활이었다. 당시 울산공대 전산과는 야간이 없었던 관계로 주간에는 대학에 다니며 공부했고, 남들이 다 퇴근한 밤이면 울산시 전하동에 있는 현대중공업 전산실에 출근해서 매일 새벽 4~5시까지 근무를 이어갔다. 새벽에 전산실에서 퇴근하여, 기숙사에서 잠깐 눈을 붙이고, 바로 일어나 대학 수업에 들어가는 생활이 반복됐다. 학교 시험이 있거나 숙제를 할 때는 그나마 일주일 이상 날밤을 지새우는 경우가 다반사였다. 당연히 늘 수면 부족에 시달렸고 만성 피로에 찌들었다. 졸음이 쏟아지면 대책이 없었다. 볼을 꼬집어도 보고 바늘로 허벅지를 찔러도 봤다. 하지만 정신력으로 버티는 데에는 한계가 있는 법이다. 피로와 숙취가 정점에 도달할 때는 내 의사와 상관없이 꾸벅꾸벅 조는 일이 잦아졌다.

대학에서 학생들을 가르치다 보면, 나처럼 일과 학업을 병행하는 고학생들을 가끔 보게 된다. 아마 집에서 부쳐주는 돈 가지고 편안하게 대학 생활을 했던 사람이라면 이런 근로 학생들의 피눈물을 결코 이해하지 못할 것이다. 낮에는 강의실과 학교 도서관에서, 저녁에는 동네 편의점에서 피곤한 눈을 비벼가며 생활비를 버는 친구들, 여름방학을 이용해서 건설 현장에서 소위 '노가다'를 뛰며 학비를 버는 예비역들, 하다못해 보따리장수처럼 중-고등학생 집을 전전하며 두세 개 과외를 해가면서 기숙사비라도 보태려는 학생들을 보면, 마치 젊은 시절 내 모습을 보는 것 같이 마음 한 구석이 찡하게 아려온다. 내가 대학교수가 되고 나서 이런 학생들을 위해 남몰래 장학금을 마련하여 해마다 2~3명의 어려운 학생들에게 물심양면으로 지원을 해 오고 있는 것도 20대 시절 내가 돈으로 너무 고생했기 때문이다.

'지푸라기 하나가 낙타의 등골을 빼놓는다Even a single straw can break a camel's back.'는 말이 있다. 누적된 피로로 고전하던 필자의 등에 마지막 지푸라기가 놓여졌다. 그날도 계속되는 시험과 과중한 학업량으로 체력은 이미 방전되어 있었다. 전산실 컴퓨터 앞에 앉아 있는데 점심을 먹고 난 후라 식곤증 때문인지 졸음이 슬슬 오기 시작하더니 어느새 고개가 스르르 내려갔다. 천하장사도 들어 올릴 수 없는 눈꺼풀의 무게와 사투를 벌이고 있던 바로 그 순간, 공교롭게고 정주영 회장이 순시를 돌았다. 눈이 뒤에도 달렸다는 정 회장은 평소에도 불시에 스텔스기처럼 회사를 들여다보는 경우가 잦았다. 그런데 그날 여지없이 그의 레이더망에 내가 걸려버린 것이다. 그는 불호령을 내리면서 그 자리에서 바로 나를 해고했다.

"야, 너! 내일부터 나오지 마, 잠은 집에서 자!"
"쟤, 짤라….."

나는 졸지에 퇴사를 당하고 말았다. 그렇게 하루아침에 실업자가 되어버린 것이다. 미처 마치지도 못한 학업이 뒤로 한참 남아 있는데, 하늘이 노랬다. 불행이라 하기엔 너무 충격적이어서 도무지 현실을 받아들일 수 없었다. 그토록 원했던 대기업이 아니었던

가. '현대'라고 적힌 신분증을 패용한 그 보무도 당당한 자신의 모습을 수없이 머릿속에 그리고 상상하지 않았던가. 고 정주영 회장의 말이 회사 내에선 곧 법이었다. 바꿀 수도 돌이킬 수도 없었다. 그렇게 단칼에 필자의 목을 쳐버리고 확 돌아서는 그의 뒷모습이 얼마나 야속하던지, 고작 1~2분쯤 됐을까? 엎드려 잔 것도 아니고 그저 잠깐 졸았던 것만으로 꿈에 그리던 직장을 잃은 운명이 너무나 억울하고 얄궂게 느껴졌다.

처음엔 어안이 벙벙했다. 짐을 싸들고 집에 돌아올 때는 덤덤했다. 문을 열고 밤에 들어오니 그제야 눈물이 한 방울 뚝 떨어지며 실감이 났다. 비참했다. 며칠은 끙끙 앓으며 처지를 비관했다. '그냥 다니던 직장이나 열심히 다닐 걸, 왜 쓸데없이 대학을 다니겠다고 박박 우겼을까?' 무리해서 공부를 시작했던 결정도 괜한 만용을 부린 것 같아 갑자기 후회가 됐다. 하지만 '쏟아진 물을 놓고 울어봐야 아무 소용없었다It is no use crying over spilt milk.' 나에겐 두 가지 선택 밖에 없었다. 공부고 뭐고 다 때려 치고 낙향하든지, 이것저것 가릴 것 없이 더욱 학업에 매진하든지, 나는 두 번째 옵션을 골랐다. 아니, 옵션이 나를 골랐다. 불가에서는 "고통이 너를 붙잡고 있는 게 아니라 네가 그 고통을 붙잡고 있는 것이다."라고 가르친다.

그때는 미처 몰랐다. 그 치욕스런 실직이 훗날 내 인생에 커다란 축복으로 돌아오게 될 줄은, 흔히 전화위복轉禍爲福이라는 말이 있다. 한때 화가 바뀌어 복이 된다는 그 사자성어는 사전에나 있는 말인 줄 알았다. 현실에선 그런 달콤한 말을 좀처럼 찾아보기 힘들다. 그런데 그 일이 지나고 보니 내게 전화위복이 됐다. 회사에서 '짤린' 덕분에 그만큼 더 빨리 공부를 시작할 수 있었기 때문이다. 나중에 들은 얘기지만, 내가 회사를 나가고 난 뒤, 현대에서 뒷이야기가 회자되었다고 한다.

"거, 왜 정 회장한테 짤린 그 머슴아 있잖아? 걔 요즘 어떻게 지낸대?"
"그러게, 그 놈아 거 참 재수도 더럽게 없지."

그렇다. 이후로 난 '정주영한테 짤린 머슴아'로 불렸다. 졸았다는 이유로 회사에서 쫓겨난 그 머슴아가 훗날 대학교수가 될 줄 누가 알았겠는가? 지금은 돌아가시고 안 계시지만, 생전에 정주영 회장을 한 번이라도 마주칠 기회가 있었다면, 꼭 그분에게 감사하다는 인사를 건네고 싶다.

"처음엔 힘들었지만, 당신 때문에 오늘의 내가 있었습니다."

파괴는
창조를 이끈다

경영학에는 기회비용과 매몰비용이라는 개념이 있다. 기회비용 opportunity cost은 무엇인가를 선택함으로써 포기해야 하는 것들 중에서 최선의 것의 가치를 말한다. 예를 들어, 아침에 날씨가 화창해 등산을 계획한다. 그런데 등산을 가지 않고 그 시간에 수영장을 가거나 친구랑 영화를 보러 갈 수도 있다. 보통 등산을 포기하고 그 시간에 내가 영화를 보러갈 기회의 비용이 크다면 당연히 나는 영화를 선택할 것이다. 우리는 의사결정을 할 때 기회비용이 가장 작아지는 방식으로 효율적인 결단을 내릴 수 있다. 반면 매몰비용sunk cost은 이미 지불되어서 회수할 수 없는 비용을 말한다. 돌이킬 수 없는 비용은 미래의 비용이나 편익에 아무런 영향을 미치지 못하는 비용이다. 경제적 판단을 할 때, 이전에 투입된 비용이 합리적으로 지출됐든 비합리적으로 지출됐든 간에 앞으로의 계획에 있어 전혀 고려할 대상이 아니다.

기회비용 opportunity cost	무엇인가를 선택함으로써 포기해야 하는 것들 중에 최선의 것이 가지는 가치의 총합
매몰비용 sunk cost	무엇인가를 위해 이미 지불되어서 회수할 수 없는 비용의 총합

일상에서 어떤 결정을 내릴 때, 반드시 기회비용과 매몰비용을 따져 보자.

문제는 우리가 기회비용보다 매몰비용에 더 많은 영향을 받는다는 점이다. 사람들은 보통 앞으로 들일 수 있는 비용에 대해서 생각하기보다 이미 들인 비용에 대해 더 크게 생각하는 경향이 있다. 매몰비용의 오류를 범한 대표적인 사례로는 영국과 프랑스가 합작으로 개발한 초음속 여객기 콩코드Concorde가 있다. 소음과 연료 낭비가 심하고 무게 때문에 승객을 100명밖에 받을 수 없어서 경제성이 제로였지만, 개발사는 그동안 개발과 상업화에 들인 막대한 비용에 집착해 적자투성이 사업을 2003년까지 끌고 갔다. 운영사가 좀 더 일찍 초음속 여객기 사업에서 발을 뺐더라면 이후 손실을 최소한으로 막을 수 있었지만, 그간 지출한 금액에 미련이 남아서 최악의 순간까지 결정을 보류한 게 화근이었다. 이처럼 오랫동안 기다려도 오지 않는 버스를 다른 교통수단으로 갈아타지 않고 기다린 시간이 아까워 계속 기다리는 매몰비용의 오류를 '콩코드 효과'라고 부른다.

　나는 매몰비용보다는 기회비용에 집중했다. 내 의사와 상관없이 대학교 3학년 재학 중에 그렇게 회사에서 밀려나고 난 후 공부에 더 매진했다. 당시엔 할 게 없어서 '어쩔 수 없이' 했다. 차라리 회사를 안 다니니까 더 많은 시간을 공부에만 전념할 수 있었다. '잘 됐다. 이번 기회에 KAIST 대학원으로 진학하자!' 마음을 바꾸니 의욕이 생겼다. 여름에 회사를 퇴직하고 당장 대학원 준비에 들어갔다. 울산대학교 뒤에 있는 문수산 산장으로 올라가서 밤낮으로 공부했다. 형설지공螢雪之功의 마음으로 '야밤의 호롱불을 태웠다Burn the midnight oil.' 여름에 시작된 공부는 가을을 지나 겨울로 계속 이어졌다. 당시 자연의 변화가 전혀 느껴지지 않을 정도로 수험서에 몰입했던 것 같다. 계절은 인간의 만사를 빗겨간다. 여지없이 여름은 가고 어김없이 겨울이 온다. 만추의 문턱에 서서 형형색색의 단풍을 보면서도 그 아름다움을 알지 못했고, 겨울산의 희희죽죽 눈 덮인 소나무를 보면서도 그 기개를 느끼지 못했으니까.

　몰입의 힘은 위대하다! 『몰입의 즐거움』을 쓴 미하이 칙센트미하이는 말했다. "최고의 순간은 보통 힘들고 가치 있는 뭔가를 달성하기 위해 자발적으로 노력하면서 몸과 마음이 최고의 기량을 발휘할 때 나타난다."

　"불행을 당했을 때 그것을 오히려 전화위복의 기회로 삼을 수 있는 것은 아주 드문 재능이다. 이러한 재능을 가지고 있는 사람을 '생존자'라 하며, '오뚝이 정신' 혹은 '용기'가 있는 사람들이라고 일컫는다. 우리가 그들을 어떻게 부르든 간에, 그들은 크나큰 난관을 극복하고, 대부분의 사람들은 좌절하고 말았을 난관들을 뛰어넘은 특별한 사람들이다. 우리가 배울 수 있는 모든 미덕 중에서, 역경을 즐거운 도전으로 변화시키는 능력만큼 유용하고, 생존에 필수불가결하며, 삶의 질을 향상시켜 줄 가능성이 가장 높은 것은 없기 때문이다."(『몰입의 즐거움(해냄)』, 364-365.)

인간의 집중력은 선택적이며 탄력적이다. 어느 하나의 정보 채널에 집중하면 다른 정보는 자동으로 뇌에서 걸러진다. 이를 칵테일파티 효과cocktail party effect라고 하는데, 1953년 영국 왕립 런던대학에서 근무하던 콜린 체리Colin Cherry라는 사람이 '그렇게 왁자지껄 시끌벅적한 칵테일파티에서 어떻게 상대방의 대화에 집중할 수 있을까?' 고민하다가 밝혀냈다고 알려져 있다. 사람들은 필요한 정보만 끄집어내고 나머지 불필요한 정보는 걸러내는 선택적 지각이 가능하다는 이야기다. 또한 집중력은 탄력적이다. 시간이 길다고 작업이나 학업에 더 잘 집중할 수 있는 건 아니다. 이를 소위 선택적 주의selective attention라고 하는데, 인지심리학자 도널드 브로드벤트Donald Broadbent 역시 청취 실험을 통해 이 결과를 뒷받침했다.

그는 헤드폰을 쓰고 좌우의 귀로 각각 다른 정보를 듣는 실험에서 인간이 기본적으로 한 번에 한 목소리만 들을 수 있다는 결론에 이르렀다. 정보가 여러 채널로 들어와도 우리의 정신은 나머지를 다 필터로 걸러내고 오로지 단 하나의 채널에만 집중할 수 있다. 필자가 세계 저명학술지에 논문을 여러 편 게재하고, 세계 100인의 우수 교육자로 인정받을 수 있었던 것 역시 이러한 몰입이 주는 집중력의 탄력을 적극 활용했기 때문이다.

하지만 '불행은 외톨이로 닥치지 않는다Misfortunes never come single.' 고 했던가. 준비가 부족했던지 의기 좋게 달려든 그해 대학원 입시는 보기 좋게 낙방하고 말았다. 고통스러웠다. 손쓸 겨를 없이 기회의 신이 내 곁을 치고 달아나는 것처럼 느껴졌다. 나는 그날 소주 한 병을 들고 문수산에 올랐다. 거기서 차디찬 바람을 맞으며 빈속에 깡소주 한 병을 다 비웠다. '나를 뒷받침해줄 든든한 가족이 있었다면 결과는 어떠했을까?' '누가 공부할 수 있도록 나를 후원해주었더라면 얼마나 좋았을까?' '인생life의 중심에는 만약if이 들어 있다'는 말을 어디선가 읽은 기억이 있다. 가정법은 인간만이 할 수 있는 만용이다. 짐승에게 만약이라는 가정이 가당키나 할까? 난데없이 하늘에서는 진눈깨비가 내렸다. 하늘을 올려다보며 떨어지는 눈을 그대로 맞았다. 고생했던 시간들이 눈앞에 파노라마처럼 지나갔다. 취기가 돌았는지 불그스레해진 두 볼에 뜨거운 눈물이 주르르 흘러내렸다. 그렇게 내 20대가 저무는 것 같았다.

사실 실패를 연이어 하다 보면 자신감이 떨어지기 쉽다. 한 번의 실패와 다음에 이어지는 실패는 대부분 인과관계가 없는 경우가 많은데 낙담 가운데 빠져있다 보면 무관한 두 실패들을 묶어서 판단하게 된다. 상관관계를 인과관계로 착각하지 말아야 한다. 사실 인생은 우연의 조합이다. 그 안에서 일정한 섭리나 운명을 찾는 건 인생에서 답을 찾으려는 인간의 부단한 관점의 부산물이다. 이렇게 서로 연관성이 없이 무작위적으로 나타난 현상들에 일정한 유형의 규칙성과 연관성이 있다고 인식하는 관점을 흔히 '아포페니아Apophenia'라고 한다. 아포페니아는 1958년 독일의 정신병리학자인 클라우스 콘라드Klaus Conrad가 조현병을 설명하기 위해 처음으로 사용한 개념이다. 기본적으로 무관한 현상에서 연상되는 유사한 개념이나 특징을 끄집어내는 모든 활동이 아포페니아라고 할 수 있다. 모호하고 연관성이 없는 현상이나 자극에서 일정한 패턴을 읽어내려는 파레이돌리아Pareidolia 역시 이러한 아포페니아의 일종이다. 문제는 아포페니아가 긍정적인 방향으로 설정되어 내 삶에 유익한 의미를 준다면 괜찮겠지만, 대부분은 부정적인 방향으로 설정되어 나쁜 함의를 덧붙이려고 한다는 점이다.

나 역시 현대에서 사직하고 대학원에도 낙방하자 온갖 잡생각이 머리에서 떠나지 않았다. 며칠을 허송세월 하다가 이러면 안 되겠다 싶어 바로 이어진 경제기획원 5급 공무원 시험에 도전했다. 이대로 아무 소득 없이 쓸쓸한 연말연시를 보내고 싶지 않았다.

| 아포페니아
Apophenia | **내가 꿈에서 이런 걸 보았어.**
무작위적 현상 속에서 일정한 질서와 규칙성을 찾으려는 의식적/무의식적인 행위 |
| 파레이돌리아
Pareidolia | **구름이 누구의 얼굴을 닮았네.**
연관성이 없는 형태 속에서 일정한 패턴을 읽어내려는 의식적/무의식적인 행위 |

일반인들이 흔히 범하는 인식의 오류 두 가지

'운명은 스스로 개척하는 것이다.' 스스로에게 다짐했다. 영국의 문호 셰익스피어는 '우리의 운명을 쥐고 있는 건 별자리가 아니라 우리 자신 속에 있다It is not in the stars to hold our destiny but in ourselves.'고 말했다. 맞는 말이다! 제임스 조이스의 『젊은 예술가의 초상』에 나오는 스티븐처럼, 뭔가 생애의 원대한 해답은 아니어도 아주 자그마한 실마리라도 하나 얻고 싶었다. 아무것도 하지 않는 것이나 무언가 도전해서 실패하는 것이나 결과가 똑같다면 도전하는 쪽으로 선택하자는 생각뿐이었다.

드디어 발표 당일, 한 가닥 희망의 끈을 붙잡고 합격자 명단에서 내 이름을 찾았다. 그런데 결과는 낙방이었다! 사실 대학원 입시와 공무원 시험은 많이 다르다. 준비의 방향이나 과목에서도 차이가 났고, 난이도나 범위도 달랐다. 요즘 공시족들이 말하는 것처럼 소위 '직렬'로 하나만 파는 것도 쉽지 않았다. 하지만 나름대로 시험을 그럭저럭 봤다고 여겨서인지 내심 기대도 되었던 게 사실이다. 대학원 입시에서 떨어진 것보다 더 견디기 힘든 패배감이

온 몸을 휘감았다. 이제 아무것도 할 수 없다는 자괴감이 사정없이 나를 채찍처럼 내려쳤다. 피할 길이 없었다. 돈도 떨어지고 의욕도 없어졌다. 냉엄한 현실을 그대로 받아들여야 했다.

헤르만 헤세는 『싯다르타』에서 이런 말을 남겼다. "내가 항상 믿어왔고 지금도 여전히 믿고 있는 바는 행운이든 불운이든 무엇이 우리의 행로에 닥치든지 우리는 언제나 의미를 부여하므로 그것을 가치 있는 것으로 바꿀 수 있다." 내가 가장 좋아하는 글 중에 하나다. 인생이 동전 던지기flip of the coin와 같다면 행운과 불행은 동전의 양면과 같다two sides of the coin. 불행한 결과 바로 뒤에는 행운의 얼굴이 그려져 있다. 어떤 면이 나오든 내게 바람직한 방향으로 뒤집으면 그만이다. 동전의 얼굴이 나오지 않았다고 실망하거나 절망할 필요도 없다. 절망은 불리한 환경에서 스스로 포기했을 때 다가오는 결과일 뿐이다. 내가 포기하지 않는 한 절망이란 두 글자는 내게 어울리지 않는다. 그래서 동전의 앞면을 영어로 '머리head'로, 뒷면을 '꼬리tail'로 부르는 건 의미심장하다. 인생은 기껏해야 머리 아니면 꼬리, 즉 몸통의 앞과 뒤에 불과하다는 뜻이다. 자, 인생에서 머리를 보겠는가, 꼬리를 보겠는가?

축구시합을 앞두고 선축을 정하기 위해 주심은 동전을 던진다. 선택을 공정한 확률에 맡기는 행위지만 이마저도 실행하지 않으면 가능성은 항상 제로다. 나도 운명의 동전 던지기를 했다. 나는 다시 툭툭 털고 일어나 대기업에 입사지원을 했다. 결국 LG전자

인생은 동전의 양면과 같다. 어느 쪽을 보겠는가?

디스플레이디바이스 연구소에 경력사원으로 취업하게 되었다. 꽤 괜찮은 회사였다. 연봉도 좋았고 대우도 그만하면 괜찮았다. 무엇보다 대기업이 주는 고용 안정감을 무시할 수 없었다. 하지만 기업체는 직원의 미래를 보장해 주지 않는다. 중소기업체에 비해 상대적으로 처우가 좋은 대기업체에 누구나 부러워할 주임연구원으로 들어갔지만, 그것으로 인생의 마침표를 찍을 순 없었다. 무엇보다 나는 대학교수가 되고 싶었다. 이렇게 공부를 단념해버린다면 나중에 두고두고 후회가 될 것만 같았다. 대학교수는 기업체 임직원과 달리 본인이 연구한 논문이나 특허 등 모든 지식 창작물이 본인에게 귀속되기 때문에 자신이 노력하는 여하에 따라 사회적 자본도 확대해 나갈 수 있고, 평소 자신이 개발하거나 창작한 모든 비즈니스적 가치를 극대화하는 일이 가능하다고 여겼다.

'여기서 멈출 수는 없지, 공부를 계속 해야겠어.' 대학교수가 되기로 인생의 청사진(로드맵)을 짜고 대학원 박사과정에 진학하기로 결심했다. 이때 내 인생의 모든 항로를 결정했다. 미국의 유명한 교육자 존 셰드John A. Shedd는 이런 말을 남겼다. "항구에 정박한 배는 안전하지만, 그러라고 배가 만들어진 건 아니다A ship in harbor is safe, but that is not what ships are built for." 인생이란 고해에 띄워진 배는 항구에 닻을 내린 배처럼 안전하지 않을지 모르지만, 우리를 신대륙으로 안내해 줄 수 있다. 카스티야 왕국의 이사벨 공주의 후원을 받아 지도 한 장 들고 대서양의 처녀 항로를 개척한 크리스토퍼 콜럼버스를 상기하라! 비록 내가 찾던 신세계가 내가 꿈꾸던 모습이 아닐지라도 아메리카 대륙에서 인디언들을 발견할 수도 있는 법이니까.

일단 결심이 서자 어디에서 그런 용기가 나왔는지 바로 회사에 사직서를 냈다. 주변의 지인들이 강하게 말렸다.

"요즘 대기업에 들어가기 얼마나 힘든데 넌 왜 제 발로 걸어 나와?"
"잔말 말고 회사가 등 떠밀 때까지 가만히 붙어 있어."

하지만 꿈이 있는 사람에게는 어영부영 보낸 하루가 너무 아까운 시간이다. 필자는 LG전자 연구소에서 4년간의 근무를 마무리하고 바로 결행에 옮겼다. 경제학자 슘페터Joseph Schumpeter는 '창조적 파괴'를 말했다. 어떻게 보면, 역설적인 말이다. 창조와 파괴는 보통 반대말이기 때문이다. 하지만 때로는 창조를 위해 이전의 것들을 파괴해야 하는 시점이 온다. 그에 따르면, 이윤은 혁신적인 기업가의 창조적 파괴 행위로 인한 생산요소의 새로운 결합에서 파생되며 창조적 파괴 행위를 이끈 기업가의 정당한 노력의 대가가 이윤이라는 것이다. 인터넷 혁명과 기술 혁신에 기초한 4차 산업혁명이 최근 화두로 떠오르면서 슘페터의 이론은 부활했다. 제 아무리 우편마차 숫자를 늘린다고 한들 결코 기차가 되지는 않는다. 나 역시 새로운 도약을 위해 이전에 보전했던 과거의 나를 파괴하는 경험이 불가피했다.

아이
해브 어 드림

스웨덴의 국민 밴드 아바의 「아이 해브 어 드림 I Have a Dream」에는 이런 가사가 나온다.

> "나는 무슨 일이라도 맞설 수 있게 도와주는 꿈을 가지고 있어요."

꿈에는 여러 종류가 있다. 마틴 루터 킹 목사가 꿈꾸었던 인종 차별이 없는 세상에 대한 꿈도 있고, 장자莊子가 말한 내가 나비 꿈을 꾸는 것인지 나비가 내 꿈을 꾸는 것인지 분간할 수 없는 호접 몽胡蝶夢도 있다. 1970년대 킹 목사가 외쳤던 "아이 해브 어 드림" 은 들불처럼 전 세계로 번져 평등과 화해의 시대를 열었고, 『장자』

의 「제물론」에 등장하는 호접몽의 일화는 한 선인仙人의 일장춘몽
一場春夢을 넘어 이상향을 그리는 인간 보편의 꿈을 드라마틱하게
보여 주었다.

꿈은 자산이다

흔히 우리는 일상에서 상대방이 말도 안 되는 얘기를 할 때 "너,
꿈꿨니?"라고 되묻는다. 마음에 담고 있던 이성에 대한 속마음을
털어 놓으면 듣고 있던 친구는 대번 "야, 꿈 깨!"라고 받아친다. 이
렇듯 '꿈'은 언제부턴가 이룰 수 없는 비현실적인 목표를 가리키는
말이 돼 버렸다. 도대체 꿈은 과연 무엇일까? 어쩌면 '꿈'은 '사랑'
만큼이나 세상에서 가장 많이 오염된 말일지도 모른다. 혹자는 가
정법의 세계에서만 존재하고 직설법의 세계에서는 존재하지 않는
불가능의 세계, 아침에 가졌던 장밋빛 이상이 저녁이 되면 신기루
처럼 어디론가 사라져버리는 무한 루프의 과정을 꿈이라고 지칭
한다. 또 어떤 이는 아둔한 사람을 명민한 철학자로 만들다가도 평
소 멀쩡한 인간을 한순간에 미치게 만드는 묘약 같은 마법이라고
말한다.

그러나 꿈은 사실로 존재한다. 흔히 꿈은 영어로 드림dream이나
비전vision이라고 한다. 드림은 REM 수면 과정에서 얻어지는 뇌의
지각적 활동만은 아니다. '시각'이라는 뜻을 가지고 있는 비전 역
시 내 망막에 맺힌 피사체를 인식하는 광학적 작용만은 아니다. 드

림과 비전은 인간이 살아야 하는 이유를 제시하며, 삶의 가치를 더해주는 실체다. 꿈은 생명이 있는 사람이라면 누구든지 마시고 살아야 하는 생명수며, 행복해지기 위해서 누구든지 매일 먹어야 하는 생명과다. 하나의 생명이 다하는 날 인생에 자랑할 유일무이한 보배가 꿈이다. 꿈보다 더 큰 가치를 지닌 실체적이고 이상적이며 정신적인 소유물은 따로 없다.

　꿈은 한 인간의 가장 근본적인 자산이다. 통장에 잔고로 한 인간의 사회적 지위가 결정되는 세상에서 무슨 봉창 두들기는 소린가 여길지도 모르겠다. 일반 경제학에서 자산asset은 부채debt를 포함하고 있는 개념이다. 조금이라도 경제 원리를 아는 사람이라면 「자산 = 자본 + 부채」라는 등식을 잘 알고 있을 것이다. 보통 일반인들은 빚을 자산에 포함시키지 않는다. 빚은 시간을 두고 갚아야 할 의무일 뿐 긍정적인 이득을 가져다줄 자산이라고 생각하지 못한다. 사실 부채야말로 가장 적극적인 의미의 자산에 속한다. 유능한 사업가는 자신의 돈으로 사업을 하고, 훌륭한 사업가는 남의 돈으로 사업을 한다는 말이 있다. 자신의 부채가 장차 자신에게 엄청난 수익을 가져다 줄 금광이라는 사실을 깨닫는 순간, 사업은 시작된다.

　꿈도 마찬가지다. 꿈은 처음부터 부채로 존재한다. 꿈에는 시간이라는 종잣돈seed money이 필요하다. 사업에 진입하려면 최소한의 자본이 필요한 것처럼, 성공에 도달하려면 생득적으로 누구나 주어진 최소한의 시간이 필요하다. 꿈과 부채의 상관성은 다음의 도표와 같다.

일반 경제학	꿈 경제학
「자산 = 자본 + 부채」	「성공 = 시간 + 꿈」

꿈은 장차 커다란 투자 이익을 가져다 줄 일종의 부채다

꿈은 마이너스 통장과 같다. 숫자 앞에 찍혀 있는 마이너스를 먼저 보지 말라! 뒤에 얼마나 높은 숫자가 찍혀 있는지가 중요하다. 꿈의 크기만큼 채무의 단위도 비례해서 올라간다. 그만큼 부채가 수익으로 돌아올 때 엄청난 힘을 발휘하기 때문이다. 나는 모두가 비웃을 때 꿈을 향해 과감하게 도전했다. 비빌 언덕도 기댈 어른도 없었다. 애초에 나를 교육시켜줄 후원자를 꿈꿀 수도 없었다. 중학교를 졸업하고 스스로 운명을 개척하기 위해 탄광촌에 들어갔다. 회사를 다니면서도 학업의 끈을 놓지 않으려고 했다. "하늘은 스스로 돕는 자를 돕는다Heaven helps those who help themselves."

꿈은 실재다

꿈은 실재다. 꿈은 우리의 정신 작용을 통해 만들어지는 단순한 개념을 넘어 하나의 완벽한 실재로 우리를 기다리고 있다. 내가 꿈을 꾸는 순간 꿈의 세계는 실재가 된다. 비록 눈에 보이지 않지

만 그 꿈의 세계의 구성은 전적으로 내 의지에 달려 있다. 최근 양자역학에서는 '다-세계many-world'의 존재를 인정한다. 양자量子라는 초미립자의 세계로 들어가면 확률로 존재하는 세계가 펼쳐진다. 베르너 하이젠베르크Werner Karl Heisenberg의 불확정성 원리uncertainty principle가 바로 이것인데, 관찰자에 의해 실험 결과가 영향을 받고 이로 인해 결과 값이 바뀐다는 주장이다. 어떠한 현상의 결과는 각각의 관찰자가 인식하고 결정하는 순간 그 사람만이 확인할 수 있다. 즉 양자역학에서는 '인식'과 '주체'가 존재의 중요한 기준이 된다. 요즘 이과 고등학생들도 물리 시간에 배우는 내용이다.

나는 우연한 기회에 양자역학에 대한 다큐멘터리를 보고 깊은 인상을 받았다. 이후 여러 권의 책을 독파하면서 양자역학에서 말하는 다-세계가 꿈 실재론과 유사하다는 것을 알았다. 크리스토퍼 놀란 감독의 「인터스텔라(2014)」가 이러한 다중 세계를 그린 영화 중 하나다. 영화 속의 주인공 쿠퍼(매튜 매커너히)가 자신의 딸 머피(제시카 채스테인)에게 시공간을 초월하여 신호를 보내고 지구에서 그들이 보았던 신호가 결국 미래의 쿠퍼가 보낸 모스부호였다는 설정은 시공을 넘나드는 다른 세계가 있음을 전제하고 있다. 영화를 보고 있다 보면 언뜻 뫼비우스의 띠가 생각난다. 미래의 세계가 현재의 세계와 맞닿아있다는 느낌말이다.

나는 어려서부터 꿈이 실재라는 생각을 하며 자랐다. 내가 국민학교(지금의 초등학교) 5학년이었을 때, 틈틈이 잡일과 심부름을 하

꿈은 실재의 하나로 존재하며, 미래에서 현재로 끌어당겨질 수 있다.
영화 「인터스텔라」의 한 장면.

면서 모았던 쌈짓돈을 털어 50여 그루의 플라타너스 나무 묘목을 직접 사서 부모님 밭둑에 심은 적이 있었는데, 나무를 심으면서 나는 십여 년 뒤 우람하게 자라날 플라타너스를 그려 보았다. 내 상상 속에는 이미 높이 솟은 플라타너스 나무들이 존재하고 있었다. 그 세계는 비록 눈에 보이지 않았지만 현재와 중첩된 미래의 일부로 이미 다가온 셈이었다. 아니나 다를까 그로부터 10여 년이 지난 어느 날, 내가 20대 초반이 되었을 때 부모님께서 그 나무들을 팔아서 전답을 마련하시는데 밑천이 되었다. 미래를 실재의 하나로 꿈꾸지 않았다면 플라타너스 나무도, 아버지의 전답도 존재하지 못했을 것이다.

나중에 대학에서 컴퓨터공학을 전공하면서 양자역학과 양자컴퓨터를 배우며 나는 깜짝 놀랐다. 꿈을 실재라고 시각화하는visualize 것이 얼마나 중요한 것인지 깨달았기 때문이다. 오늘날 양자역학에서는 측정하기 전까지 물리 상태에 대하여 이야기하는 건 아무 의미가 없다고 말한다. 관찰자가 물질을 관찰하기까지 그 물질은 비정형의 상태로 존재하기 때문이다. 이 말은 관찰자가 측정하는 순간 파동이 어떤 고유 상태로 붕괴하느냐를 더 이상 알 수 없다는 뜻이 된다. 우리가 알 수 있는 건 없다. 오로지 확률만을 알 수 있을 뿐이다. 이를 '코펜하겐 해석Copenhagen interpretation'이라고 한다. 코펜하겐 해석에 의하면, 실험자는 어떤 실험결과를 얻을 수 있는지를 계산할 수는 있지만, 양자가 실제로 어떤 상태인지를 알 수는 없다.

뉴턴의 고전적 물리학으로 설명할 수 없는 물리세계가 있다는 이 주장은 당시 아인슈타인을 비롯한 결정론을 맹신하는 물리학자들의 반발을 불러왔다. 동료 물리학자들조차 확률로 존재하는 물리계에 대한 하이젠베르크의 주장을 받아들일 준비가 되어 있지 않았던 것이다. 어윈 슈뢰딩거Erwin Schrödinger는 그 유명한 '슈뢰딩거의 고양이' 실험을 제안하여 불확정성 원리를 비난했고, 아인슈타인은 "신은 주사위 놀이를 하지 않는다God does not play dice."고 비판한 것으로 유명하다. 하지만 슈뢰딩거의 고양이 실험이 제기한 문제에 대하여 물리학자 에버렛H. Everette은 고양이가 죽고 사는 중첩된 상황에서 인간은 자신이 속한 세계에서 하나의 상황만을 관찰한다고 주장했다. 모든 인간은 두 가지의 가능성 중에서 단 하나의 상태만을 자신의 세계로 받아들인다. 결국 양자역학의 세계에서는 우리의 눈에 두 상황이 다 보이지 않으며 하나의 상황이 절대적인 세계인양 살아간다는 것이다. 우리가 보고 있는 세상이 '유일한 세계'는 아니며, 다른 가능성의 상황, 즉 꿈의 세계도 얼마든지 뒤에 포개져 있다. 이런 다층적으로 존재하는 세계를 에버렛은 '다-세계'라고 불렀다.

꿈은 실천이다

꿈 실재론의 핵심은 실행에 있다. 아무리 꿈이 성공의 기반이라고 해도 시도하지 않는 사람에게는 몽상에 불과하다. 로또의 당첨 확률이 8백만 분의 1이라면 적어도 로또를 사야 그 확률이라도 가능하다. 아예 로또를 사지 않는 사람에게 확률은 0일 뿐이다. 성공은 목표가 아니라 실천이며, 결과가 아니라 과정이다. 세기의 위대한 복서 무하마드 알리는 "챔피언은 링 위에서 만들어지지 않는다. 챔피언은 이미 링 밖에서 완성되며 이를 단지 링 위에서 확인할 뿐이다."라고 말했다. 멋진 말이다! 말만 앞세울 뿐 행동으로 옮기는 데에 인색한 이들에게 세계적인 스포츠웨어 브랜드인 나이키의 모토처럼 '그냥 하라Just Do It.'는 조언을 해주고 싶다. 가만히 앉아있는 것보다 무엇이든 하라! 누구든 만나고 뭐든 시도하면 그다음 무대가 펼쳐진다.

주변에 좋은 인생 설계 프로그램을 추천해 달라는 분들이 많다. 그때마다 필자는 아무 거나 좋다고 말한다. 한 때 부잔Tony Buzan이 '마인드맵mind map'을 개발해서 세계적으로 유행시켰던 때가 있었다. 최근 시중에 프랭클린 다이어리다 뭐다 다양한 다이어리가 쏟아져 나오면서 인생 설계와 목표 설정에 당장 적용하기 수월해졌다. 아무 거나 골라서 지금 당장 실천하는 게 중요하다. 익숙한 것, 편한 것, 당장 시작할 수 있는 것부터 해 보는 게 좋다. 그럼에도 뭔가를 추천해주기 원한다면, 책 뒤 부록에 필자가 제공하는 퓨처 드림 워크시트worksheet를 활용해 보는 걸 추천하고 싶다. 인간은 환경에 영향을 받는 존재이기 때문에 편집도 잘 돼 있고 목표를 적고 실행하는 데 효율적이라면 금상첨화일 것이다.

나는 어려서부터 꿈과 목표를 설계하고 구체적인 계획을 세우는 데 많은 시간을 투자했고 노하우를 가지고 있다. 그래서 나름 만들어 낸 요긴한 틀이 있다. 이 구조를 사용할지 말지는 전적으로 독자들의 몫이다. 이름 하여 '드림 프레임워크dream framework'인데, 꿈을 찾고, 목표를 설정하고, 계획을 수립하는 단계를 도식화한 틀이다. 꿈과 목표 설정의 주요 단계는 크게 세 가지로 구성되어 있다. 첫 번째, 자신이 진정으로 바라는 꿈(dream)을 찾아보고, 두 번째, 자신이 세운 꿈을 이루기 위한 중장기 목표(goal)를 수립하며, 세 번째, 자신이 수립한 목표를 달성하기 위한 세부적인 계획(plan)을 짠다. 디쥐피(D→ G→ P)의 순으로 설계하고, 피쥐디(P→

G→ D)의 순으로 실천한다. 꿈과 목표 디자인 순서는 다음과 같다.

DREAM	[순서1] dream-building 꿈을 탐색하는 단계 자신이 꼭 하고 싶은 일(직업)을 찾아서 결정
GOAL	[순서2] goal-setting 꿈을 이루기 위해 목표를 설정하는 단계 단기(5년), 중기(20년), 장기(20~70대)
PLAN	[순서3] plan-designing 계획을 수립하는 단계 목표를 달성하기 위한 세부 계획 수립

절대 실패할 수 없는 드림 프레임워크

　꿈의 설계는 위에서 아래로, 꿈을 이루기 위한 실천은 아래에서 위로 한다. 자세한 건 4장에서 설명하고자 한다. 꿈은 실천이다. 꿈은 설계부터 하나씩 차근차근 밟아나가야 하는 단계다. 제일 먼저 꿈을 찾아서 설정해야 한다. 꿈과 목표 설계에 관한 책들을 구입해서 읽고, 책에서 아이디어를 얻어 자신의 꿈을 찾는 것도 좋은 방법이다. 나에게 적절한 조언을 해줄 수 있는 멘토mentor를 찾아 그에게 도움을 받는 것도 바람직하다. 멘토를 정할 때에는 우선 나와 유사한 직종이나 관심을 공유하면서 나보다 나이와 경험이 많고 성공한 사람을 잡는 게 좋다. 나와 무관한 직업에서 성공한 사람도 물론 나에게 긍정적인 영향을 미칠 수 있으나, 주제가 무관한 조언의 경우에는 너무 뜬구름 잡는 것 같은 대화가 오가기 십상이다. 내가 이상적인 모델로 생각하는 멘토가 해외에 있거나 이미 이 세상에 없어서 접촉할 수 없다면 그가 남긴 책이나 작품을 가지고 벤치마킹하는 것도 하나의 대안이 될 수 있다. 멘토는 나에게 인생의 과거와 현재, 미래를 보여줄 수 있는 현자賢者다.

꿈을 이루기 위해서는 목표를 세워놓고 그것을 향해 달려가거나, 목표가 자연스럽게 찾아오게 해야 한다. 꿈이란 한 번뿐인 인생에서 꼭 실현시키고 싶은 바람이나 이상이다. 목표는 결정과 행동을 위한 큰 틀을 제공하긴 하지만, 매일 매일의 결정을 내리는 데는 큰 도움이 되지 않는 광범위하고 추상적인 개념으로 직접적인 측정이 어려운 것을 의미한다. 목표는 꿈을 이루기 위한 목적이나 나아가는 방향, 행위에 앞서서 의지가 그의 실현을 예정하는 것, 궁극적으로 달성하고자 하는 지향점이다. 반면 계획은 미래의 어떤 시점에서 이루고자 기대하는 구체적인 결과, 즉 무엇을 성취하고자 하는가에 대한 진술로 현실적으로 실행 가능하고 측정 가능한 것을 의미한다. 목표는 어떤 목적을 이루려고 하거나 어떤 지점까지 도달하려고 하는 대상, 행동을 취하여 이루려는 최후의 대상, 목적을 이루기 위해 구체적으로 실천해야 하는 것이다. 반면 계획은 목표를 달성하기 위해 어떤 일을 함에 있어 미리 그 방법이나 절차 등을 생각하고 궁리하여 안案을 세우는 일이다.

나는 이미 20대 중반에 인생에서 무엇을 할 것인가, 어떻게 살 것인가를 고민하며 하나의 시놉시스를 만들고 꿈을 찾아서 작성했다. 때로는 현실의 짐을 내려놓고 등산과 여행, 명상 등을 하면서 미래를 설계했고 사람들을 만나고 책을 접하며 구체적인 이상과 계획이 원대한 꿈을 낳게 했다. 그 꿈과 목표는 하나의 청사진blue print으로 책상머리에 붙여놓고 매일 보고 결의를 다졌다. 그때 세워둔 드림 프레임워크는 내 인생의 백서white paper이며, 꿈과 이상의 로드맵road map이 되었다.

연도	60-69	70-79	80-89	90-99	00-09	10-19	20-29	30-39	40-49	50-59
나이	0-9	10-19	20-29	30-39	40-49	50-59	60-69	70-79	80-89	90-100
건강	자연	체력단련	자신감 극기	정신단련 건강음식	신념명상 운동(기)	절제중용 운동(단)	마음의 평정(도)	선의 경지		
직업		학생 직공	회사원	연구원	대학교수	작가 교육자	민족 지도자	인류 봉사자	공헌자	
가정	부모	형제	동반자	자녀	자녀교육 아내작가	믿음이해 가족건강	화목행복 참교육	관용사랑 참인간	효도우애	和氣致祥
재정		근검	절약	2억	10억 꿈의집	100억	분수절제	안정 평화	사회 복지	나눔 실천
학업	초등	중등	대학	석사	박사	신학	철학	논어	중용	
저술		Without Haste Without Rest		학술연구	학술연구	국내저명 학자	세계적 학자	전공저술 문학저술	자서전	
여행		금수강산	조국	탐사여행	통일조국	세계여행	삼천리	금수강산	Micro Cosmos	Micro Cosmos
종교		믿음소망	감사수양	자연적 계시	신학	사랑의 실천	자비의 실천	인류에 봉사	기독교적 우주관	
철학		正心	修身	齊家 而立	齊社 不惑	治國 知天命	耳順	平天下		愚公移山
모토		眞實정직 正義우정	善美신의 希望용기	信念진리 誠實자존	自制자각 中庸평정	調和순리 理致성공	부동심 명상恩惠	謙遜 인내 피투적기투	奉仕헌신 自由평화	휴머니즘
관점		미래관	인생관 가치관	직업관 사회관	조국관 민족관	세계관	우주관			
성장	자연성장	人間 成長	사회성장	家長 確立	사회봉공	社會 主導	국가주도	世界 奉貢	인류봉공	宇宙奉貢
비전		참다운 인간	자랑스런 나	행복한 가정	영광된 통일조국	민주복지 국가	동방의 등불	영광된 민족	세계평화	인류번영
성과		철공소 직공		박사 대학교수	세계적인 학자	교육혁명 교육수장	조국 지도자	세계 공헌자		
경주		Slow and Steady Wins the Race		16강진출	8강진출	4강진출	결승진출	승리, Victory		

필자가 20대 후반에 작성한 드림 프레임워크다. 참고해서 자신만의 꿈과 목표를 설정하자.

CHAPTER 2

철공소 직공에서
세계 100인의
우수 교수가 되기까지

만일 행복이 눈앞에 있다면,
그리고 큰 노력 없이 찾을 수 있다면,
어떻게 모든 사람들이
그것을 등한시 할 수 있겠는가?
그러나 모든 고귀한 것은
힘들 뿐만 아니라 드물다.

바뤼흐 스피노자, 『에티카』

유대인들의 『탈무드』에는 이런 글귀가 있다고 한다. "우주는 세 가지 원칙 위에 서 있다: 공부, 예배, 그리고 친절." 나에게 공부는 내 재된 나의 잠재성을 하나의 현실태로 바꾸어주는 가장 명확한 작업이자 미지의 가능성을 향해 과거의 나태한 자신을 기투하는 가장 부단한 노력이다. 나는 드림 프레임워크를 만들고 나서 단 하루도 공부를 손에서 놓은 적이 없다. 진정 나에게 공부는 우주를 이루는 세 가지 원칙의 으뜸이다. 한자로 공부工夫는 예로부터 '장인'을 일컫는 말이었다. 이 단어가 오늘날 우리가 말하는 학업study의 의미를 띠게 된건 상당히 근래에 들어서 추가된 의미에 불과하다. 본래 공부는 한 분야에 매진하여 자신의 기술을 갈고 닦는 직공을 의미했다. TV 「생활의 달인」을 보면, 온갖 직종에서 최고의 경지에 오른, 말 그대로 '공부'들을 볼 수 있다. 기예에 가까운 작업 속도와 완벽에 가까운 손놀림으로 완성된 작품들은 그 자체로 예술품과 견주어도 손색이 없다. 중국어로도 '공부'와 '쿵푸功夫'는 발음과 용례가 같다. 한 마디로 공부는 몸의 수련인 셈이다. 소림사 선승의 무술이나 서당 유학자의 공부는 모두 자신의 몸과 마음을 갈고 닦는 수련이라는 점에서 동일하다.

탐구inquire는 습득acquire이다. 나는 매일 저녁 하루 일과를 마치고 조용히 명상에 잠기듯 연구실 책상머리에 앉는다. 결가부좌를 틀고 염불선에 들어간 묵언의 수행자처럼, 차분히 하루 일들을 복기하며 내일의 일정을 설계한다. 이때 반듯한 몸의 자세는 필수적이다. 다리를 꼬고 앉거나 턱을 괴지도 않는다. 육체의 흐트러짐은 정신력의 분산을 가져오기 때문이다. 주변을 정리하며 하루의 번잡한 일과를 마무리하고 등산과 운동으로 흠뻑 젖은 몸을 정갈하게 씻고 컴퓨터 앞에 앉으면, 나를 이끄는 무한한 아이디어와 번뜩이는 통찰력이 현란한 만화경처럼 새로운 연구 분야 속으로 나를 끌어당긴다. 나는 아직도 매일 연구가 즐겁고 공부가 기다려진다. 나의 공부는 오래 전부터 아날로그적 차원의 아톰atom과 디지털적 차원의 비트bit가 결합하는 융합공학분야에 집중되어왔다. 4차 산업혁명의 화두와 같은 정보공학과 함께 공간과 물상에 인터넷을 심는 사물인터넷과 유기체와 생명에 컴퓨터를 연결하는 생체컴퓨팅 기술이 나의 전공분야다. 매일 밤 나의 공부로 인해 인류에게 새로운 미래를 가져다줄 희망에 부풀어 있다.

그런 필자에게 최근 뜻 깊은 낭보가 날아들었다. 평생 공부에 미쳐 지냈던 지난날을 보상이라도 해주는 것처럼 필자가 썼던 논문 몇 편이 해외에서 우수논문상을 받게 된 것이다. 그와 더불어 세계적인 인명사전에 등재되면서 몇몇 언론이 이를 주목하고 취재를 해가기도 했다. 특히 세계인명사전에 등재되었다는 소식을 듣고 여러 지인들이 전화를 많이 주셨다. 『마르퀴즈 후즈후Marquis Who's Who』[4]는 세계 3대 인명사전으로 여기에 이름이 등재되는 것만으로도 자신의 분야에 탁월한 업적을 남긴 인물로 평가받는다는 사실을 입증해준다. 이어서 2017년 3월에서 2018년 5월 사이에 영국 IBC에서 4가지 종류의 선정 소식이 국제특급 우편물로 날아왔다. 영국 유명 인명사전 IBC에 내가 100인의 우수 과학자, 100인의 우수 교육자, 100인의

---

4 『마르퀴즈 후즈후』는 미국의 인명정보기관(ABI), 영국의 케임브리지 국제인명센터(IBC)와 함께 세계 3대 인명사전에 꼽히며, 그 중에서 100년 이상의 전통을 가진, 역사적으로 가장 오래된 사전이다.

지난 23년간 365일 불꺼지지 않는 대학교수 연구실을 운영하다.

우수 전문가, 2018년 올해의 인물 등으로 선정되었다는 것이다. IBC는 유럽을 대표하는 세계적인 인명기관으로 영국 캠브리지에 본부를 두고 있으며, 다른 세계적 인명기관들이 모두 미국을 중심으로 이루어지고 있는데 반해 유일하게 미국 이외의 지역에서 인명사전을 발간하는 기관이다.

IBC는 세계적 전문가, 과학자, 교육자 등 세 분야에서 당당히 세계 100인의 명단에 오른 전무후무한 기록을 축하하며, 나에게 메달과 상패를 전달하겠다고 서한을 보내왔다. 주변에서는 해외파와 서울대 출신이 즐비한 전공분야에서 국내 토종 박사가 세계적으로 가장 유명한 인명사전에 이름을 올린 것 자체만으로 축하할 일이라고 하였다. 무너지지 않는 드림 프레임워크 덕분에 나는 세계적으로 인정받는 정보과학자가 될 수 있었다. 꿈과 목표가 있었기에 정력적인 연구 활동으로 국내 전문학술지에 122편의 논문을 게재하였고, 세계 저명전문학술지에도 21편의 논문이 실리고 인용되는 연구실적을 기록하였다. 그간 국내 학술단체에서 6회, 해외 학술단체에서 3회 등 총 9회의 우수 논문상을 받았다. 이것은 필자가 '교수'라는 목표를 세우고 달려오면서 얻어낸 결과물들이다. 또한 비서울대 출신이 할 수 없을 거라던 한국경영정보학회장과 정보기술응용학회장을 역임했고, 아시아태평양지역 정보시스템 학술대회(PACIS 2013) 대회장과 세계경영정보학회(AIS)를 서울에 유치할 수 있었다. 이 모든 과정을 돌아보는 순간 주마등처럼 나의 어린 시절이 눈앞을 지나갔다.

흙수저
무지렁이의 꿈

나는 베이비붐 세대로 경북 영천 죽곡리 빈농의 가정에서 5남 2녀 중 네 번째 아들로 태어났다. 부모님은 한해 근근이 농사를 지어야 겨우 입에 풀칠할 수 있던 소작농이었다. 나는 새벽부터 해질 때까지 부지런히 일하시는 부모님을 통해 근면함을 배웠다. 마디마디 갈라진 아버지의 손등에서 가장의 무게와 함께 배움이 최고의 가치라는 사실을 어려서부터 느꼈고, 어머니의 휜 허리에서 생활의 궁핍함과 생존을 걱정해야 하는 내 처지를 뼈저리게 실감했다. 주위를 둘러봐도 모두 고만고만한 삶을 살아가는 순박한 농촌에서 세상을 끌어안을 원대한 꿈을 꾸는 게 쉽지 않았다. 막연하게 매해 풍년과 흉년을 오가는 가운데 일희일비하는 농사꾼의 삶에서 벗어나고 싶었다.

어렸을 적 추억이 서려 있는 영천 죽곡리 마을

　나는 누가 심어주지도 않은 한 가지 생각에 골몰했다. 그것은 '사람은 배워야 한다.'는 명제였다. 『논어』의 맨 첫머리 「학이편」을 장식하는 '배우고 때에 맞게 몸에 익히면 기쁘지 아니한가?_{學而時習} _{之 不亦說乎}'를 배우고서 당장 인생의 좌표로 삼았다. 요즘 많은 학생들이 배움을 등한시하고 학업에 게으른 모습을 종종 보게 된다. 공부를 지겨운 문제풀이로 착각하고 학습을 삼키기 싫은 약으로 여긴다. 하지만 나에게 배움은 기쁨과 쾌락의 원천이자 해갈되지 못한 갈증이었다. 정말이지 나는 배움을 갈망했다. 지금이야 각 지역마다 '돌 던지면 닿을 만큼_{a stone's throw}' 통학하기 쉬운 곳에 학교가 있지만, 당시만 하더라도 어디에나 아이들은 바글바글 많은데 학교가 턱도 없이 모자랐다. 나도 예외가 아니었다. 책보를 둘러매고 집에서 5km 떨어진 국민학교를 걸어서 다녀야 했다. 아이의 보폭으로 야산을 한 개 넘고 한 시간은 족히 걸어가야 자그마한 학교가 나왔다. 그나마 집에서 농사일 안 시키고 학교라도 보내주는 게 황

송하던 때여서 거리는 전혀 문제가 되지 않았다.

변변한 책이며 교재 하나 없던 시절, 학교 가고 오는 길이 나에겐 놀이터였고 삶의 현장이었다. 동무들과 길섶에 난 나뭇잎을 뜯어 풀피리를 불었고 철마다 오디며 산딸기며 각종 야생과를 따먹고 다녔다. 학교에서 집이 제일 멀었던 나는 학업을 마치고 돌아올 때는 늘 혼자 남겨졌다. 승냥이며 멧돼지도 심심찮게 나오던 때라 어둑어둑해질 때면 다리가 후들거리고 무서웠던 기억이 있다. 게다가 산짐승도 산짐승이었지만, 특히 옛날에만 하더라도 산 중턱에 얼기설기 천막을 짓고 사는 거지들이 많았다. 당시는 거지가 남자 아이의 간을 빼먹는다는 소문이 나돌았기 때문에 산을 빙 둘러 다닌 적도 많았다. 지금은 다 지난 추억이지만 어릴 때는 무섭긴 무서웠는지 일기장 곳곳에 그때 일화가 적혀 있다.

가난은 인생의 스승이었다. 지독한 궁핍은 나 스스로를 단련시키는 훈련장이었다. 학교에서 돌아오면 소 먹이는 일은 내 책임이었다. 농사철이 되면 농삿일을 도왔지만 평소에는 풀 베고 소죽 쑤고 산에 소를 방목하며 키웠다. 소를 먹일 때는 이 산 저 산 한참을 돌아다녀야 했다. 지나고 보면, 그때 소에게 꼴을 먹이러 돌아다닌 게 오늘 이만큼 건강하게 지내는 게 아닌가 싶다. 그 때문에 나는 지금도 일 년에 300일 이상 등산을 한다. 아무리 바빠도 일과에서 운동을 빼지 않는다. 어릴 때 가난이 오늘의 건강을 주었다는 사실은 아이러니다. 세상에는 이런 아이러니가 가득하다. 거칠고 소박한 밥상을 먹었던 핍절의 시대, 오늘과 같은 성인병이 적었던 것 역시 비슷한 아이러니다. 모든 아이러니 속에는 다 저마다의 이유가 존재한다. 그러니 당면한 현실에 억울해할 필요도 조급해할 필요도 없다.

어쩌면 즐겼는지도 모르겠다. 소를 산에 풀어 놓고 학교에서 배운 것들을 되뇌며 공부했으니까. 이 시간만큼은 아무 것에도 방해받지 않고 온전히 나 자신에게 집중할 수 있었다. 들판에 앉아 산 너머로 떨어지는 해를 바라보며 노래도 부르고 목청껏 소리도 지르며 사독私獨과 명상의 시간을 가졌다. 일찍이 옛 어른들은 이런 걸 호연지기浩然之氣라고 했던가? 마음의 소리를 들을 수 있는 귀는 주변에 아무도 없이 오롯이 나만 있을 때 만들어지는 것 같다. 혼자 있는 시간은 매우 중요하다. 남에게 휘둘리지 않고 내 자신에게 솔직할 수 있는 시간이 현대인들에게 많지 않기 때문이다. 나 자신의 계획에 따라 삶을 살지 못할 때 타인의 계획에 따라 삶을 떠밀려 살게 된다. 자연스럽게 노래를 잘 해서 동네 형님들 또래에서 군대 갈 때면 "병곤아, 형 위해서 노래 한 곡 뽑아라."며 형들이 나를 일으켜 세웠다. 입영전야 동네 형님들을 위해 노래 불러주던 일들이 아직도 아련한 추억으로 남아있다.

마냥 철없던 어린 시절을 보내고 중학교에 진학할 때쯤 되었을 때, 나는 내 주변의 가난을 직시하기 시작했다. 어릴 때는 모두가 가난하고 모두가 못 살았기 때문에 나도 별다를 것이 없다고 생각했다. 그러다 난생 처음으로 친구들과 대구라는 데를 나가서 말 그대로 '새로운 세상'을 봤다고 할까? 그렇게 도시를 처음 보고서 나는 내 처지를 정확하게 깨닫게 되었다. 코흘리개 촌놈이 기차를 타고 대구역에 내렸던 그날을 나는 잊지 못한다. '아, 내가 가난하구나.' 눈앞에 펼쳐진 건물과 도로 위의 자동차, 거리의 사람들을 보고 내가 우물 안의 개구리로 살았다는 걸 알았다.

그렇다고 해서 물질적 가난이 반드시 정신적 궁핍을 잉태하지는 않는다. 경제학자 애덤 스미스는 "가난한 사람들의 진짜 비극은 열망의 궁핍이다The real tragedy of the poor is the poverty of their aspirations."라고 말했다. 나는 비록 가난한 집에서 자랐지만 마음이 궁핍하진 않았다. '나는 꼭 부자가 될 테야.' 용돈을 받으면 적든 크든 잘 모아서 저금을 하는 습관을 들인 게 그때부터였다. 가난은 그렇게 어려서부터 나에게 경제관념을 심어줬다. '어려울 때를 대비하라Save it for a rainy day.' 결핍이 가르쳐준 인생의 모토였다. 나중에 이 책에서 이야기하겠지만, 지금도 나는 미래를 위해 여러 채널에 다양한 투자를 실천하고 있다. 어릴 적 그 코흘리개 시절, 모두가 배를 곯고 굶주리던 시기에 돈이 나올 구멍이 어디에 있었겠는가? 지금은 거의 동화책에서나 나올 법한 보릿고개가 매해 어김없이 찾아오던 때였다. 그런 와중에도 나는 동전이며 지폐며 돈이 생길 때마다 악착같이 모았다. 중학교 2학년 때는 그렇게 모은 쌈짓돈으로 당시만 5천 원짜리 선풍기를 사서 부모님께 드릴 정도였으니까 그 악착같은 성미는 여기서 따로 말하지 않아도 충분할 것이다. 아마 지금 경영학과 교수로 있는 것도 다 그런 습관이 있었기에 가능하지 않았나 싶다.

동네 사람들이 칭찬을 많이 했다. 어린 아이가 군것질도 안하고 돈을 모아 부모님께 선물을 사드렸다고 하니 마을 어르신들이 돌아가며 머리를 쓰다듬어 주셨다. 부모님도 나를 대견하게 여기셨는데, 특히 아버지께서는 내가 성인이 된 이후에도 집에 찾아갈 때마다 언제나 나를 꼬옥 안아 주셨다. 부모님은 평소 맛있는 음식도 좋은 옷도 사주지 못했는데 비뚜로 어긋나지 않고 잘 자라준 것에 대해 고맙다는 말씀을 자주 해주셨다. 칭찬에 고팠던지 난 그런 부모님께 좋은 소리 들으려고 늘 처신을 바르게 했던 것 같다.

칭찬은 고래도 춤추게 한다. 칭찬은 상대방으로부터 최상의 부분을 끌어낼 수 있는 가장 효과적인 매개이다. 자녀를 교육하는 입장에서 꼭 알아두어야 할 것은 아이들을 매로 엄하게 다스리는 것보다 칭찬과 사랑으로 보듬는 것이 훨씬 좋다는 점이다. '매를 아끼면 아이를 망친다Spare the rod, spoil the child.'는 속담은 자녀를 부모의 소유물로 생각했던 전근대적인 사고방식이다. 행동주의 심리학에서 말하는 것처럼, 아이들의 행동을 교정할 때는 부정적 강화negative reinforcement보다는 긍정적 강화positive reinforcement가 효과만점이다. 예를 들어, "네가 A를 하면, 네가 싫어하는 B를 벌로 줄 거야." 보다는 "네가 A를 하면, 네가 좋아하는 C를 상으로 줄 거야."가 자녀에게 더 바람직하다.

미국의 행동주의 심리학자 프레데릭 스키너Burrhus Frederic Skinner는 유명한 '스키너 상자'를 이용해서 다양한 자극에 대응하는 반응들을 연구했다. 그는 실험을 조건화하기 위해 쥐나 비둘기를 상자에 넣고 일정한 자극stimulus을 통해 적절한 반응response을 끌어내고자 했다. 조작적 조건화를 통해 자극과 반응에 일정한 반복이 지속되면 행동에 특정한 강화reinforcement가 일어난다고 본 것이다. 이렇게 스키너는 오랜 동물 실험 결과들을 바탕으로 인간의 행동 역시 '자극(S)-반응(R)'이라는 상관관계로 설명했다. 스키너 상자의 쥐들은 우연히 지렛대를 밟는 순간 먹이로 보상을 받게 되고 그 행동을 꾸준히 학습하게 된다. 이때 주어지는 보상이 강화되는 빈도가 높아질수록 그 행동은 더 강화된다. 문제는 쥐에게 불쾌한 자극, 예를 들면, 전기 충격과 같은 부정적 형태의 자극이 주어질 때보다 먹이를 얻는 것 같은 긍정적 자극이 훨씬 더 학습에 도움이 된다는 점

긍정적 강화 positive reinforcement	잘했을 때 보상해주는 접근 목표한 결과에 도달하는 데 시간이 더디 걸리지만, 행동에 있어 더 강력한 강화를 얻을 수 있다. 반면 시도도 하지 않으려는 무력감에 빠질 수 있다.
부정적 강화 negative reinforcement	잘못했을 때 처벌하는 접근 목표한 결과에 빠르게 도달할 수 있지만, 지속적인 강화로 이어지기 힘들 수 있다. 단기적인 효과를 거두는 데에 바람직하다.

부정적 강화보다는 긍정적 강화가 자녀 교육에 더 좋다.

이다. 비록 부정적 강화가 즉각적인 교정이 일어나긴 했지만, 긍정적 강화만큼 지속적인 교정을 주지는 못했다.

『칭찬은 고래도 춤추게 한다』의 저자 켄 블랜차드Ken Blanchard 역시 이를 잘 알고 있는 것 같다.

> "과정을 칭찬하고 잘못된 일이 생겼을 때는 에너지를 전환시키는 반응 방식입니다. 이 반응 방식은 참을성과 자기 억제가 필요하기 때문에 상당히 힘듭니다. 특히 지금까지 잘한 행동은 무시하고, 뒤통수치기 반응 방식만을 사용해 오신 분이라면 생각을 완전히 바꾸고 사태를 지금까지와는 전혀 다른 방식으로 보아야만 합니다. 어쩌면 여러분은 자신의 눈길을 끌었던 잘못된 행동에 대해서 찬찬히 되짚어봐야 할지도 모릅니다. 다시 말해 여러분 자신의 시각을 바꿔야 한다는 것입니다. 잘한 행동을 찾아내려면 많은 노력이 필요할 수도 있습니다. 그러나 그렇게 하면 직장이나 가정에서 다른 사람들로부터 여러분이 원하는 행동을 훨씬 더 많이 끌어낼 수 있습니다. 중간 중간에 어깨를 살짝 두드려주면서 '잘하고 있어', '잘했네' 같은 말을 섞어 긍정적인 반응이 계속 이어지도록 해야 합니다."(블랜차드, 『칭찬은 고래도 춤추게 한다(21세기북스)』, 86.)

태백 막장
탄광을 찾아 가다

　'말은 제주로, 인재는 서울로 보내라.'는 말이 있다. 당시 내가 살던 동네에서 공부 꽤나 한다는 아이들은 중고생이 되면 대부분 대구로 나갔다. 대구로 나갈 수 없는 경우는 너무 가난하여 자녀를 유학 보낼 수 없는 집이거나 아이가 공부에 뜻이 없어서 일찌감치 학업을 포기시킨 집이거나 둘 중 하나였다. 나는 전자에 해당했다. 자녀들도 많았지만 무엇보다 집이 가난했기 때문에 대구로 나갈 형편이 되지 못했다. 하지만 당시 형님들은 대구로 나가서 스스로 돈을 벌어가면서 고등학교를 다녔다. 동네 껄렁껄렁한 친구들과 어울려 분탕질을 하는 대신 주경야독하며 길을 스스로 개척했던 형들이 있었기 때문에 나도 대도시에 나가서 공부하고 돈도 벌 수 있다는 생각을 갖게 됐던 것 같다. 형님들로부터 자립심을 배웠다고 할까, 칭찬을 통해 긍정의 심성을 갖게 됐고, 형님들을 통해 독립심과 자신감을 얻게 됐다.

또한 내가 '감히' 대구로 나갈 꿈을 꿀 수 있었던 건 중학교 때 만난 한 선생님과의 인연 때문이기도 했다. 당시 영천 화북면에는 중학교가 한 개밖에 없었는데, 거기서 이명희 선생님을 담임으로 만나게 되었다. 내가 지금 교육자로서 설 수 있었던 건 어쩌면 다 그분 덕분이다. 한쪽 다리가 약간 불편하셨던 선생님은 나를 굉장히 예뻐하셨고, 쉬는 시간이나 수업이 없는 시간, 심지어 주말에도 개별적으로 당신의 집으로 불러서 영어나 각종 과목들을 가르쳐 주셨다. 중학교 시절뿐만 아니라 내가 대구로 나가서 방통고를 다니고 검정고시 공부를 할 때도 어김없이 챙겨 주셨다. 인생은 만남으로 시작해서 만남으로 끝나는 것 같다. 만남 중에는 고귀한 만남도 있고 하찮은 만남도 있다. 인생을 충분히 산다면 누구든 결정적으로 세 번 이상의 고귀한 만남을 가질 수 있다고 본다. 나 역시 인생의 변곡점에서 훌륭한 귀인들을 만났고, 그들을 통해 드라마틱한 터닝 포인트를 만들 수 있었다. 그런데 중요한 건 귀인을 알아볼 수 있는 안목이다. 시인 박노해는 "귀인은 귀인을 알아보고 서로를 고귀하게 만든다."고 했다. 평소 자신부터 귀인이 될 수 있도록 능력을 쌓고 꿈과 목표를 가지고 살아가면, 귀인은 자연스럽게 찾아온다.

중학교를 졸업하고 나니, 고등학교로 진학할 수 있는 상황이 아니었다. 동생들이 줄줄이 학교를 다녀야했고 농사에는 늘 일손이 부족해 허덕였다. 중졸로 학업을 중단하니 앞길이 막막했다. 돈을 벌어서 공부를 이어가야겠다는 생각밖에 없었다. "니, 거 꼭 가아 겠나?" 집을 떠나기 전날 나를 잡고 만류하시던 어머니의 손을 뿌리치고 16세의 나이에 무작정 영천역에서 중앙선 기차를 타고 영주로 갔다. 특별히 연고가 있었던 것도 아니고 아는 사람이 있었던 것도 아니었다. 어떻게 보면 좀 무모해 보이는 도전이었다. 영주역 근처 여인숙에서 하룻밤을 자고, 다음날 강원도 강릉으로 가는 기차를 타고 당시 황지역에서 내렸다. 강원도 태백시 화전동(황지읍 화전2리) 탄광촌에 막노동 일꾼을 구한다는 정보를 들었던 터였다. 탄광일을 하는 인부들이 머무는 숙소로 무작정 찾아갔다.

"밥 멕여주고 재워주면 일 열심히 하겠습니더."
"너 어데서 왔나?"
"영천에서 왔는데요."
"몇 살이가?"
"열일곱입니더."

어리면 안 써줄 거 같아 나이를 살짝 올려 말했다. 처음에 고개를 절레절레 흔들던 아저씨들도 내가 물러서지 않을 것 같은 기백을 보이자 마지못해 허락했다.

"니 하루 일하고 힘들다고 도망가지나 말아라."

"열심히 하겠습니더."

나는 하늘을 날기 위해 탄광의 갱도를 기어 들어갔다.

　아저씨들과 화전2리 허름한 민가에서 동고동락 숙식을 해결하면서 매일 새벽같이 깊은 갱도로 들어가서 곡괭이로 석탄을 캐는 일을 했다. 곡괭이고 삽이고 손에 익지 않은 탄광 장비가 너무 무거워 한나절 일하고 지상으로 올라오면 허리가 두 동강으로 끊어지는 줄 알았다. 어디서 그런 배짱과 용기가 나왔는지 지금도 잘 모르겠다. 비빌 언덕이 있을지, 일은 할 수 있을지, 숙소는 있을지 모르고 그냥 무작정 갔다. 멈춰있기보다 무슨 일을 하든지 한 발 앞으로 나가야겠다는 생각뿐이었다. '출발하다'라는 영어 표현에 '힛 더 로드Hit the road'라는 말이 있다. 말 그대로 '땅을 박차고' 나가는 것이 웅크리고 앉아있는 것보다 더 나은 경우가 있다. 목적지가 따로 정해져있지 않아도 일단 출발하면 도상途上에서 예상치 못한 새로운 답을 얻을 수 있다. 영화 「쇼생크탈출(1994)」에 보면, 이런 대사가 나온다.

> "사느라 바쁘던지 아니면 죽느라 바쁘던지Get busy living or get busy dying. … 나는 너무 흥분되어 의자에 앉아 있을 수도 머릿속에 생각을 떠올릴 수도 없었다. 이 흥분은 오로지 자유인만이 느낄 수 있는 것이리라. 어떤 결론이 날지 모르는 기나긴 여행의 출발선에 서 있는 자유인 말이다."

주인공 레드(모건 프리맨)가 멕시코 해안에서 배를 준비하고 기다리는 친구 앤디(팀 로빈슨)를 찾아 가는 여정에서 흘러나오는 내레이션이다. 인생을 살다 보면 끝도 없는 자기 연민과 불확실한 미래에 대한 염려로 스스로 만든 감옥에 갇혀 한 발자국도 나가지 못하는 경우가 있다. 아집과 두려움의 수인囚人이 되어 자승자박自繩自縛의 처지에 묶이고 싶지 않았다. 하늘을 날기 위해서 땅속으로 기어 들어갔다. 푸르른 창공을 비상하는 나비의 꿈을 꾸는 어린 애벌레는 지면으로부터 50m 아래 지하로 내려가 석탄을 자루에 담아 끌고 나왔다.

입에 단내가 날 정도로 고단한 일이었다. 이틀 지나니 어깨가 빠질 것처럼 뻐근했다. 일주일 지나니 입안이 헐고 코피가 쏟아졌다. 충분히 쉬고 양질의 음식을 섭취해야 하는데, 당시 나오는 식사는 열악했고, 돈을 모아야겠다는 일념에 무리했던 것이다. 일을 마치고 저녁에 씻을 때 코를 풀면 석탄 가루가 쏟아졌다. 그래도 몸이 힘든 건 견딜만했다. 문제는 숙소에 돌아오면 피곤이 밀려와 그대로 까무러치기 일쑤였다는 사실이다. 그러다 보니 책 한 장 읽을 수가 없었다. 공부를 하지 못한다면 돈을 버는 목적이 사라졌다. 돈을 벌어가며 공부를 하려고 했던 생각과 너무 다른 현실에 직면하고는 낭패감이 몰려왔다. 결국 한달 일한 인건비 약 만 오천 원을 받아서 고향으로 내려오고 말았다.

실패는 고통스럽다. 그러나 실패를 인정하는 건 더 고통스러운 일이다. 얼굴이 반쪽이 돼서 터덜터덜 낙향하니 내 몰골을 보고 부모님께서 깜짝 놀라셨다. 아무 말 없이 나를 끌어안으시고는 조용히 눈물을 흘리셨다. 집에 돌아와 한 이틀은 마치 시체처럼 계속 잠만 잤던 거 같다. 무모해 보였던 도전을 끝내고 집에 그렇게 누워있는데 갑자기 인생의 낙오자loser가 된 느낌이었다. 몸은 편한데 마음이 불편했다. 더디게 흐르는 시간이 내 발목을 잡더니 이제 내 목덜미를 죄기 시작했다. 눅진눅진한 무료함과 꿀렁꿀렁한 무력감이 전신을 휘감았다. 시간은 그렇게 빨리 흘러갔다. 또래 친구들은 다들 공부하러 객지로 나갔는데, 나만 뒤처지고 있다는 불안감을 견디기 힘들었다.

시골에서 1개월가량 놀다가 일을 계속 해야겠다는 생각에 다시 대구로 나왔다. 어머니께서 가지 말라고 다시 말렸지만, "성공해서 다시 오겠다."는 말을 남기고 대구행 기차에 몸을 실었다. 나태해지려고 할 때마다 나를 거세게 몰아붙여야 한다는 사실을 누구보다 잘 알고 있었다. 누구나 안전지대를 벗어나는 것은 쉽지 않다. 안온한 나만의 거탑에 성주로 사는 시간이 길어지면 길어질수록 일상의 관성을 거스르는 노력이 요구되기 때문이다. 과거의 나를 끊임없이 죽이는 연습이 필요하다. 어제의 나를 죽이지 않으면 오늘의 나, 새로운 나로 거듭날 수 없다. 『성서』의 사도 바울은 그래서 "나는 날마다 죽는다."고 말하지 않았을까?[1]

우리 몸을 가만히 들여다보면, 생존하기 위해서 스스로를 죽이는 과정이 불가피하게 일어나야 하는 생명의 역설을 잘 알 수 있다. 한번은 MIT공대의 로버트 호르비츠 H. Robert Horvitz 교수가 밝혀낸 이른바 '자살세포'에 대한 글을 읽고 무릎을 탁 쳤다. 그는 생명이 다되어 자연사하는 것으로 여겨졌던 세포의 죽음이 사실 스스로 자폭하는 과정임을 실험으로 입증했다. 그의 주장에 따르면, 세포가 프로그램에 따라 정상적으로 자살해야 새로운 세포가 생성되고 건강한 유기체로 존재할 수 있으며, 세포가 스스로 죽지 않고 버틸 때 비정상적으로 증식하면서 암세포로 발전한다는 것이다. 그는 신체에 일어나는 대부분의 질병은 자살이 아닌 타살로 세포가 파괴될 때 발생한다는 획기적인 주장을 해서 2002년 노벨생리

---

1 「고린도전서」, 15장 31절.

네크로시스 necrosis	**남이 나를 죽이는 과정** 타성적이고 우연적인 변화—무계획적인 과정 외부의 자극에 영향을 받은 단기적인 변화를 낳는다.
아폽토시스 apoptosis	**내가 스스로를 죽이는 과정** 자발적이고 필연적인 변화—계획적인 과정 자발적인 동기에 의한 장기적인 변화를 낳는다.

인생에도 네크로시스와 아폽토시스가 있다.

의학상을 수상했다. 흔히 '내가 알을 깨면 병아리가 되고, 남이 알을 깨면 달걀프라이가 된다.'는 말과 같은 맥락인 셈이다.

과학에서도 이 둘은 명확하게 구분한다. 세포의 타살을 네크로시스necrosis, 세포의 자살을 아폽토시스apoptosis로 구별한다. 여기서 네크로시스는 화상과 타박, 독극물 등 외부의 자극으로 세포가 괴사하는 것을 말한다. 일종의 '사고사'인 셈이다. 오랫동안 의학계는 세포의 죽음을 100% 네크로시스로 이해해왔다고 한다. 이런 맥락에서 보면, 사망은 죽을 필요 없는 세포가 우연히 죽어나가는 과정이다. 반면 호르비츠는 유전자에 의해 프로그래밍된 세포의 자멸, 즉 아폽토시스가 있다는 사실을 밝혀낸다. 우리 인생도 이와 같다고 할 수 있다. 주변에 의해 어쩔 수 없이 변하는 네크로시스보다 스스로 능동적으로 변화하려는 아폽토시스가 지금 인생에서 더 필요하지 않을까? 헤르만 헤세는 『데미안』에서 "태어나려는 자는 한 세계를 파괴해야만 한다. 새는 알을 깨고 나온다. 새는 신에게로 날아간다."라고 썼다. 틀에 박힌 현실을 '파괴'해야만 비로소 새로운 가치 있는 것을 '창조'할 수 있다. 창조는 파괴를 동반한다. 적극적인 파괴는 새로운 창조의 밑거름이다. 『성서』에서는 "새 포도주는 새 부대에 넣어야 둘이 다 보전되느니라."고 말했다.[2] "낡은 병에 새 포도주를 담지 말라Don't put new wine into old bottle."는 영국 속담과 일맥상통하는 이야기다.

---

2 「마태복음」, 9장 17절.

내 꿈을
사세요

수소문해서 대구역 근처 직업소개소를 찾아갔다. 의욕도 의지도 충만했지만 아무런 기술도 경험도 없는 소년을 흔쾌히 써주겠다는 곳이 있을 리 만무했다. 키도 작고 몸도 비실비실해서 다들 몸으로 때우는 일을 하기에 적합하지 않다고 여겼다. 게다가 미성년자에 학업도 마치지 못한 나는 여러 가지 구직에 불리한 조건들만 주렁 주렁 달고 있었다. 사정을 이야기하니 "대구 남산동에 있는 한식당에서 잡일과 심부름을 해줄 아이를 찾는데 거기 가볼 테면 가라." 는 거였다. 밥도 먹여주고 재워준다니 갈 곳이 없던 나로서는 우선 마음이 놓였다. 거기다 매달 월급도 준다니 금상첨화였다.

"거그서 시방 좀 급하게 사람을 찾는 거 같던데, 함 가볼텨?"

"가겠심니더!"

"근데 니가 거서 될랑가 모르것다."

"와예?"

"어린 기 일을 할 수 있겠노?"

"지가 함 가보지예."

소개해준 곳에 길을 물어 찾아가니, 가게라는 곳은 예약제로 손님을 받는 고급 한식당이었다. 직접 보니 덜컥 겁이 났다. '내가 이런 곳에서 일을 할 수 있을까.' 처음엔 도무지 내키지 않았지만, 나로서는 다른 선택지가 없었다. 이 일이라도 하지 않으면 아무 소득도 없이 당장 집으로 돌아갈 수밖에 없는 노릇이었다. 마지못해 식당 내에 거처를 얻고 그날부터 일을 거들게 되었다. 내가 맡은 일은 단순했다. 손님들이 찾아오면 주방에서 요리사가 음식을 만들고 나는 그것들을 들고 방에 들어가 술상을 차려주는 일이었다. 주변에 꽤 이름이 난 고급 한식당이었기 때문에 찾는 손님들도 예의 바르고 준수한 편이었다. 술자리가 끝나면 나는 부리나케 방에 들어가 술상을 치우고 다음 예약 손님을 받았다. "담배 사와라, 약 사와라." 손님들 심부름도 하면서 버는 용돈이 꽤 쏠쏠했다. 제대로 먹지 못해 키도 작고 얼굴에 버짐기 가득했던 나를 한식당에서 일하는 아가씨들이 친동생처럼 많이 귀여워해 주고 챙겨줬다. 손님들에게 수고비를 넉넉히 받는 날에는 "김군, 심부름 값!" 하면서

가난하고 막막했던 현실을 벗어나려고 발버둥 치던 십대 시절의 필자

주머니에 용돈도 넣어줬다. 가끔은 월급보다 이렇게 들어오는 용돈이 더 많은 달도 있었다.

　무엇보다 좋은 건 광산촌과 달리 여기서는 낮에 공부를 할 수 있다는 점이었다. 술손님들이 저녁에 주로 왔기 때문에 나는 아침에 일어나 일찌감치 주위를 청소하고 짬을 내어 책을 들춰보는 여유를 부릴 수 있었다. 일할 때는 영어 단어장을 사서 뒷주머니에 찔러 넣고 틈틈이 공부하려고 했다. 술상을 무르고 방을 청소하고 쓰레기를 비우고 마당을 빗질하는 중간중간 손등에 써놓은 단어를 악착같이 암기했다. 물론 일을 하면서 공부를 병행한다는 게 그렇게 쉬운 일은 아니었다. 그렇지만 몇 달 전 막장에서 돌아와 숙소에서 그냥 고꾸라지던 때와 비교하면 나름 공부에 시간을 배분할 수 있었다. 그렇게 대략 6개월 정도 식당에서 일했던 것 같다.

　옛말에 근묵자흑 근주자적近墨者黑 近朱者赤이란 말이 있다. 사람이 어디에 있느냐에 따라 환경의 영향을 그대로 받는다는 말인데,

사실 한식당이 미성년자인 내가 일하기에 그렇게 좋은 장소는 아니다. 아무리 개인적으로 철통같은 의지와 개념을 무장하고 있어도 인간이 자신이 속한 집단의 분위기와 수준을 넘어서기란 여간 힘든 일이 아니다. 밤새 술을 따르고 가야금을 뜯으며 노래를 부르는 환경에서 사춘기 소년이 긍정적인 영향을 받기가 더군다나 쉽지 않다. 게다가 아직 뚜렷한 가치관과 인생의 철학이 세워지지 않은 상황에서 매일이 음주가무로 점철된 그런 공간에 오랫동안 함께 있다면 결과가 어떠하겠는가? 말 그대로 개천에서 용이 나려면 실개천이라도 흘러야 하는데, 식당은 학업을 중단한 열여섯 먹은 청소년이 틈을 내어 공부를 이어갈 수 있는 개천이 전혀 아니었다.

경영학에서는 환경의 심리적 영향에 관해 언제나 언급되는 호손실험Hawthorne experiment이 있다. 하버드대학교 심리학자인 메이요 George Elton Mayo와 경영학자 뢰슬리스버거Fritz Jules Roethlisberger에 의해 시카고 근교 호손공장에서 8년간 수행된 생산성 실험으로 사람이 정서적 환경에 얼마나 깊은 영향을 받는지 입증했다. 4단계로 진행된 실험에서 공장 내 조명이나 노동자에 대한 물질적 보상보다는 유대감과 책임감, 일에 대한 자부심 같은 심리적 요인들이 생산성에 더 많은 영향을 끼친다는 사실을 체계적으로 밝히게 되었다. 물론 이후 실험 과정과 방식에 있어 문제를 제기한 이들도 있었지만, 아직까지 노무관리나 경영학 원론에서는 종종 언급되는 유명한 실험이다. 매일 같이 술판이 벌어지는 식당에서 일한다는 사실,

보상에 앞서 내가 하고 있는 일이 나에게 깊은 정서적 만족감과 성취감, 업무의 보람을 느끼게 해주는 일이 아니라는 사실이 실은 나의 발목에 족쇄를 채우고 있었다. 돈이 다 돈이 아니다! 돈에도 색깔이 있기 때문이다.

그러다 나를 개천으로 안내해 줄 귀인을 만나게 됐다. 한식당에 단골로 오던 손님 하나가 근처 철공소 전무였는데, 빠릿빠릿하고 똘똘하게 일하는 나를 평소 눈여겨봤던 모양이다. 어느 날 나보고 나이를 물었다.

"김군아, 니 몇 살이제?"
"열 여섯입니더."
"내 보니 넌 여기서 일할 놈이 아이다. 인생을 밝은 곳에서 살아라."
"…"

당시는 이게 무슨 말인지 몰랐다. 지나고 보니 그 말 한마디가 나에게 큰 힘이 되었다. 전무는 대구시 원대동에 있는 흥아기계제작소라는 철공소에 나를 취직시켰다. 기계에 대해선 아무것도 모르던 무지렁이였지만 전무의 말만 믿고 그날 무작정 철공소 사택으로 짐을 옮겼다. 흥아기계제작소는 견직기와 면직기를 생산하는 철공소로서 처음에 주물부와 선반부(공작기계인 선반으로 주물을 깎

아서 직기에 들어가는 부품을 만드는 공정)에서 몇 달 일하다가, 그 후 조립부, 도장부(부품을 조립해서 직기가 완성되면 직기의 표면에 페인트칠을 하는 공정)에서 근무를 하였다. 일은 하나씩 배우면 된다. 중요한 건 얼마나 열린 자세로 변화된 상황을 빨리 받아들이는가 하는 문제다. '1루에 발을 붙인 채 2루로 도루할 수는 없는 법이다You can't steal second base and keep your foot on first.' 2루로 뛰기로 작정했다면 등 뒤에 있는 1루는 빨리 잊으면 잊을수록 좋다.

나는 무엇이든 새로운 지식과 기술을 받아들이는 데에 매우 민첩한 편이다. 판단 전까지 꼼꼼하게 따져보지만, 일단 괜찮다는 판단이 서면 스펀지처럼 빠르게 수용한다. 일의 수용도는 스펀지의 건조도와 비례한다. 내 안에 아무것도 없으면 그만큼 새로운 지식이나 기술을 빨리 빨아들일 수 있는 법이다. 철공소의 일도 금세 배워서 반년 정도 지나자 앞서 수년 동안 기름밥을 먹던 숙련공들의 기술을 따라 잡았다. 언제든지 일에는 세 가지 사이클이 존재한다. 그게 공부든 무슨 일이든 혼란기→ 적응기→ 원숙기의 사이클을 대부분 거치는데, 범인凡人은 혼란기에 대부분 일을 그만둔다. 일이 손에 익지 않고 몸에 배지 않았기 때문에 특별히 일에 대해 평가할 시간과 기준도 턱없이 모자라다. 그리고 나서 "아, 나 그거 해 봤는데, 안 돼."라고 말한다. 그러나 특정 분야의 장인들이나 숙련공들은 일이 자신의 몸과 완전히 일체되어 한 치의 흐트러짐 없이 기술을 발휘할 수 있을 때까지 인내하고 기술을 익혔기 때문에

혼란기	**일을 처음 접하고 자신의 루틴과 엉키는 단계** 일에 따라 일주일에서 한 달 정도 걸리며, 이 단계의 요령은 무조건 버티는 것이다. 모든 건 시간이 해결해 준다. 일정한 기간 이후 혼란기에서 적응기로 넘어갈 수 있다.
적응기	**일을 체계적으로 배우고 몸에 익히는 단계** 일에 따라 2주일에서 석 달 정도 걸리며, 이 단계에서는 지식과 요령, 기술이 요구된다. 부단한 연습과 훈련으로 적응기가 단축될 수 있지만, 무엇보다 일을 이해하는 안목이 요구된다.
원숙기	**일을 완전히 익혀 자신의 기술로 100% 활용하는 단계** 일에 따라 한 달에서 6개월 정도 걸리며, 이 단계에 올라오면 이전 단계에서 이해되지 못했던 과정들이 한 눈에 들어오며 일의 전모를 알 수 있게 된다. 이 단계에 진입해야 제대로 일을 배웠다고 할 수 있다.

일의 3단계 사이클. 우리가 인생에서 겪는 어떠한 일이든 이 사이클을 밟는다.

사람들의 칭송을 받는 것이다.

어디서든 성실하면 누구에게도 인정받을 수 있다. 원숙기에 접어들 때까지 나는 일단 공부를 조금 뒤로 미뤄두고 일을 익히는 데 최선을 다했다. 처음에는 버벅거리고 실수가 잦았지만, 공장 생활도 한 달쯤 접어들자 제법 장비가 손에 잡히고 일이 눈에 들어왔다. 몽키스패너로 너트 하나 조일 수 없었던 내가 가끔씩 기계가 멈추면 즉석에서 고칠 수 있는 단계까지 실력이 늘게 되었다. 전무가 이런 나를 아꼈고 잘 돌봐줬다. 인복도 재능이라는 말이 있다. 철공소에 있으면서 그 사람 때문에 눈에 보이지 않는 혜택을 많이 받았다. 다 같은 기름밥이지만 그나마 조금이라도 편안한 작업을 나에게 시켜줬다. 일의 규모가 그려지자 그 안에서 여유도 부릴 수 있게 되었다. 처음에는 혼자서 2~3개월 일을 하다가 철공소에서 일할 사람을 더 구한다는 소식을 들었다. 친구 따라 강남 간다고 영천 죽곡리 고향으로 돌아가 중학교 동기생인 정용수와 성태용을 철공소로 데리고 와서 같이 일을 하게 되면서 세 명이 한 방에서 생활했다. 그들은 시골에서 도시로 나와 일자리를 얻게 되어 나에게 고마워했다.

나는 철공소에서 인내를 배웠다. 직공의 삶은 나를 단단하게 다지는 계기가 됐다.

철공소 직공의 삶은 만족스러웠다. 자신의 분야에서 땀을 흘려 돈을 벌 수 있다는 건 누구에게나 커다란 성취감과 자신감을 심어 줄 수 있다. 벤자민 프랭클린은 '일하는 자야말로 행복한 자이며, 게으른 자야말로 비참한 자일뿐이다It is the working man who is the happy man. It is the idle man who is the miserable man.'라고 말했다. 생산 활동이 사람에게 주는 효용감은 다른 어떤 활동에 비견할 수 없다. 나는 공장에서 번 돈을 악착같이 모았다. 고향에서 고생하는 부모님을 생각하면 허투루 돈을 쓸 수 없었다. 내 입으로 들어가는 걸 더 아껴 부모님께 조금이라도 용돈을 더 드리는 게 나에게 당연했다.

철공소에서 직공으로 있으면서 금형mold의 중요성을 깨달았다. 영어 단어 '몰드'는 일정한 형태의 판형 내지 거푸집을 일컫는다. 좋은 결과물을 얻어내려면 흠 없이 깔끔한 금형이 있어야 한다. 좋은 금형을 하나 만들면, 그 금형에 똑같은 형태의 작업물을 걸어 찍어낼 수 있다. 모든 작업자에게는 선행 작업을 통해 만들어진 판형이 존재한다. 사수는 부사수에게 그 판형을 전수하고, 전임자는 후임자에게 일의 템플릿template을 가르쳐준다. 좋은 거푸집이 있으면, 그만큼 일을 빨리 배울 수 있고 일사천리로 부품을 찍어낼 수 있다. 우리 인생에서도 이런 모델이 필요하다. 인생에서 꿈을 이루려면 주변에 내가 닮고 싶은 모본example이 필요하다. 내가 원하는 모습에 도달해 있는 이상적인 인물ideal figure을 찾아서 그의 성공의 비결을 무조건 따라하라. 모본이 없으면 만들어라! 그 모본을 통해 찍어져 나오는 삶의 습관은 결국 나를 성공으로 안내해줄 것이다.

금형 mold	모본 example
정해진 틀을 통해 형태를 만든다. 정확하고(precise) 깔끔한(clear) 형태 금형을 두고 쇠를 두들기거나 쇳물을 부어서 완성된 제품을 만든다.	**고상한 모습을 통해 인격을 만든다.** 훌륭하고(good) 성공한(successful) 존재 모본의 삶을 따라 하거나 그를 모방해서 성공의 습관을 만든다.

철공소에서 내가 배운 사실: 좋은 모본을 찾아라

철공소의 삶은 모든 게 다 좋았는데, 한 가지 문제가 계속 해결되지 못했다. 바로 학업이었다. 약 1년간 철공소 생활을 하던 중 육체적으로 너무 힘든 철공소 일 때문에 밤에 도통 공부를 할 수가 없었다. 다시 한식당으로 돌아갈까도 생각했지만 별로 바람직하지 않은 환경으로 돌아간다는 것을 나 스스로 용납할 수가 없었다. 며칠 책상머리에 앉아서 책과 씨름을 해보았는데, 잠깐 졸다가 눈을 번쩍 뜨면 어느새 동 트는 새벽이 되어 있었다. 무리하게 공부를 이어가다가 코피도 여러 번 쏟았다. 하루는 이렇게 혼자서 책을 보려고 씨름하는 나를 철공소 사장이 우연히 보게 되었다.

"병곤아! 닌 맨날 뭘 그리 열심히 공부하노?"
"대학 갈라고 그라는데요."
"니, 공부 하고 싶나?"
"…야, 제 꿈을 사실래요?"

눈물이 갑자기 핑 돌았다. 내 처지를 이해해주는 것 같은 그의 말이 고마웠다. 힘들다고 현실을 도피하거나 핑계를 대고 싶지 않았다. 돈을 버는 게 나에게 절대적인 가치를 가져다주는 일이라면 만족하며 살았겠지만, 무엇보다 나는 공부를 하고 싶었다. 영어에 '달구어졌을 때 쇠를 내려쳐라Strike while the iron is hot.'는 속담이 있다. 나에게 철공소는 스스로를 단련하고 현실이라는 모루 위에서 꿈이라는 망치를 두들겨 미래라는 형태를 다듬어가는 절호의 시기였다. 공장 직공으로 지내면서 많은 일들을 겪었고 남몰래 많이 눈물도 흘렸다. 담금질과 단조를 통해 나는 한 단계 더 성숙해졌고, 그렇게 내 꿈에 한 발자국 더 가까워질 수 있었다. 미래는 내가 주체적으로 간취하는 것이다. 미래는 시간이 지나면서 자연스럽게 밀려들어오는 것이 아니라 스스로 현실의 일부로 끌어당기는 것이다. 종교학자 배철현은 그 의미를 이렇게 설명하고 있다.

"나는 미래未來라는 한자의 의미를 좋아하지 않는다. 나의 미래가 '아직 오지 않은 어떤 것'이라니! 미래는 지금 내가 만들어야 할 조각품이다. 미래를 뜻하는 영어 단어는 '퓨처future'다. 퓨처는 라틴어 '푸투룸futurum'에서 유래했다. 푸투룸은 라틴어 문법에서 '존재하다/되다'라는 동사 '에세esse'의 능동분사형이다. 즉 '(내가) 미래에 될 어떤 것'이라는 의미를 지닌다. 따라서 미래는 지금-여기에서 '내가 원하는 나 자신'이 되기 위해 부단히 수련할 때 만들어지는 예술이다. 또한 지금, 이 순간에 몰입해 최선을 다할 때 자연스레 다가오는 신의 선물이다."[3]

---

3 『수련(21세기북스)』, 38~39쪽

CHAPTER 3

긍정의 힘이
이긴다

NO를 거꾸로 하면 ON이 된다.
어떤 문제든
반드시 푸는 열쇠가 있는 법이다.

노먼 빈센트 필Norman Vincent Peale

흔히 "견문을 넓힌다."는 말을 종종 한다. 견문見聞은 말 그대로 '보고 들은 것'을 말한다. 어려서 훌륭한 양서들을 섭렵하며 지식을 넓히는 것도 중요하지만, 여러 지역을 돌면서 지역의 사람들과 문화를 보고 듣는 일도 못지않게 중요하다. 여행은 젊어서 할 수 있는 가장 큰 투자 중 하나다. 요즘 TV를 통해 각종 여행 프로그램과 패키지 상품이 쏟아져 나온다. 실로 여행의 시대라 할만하다. 최근 유행하는 것처럼 식도락 여행을 통해 맛집을 찾아다니고 진기한 음식들을 맛보는 것도 좋은 여행이지만, 이럴 때일수록 무엇보다 여행을 통해 견문을 넓히고 다양한 문화와 시대가 어우러져 빚어내는 폭넓은 사고를 수용하는 기회를 갖는 게 필요하다.

시대의 작품을 쓴 위대한 작가나 훌륭한 업적을 남긴 학자들 중에는 여행을 통해 새로운 돌파구를 만들고 대체 불가능한 성취를 이룬 이들이 적지 않다. 1911년 9월 4일, 서른네 살의 헤르만 헤세는 화가 한스 슈투르첸에거와 함께 그의 인생 중 가장 긴 여행길에 올랐다. 자신의 부모가 선교사로 있었던 인도로 3개월간 여행을 떠나 몰락해 가는 유럽정신을 대체할 근원적 사유를 탐사했던 것이다. 비록 인도 여행은 그에게 많은 실망을 안겨주었지만, 이 경험을 통해 동양의 사유에 깊은 관심을 가지게 되었고 훗날 『싯다르타』나 『유리알유희』 같은 명작을 남기게 되었다. 특히 여러 작품들을 통해 인도와 중국의 사상과 인간의 내면에 보내는 따스한 시선을 볼 때, 그가 인도 여행에서 중요한 인생의 교훈을 얻었던 게 분명하다.

샤카왕국 카필라성의 왕자로 태어나 태평하고 안온한 삶을 살던 고타마 싯다르타 역시 현실에 안주하지 않고 성문 밖을 거닐며 늙고

병들고 죽어가는 인생들을 보며 그의 평생을 뒤흔든 화두를 얻게 된다. 이른바 사문유관四門遊觀을 단행하여 인생의 희로애락을 직면하게 된 그는 왜 인간이 괴로움에 빠지는지 알고 싶어 했다. 의상과 함께 천축국(인도)으로 구도의 여행을 떠났던 원효 역시 해골물을 마시는 경험을 통해 득도의 경지에 올랐다. 여행은 진리를 향한 가장 적극적인 구애이며, 자신의 익숙한 삶과 결별하는 구체적인 행위다. 『적과 흑』을 쓴 프랑스의 소설가 스탕달은 "여행의 최대 기쁨은 변화 속 사물에 대한 경탄이다."라고 말했다. 나 역시 낙동강 1,300리 길을 뗏목으로 두 번이나 여행하고 백두대간을 종주했던 경험이 내 삶에 훌륭한 자양분이 되어 주었다고 자부한다. 이제 그 이야기를 해볼까 한다.

꿈의
뗏목 여행

MIT공대를 졸업하고 친구와 '드롭박스Dropbox'를 만들어 전 세계 스타트업의 모델이 되었던 드류 휴스턴Drew Houston은 "네 삶을 완벽하게 만들려고 하지 말고, 삶이 모험이 되도록 스스로에게 자유를 주어 더 앞으로 전진하라Instead of trying to make your life perfect, give yourself the freedom to make it an adventure, and go ever upward."고 조언했다. 모험이 없는 인생은 따분하다. 지적 모험, 물리적(현실적) 모험, 직업상의 모험 등 모든 모험이 나에게 정신적 강장제이자 충만한 삶을 살아가는 데에 필요한 성공의 사다리를 제공해 준다. 현대중공업에 근무하던 어느 해 여름, 나는 버킷리스트 중 하나였던 낙동강 뗏목 여행을 떠났다. 내 나이 25세 때였다. 지금에야 TV 방송 중에 연예인들이 정글에서 뗏목을 만들어 타고 다니며 살아가는 생존 프로그램이 인기지만, 당시만 하더라도 뗏목 여행은 누구도 상상할 수 없는 액티비티였다.

왜 하필 뗏목일까? 나는 인간이 그간 진화의 과정을 거치며 억누르거나 망각해버린 도전정신이 누구에게나 숨어있다고 믿는다. 현대인들은 규격화된 도시의 삶에서 매일 일어나는 일상을 충분히 예측하며 살기 때문에 이러한 도전정신을 잊고 살아가기 쉽다. 아침에 일어나 씻고 밥 먹고 옷을 갈아입고 회사에 출근한다. 업무는 '나인-투-식스'로 이어지며, 퇴근 후 동료들과 선술집에서 술 한잔 하고 대중교통을 이용해 집으로 돌아온다. 집에 돌아와서는 가족들과 거실에서 잠시 TV를 시청하고는 잠자리에 든다. 이런 일상의 사이클을 우리는 일주일, 혹 한 달, 아니면 365일 내내 지속하며 살아간다. 그렇기에 수렵-채집인으로 살아갔던 우리 조상들의 DNA가 발현될 수 있는 기회가 거의 없다.

생존을 위협하는 포식자나 태풍이나 가뭄, 혹한 같은 자연재해로부터 더 이상 공포감을 느끼지 못하는 현대인들은 자신이 살아있다는 느낌을 얻을 때가 필요하면 그 대안으로 엑스-스포츠를 즐기게 되었다. 번지점프나 고공스키, 활강, 자동차 경주 등 내가 살아있음을 느끼게 해주는 물리적, 신체적 활동을 통해 죽어있던 생존 본능을 일깨우는 것이다. 현대인들은 정해진 일상에서는 도저히 할 수 없는 경험, 내 모든 것을 걸어야만 하는 선택의 기로, 죽음을 눈앞에 둔 존재적 위기감, 대자연 속에서 스스로 터득해가는 생존 기술 속에서 선사시대 이전에 살았던 인류의 공통 조상인 사피엔스가 가졌던 시원始原의 정서를 느끼고 싶어 한다. 뗏목 여행이 나에게 그런 촉매 역할을 했다. 뗏목이 주는 묘한 감성과 미지의 세계를 향한 동경이 나를 낙동강으로 이끌었던 것 같다.

나는 현대중공업에서 함께 동료로 일하던 두 명의 친구(김용훈, 최원근)와 함께 수개월 동안 여행 계획을 짰다. 모든 여행이 그렇듯, 실질적으로 여행 자체보다 여행 이전에 짜는 여행 계획이 더 재미있는 법이다. 우리는 물길과 지형, 식수와 음식, 옷과 구명조끼뿐만 아니라 뗏목 제작에 필요한 목재와 각종 장비들까지 철저하게 준비했다. 드디어 결전의 날이 왔다. 1985년 7월 중순, 우리는 낙동강의 최상류인 강원도로 갔다. 그런데 전날 폭우가 내린 탓으로 상류 계곡물의 속도가 너무 빨라 도저히 뗏목을 타고 내려갈 수 없었다. 어쨌든 계획대로 뗏목을 타고 내려가자는 쪽과 위험하니 하류로 내려가자는 쪽으로 의견이 나뉘었다. 이런 경우 의사결정을 하기 매우 곤란하다. 그래서 반드시 뗏목 여행에 임할 때에는 홀수로 인원을 짜는 게 좋다. 의견이 동수로 갈리면 무슨 일을 할 때 결정을 쉽사리 내릴 수 없기 때문이다.

한 동안 의견을 나누다가 결국 우리는 물살이 너무 세서 자칫하면 뗏목이 전복될 수 있다고 판단하고 하류로 내려가는 것으로 의견을 모았다. 어쩔 수 없이 우리는 다시 안동댐으로 내려왔다. 안동시 용상동에 있는 목재소로 가서 뗏목 제작용 나무 한 트럭과 부력용 대형차 튜브 10여 개를 사와서 낙동강변에서 직접 뗏목을 제작했다. 뗏목을 만드는 데에는 기본적으로 부력을 생성시키는 공학적 개념과 구조를 한 치의 오차도 없이 세밀하게 다룰 줄 아는 목공 기술이 함께 요구된다. 나는 이미 뗏목 여행을 계획하면서 다양한 구조를 개념화했기 때문에 쉽게 제작 과정을 진두지휘할 수 있었다. 따로 도면이나 설계도는 필요 없었다. 모두 머릿속에 들어 있었기 때문에 일사천리로 작업에 임했다.

만 하루가 걸려 드디어 우리가 타게 될 뗏목이 완성되었다. 다음 날 설레는 마음으로 뗏목을 물에 띄우고 열흘간의 기나긴 여행을 시작했다. 보통 진수식은 뱃머리에 샴페인병을 깨트리는 세레머니를 하는데 거창한 행사 없이 조용하고 결연하게 긴 여정이 시작되었다. 당시 뗏목이 '첨벙'하며 처음 강물에 놓였을 때, 우리 세 명이 그 뗏목에 올라 처음으로 무게중심을 잡았을 때, 미리 준비한 장대로 뭍을 밀어 우리가 탄 뗏목이 서서히 강물의 흐름을 탔을 때 느꼈던 흥분을 아직도 잊지 못한다. 머리가 쭈뼛 서고 온몸의 솜털이 바짝 서는 느낌, 내가 살아있음을 확인하는 순간이었다. 때마침 장마철이고 낙동강 물이 불어 하류는 범람하기 직전까지 갔던 상황이라 여러모로 위험한 여행이었다. 패기라고 하기에는 일촉즉발 위기의 상황이라 아마 지금이었다면 도전이 쉽지 않았을 것이다.

시커먼 탁류에 뗏목을 띄워 어렵사리 균형을 잡은 우리는 천천히 강의 중심부로 나아갔다. 강물이 그 넓은 낙동강을 가득 채우고 유속이 너무나 빨라서 위험한 상황의 연속이었다. 뗏목은 좌우로 조정하는 방향타만 있을 뿐 전후로 움직일 수 있는 스크루나 추진체가 없었기 때문에 속절없이 강물의 흐름에 선체를 맡길 수밖에 없었다. 24시간 밤낮으로 뗏목은 멈추지 않고 하류로 맹렬하게 떠내려갔다. 그렇게 한참 떠내려가기를 계속하다가 낙동강 중간 지점에서 뜻하지 않게 뗏목이 암초에 걸리는 사태가 벌어졌다. 영어에는 '억수같이 내린다It rains cats and dogs.'는 표현이 있다. 견원지간인 개와 고양이가 물고 할퀴고 다투는 것처럼 비가 내린다는 뜻이다. 정말 이 표현이 딱 어울리는 밤이었다. 하늘에 구멍이 뚫린 것처럼 비는 매섭게 내리기 시작했고 사방이 칠흑같이 어두웠다. 눈앞에 아무것도 보이지 않고 상류에서 쏟아져 내려오는 물살이 콸콸콸 거세지는 소리만 들리니 공포감이 엄습했다. 우린 그렇게 뗏목 위에서 이러지도 저러지도 못하고 꼬박 하룻밤을 지새우게 되었다. 시각이 배제된 상태에서 청각만으로도 얼마나 무서워질 수 있는지 절감한 밤이었다.

뗏목 여행은 내 인생의 전환점을 마련해주었다.

밤이 되자 기온이 급강하하면서 으슬으슬 추워졌다. 게다가 밤새 비를 맞아서 그런지 이빨이 서로 '딱딱' 부딪히며 오한이 느껴졌다. 그렇게 보낸 밤이 얼마나 길고 고달프던지…. 날이 밝자 우리는 뗏목이 나무와 암초에 걸린 것을 확인하고, 물로 뛰어들어 뒤에서 뗏목을 떠밀어 자유로이 움직이도록 구조 조치하였다. 그렇게 다시 물안개를 뚫고 뗏목 여정이 이어졌다. 그 날 정오가 되어서 안동을 지나 상주까지 떠내려 왔을 때 강가에서 한 경찰관이 우리 뗏목을 발견하고 호루라기를 불면서 막 뭐라고 외쳤다. 그는 오토바이를 타고 먼 거리에서 강을 따라오면서 지금 물이 불어 위험하니 빨리 뗏목을 타고 강 밖으로 나오라며, 뗏목 여행을 중단하고 강력히 요구하였다. 우린 다시 의견을 모았다. 계획대로 목적지까지 여행을 계속 할 것인지 이쯤에서 여행을 중단할 것인지 논의했다. 결론은 계속 가자는 것이었다.

우리는 뗏목을 타는 것이 그리 위험하지 않다고 경찰을 설득한 후 계속하여 뗏목을 타고 내려갔다. 솔직히 뗏목 여행은 매우 위험한 여행이다. 뗏목은 밤낮으로 떠내려가는데 당장 눈앞에서 어떤 상황이 벌어질지 모르기 때문에 잠을 제대로 잘 수도 없다. 늘 사주경계를 하면서 뗏목의 방향과 물살의 속도를 체크해야 했기에 한시도 마음을 놓을 수 없다. 낭만과 운치라고는 전혀 없는 여행이다. 생과 사를 넘나드는 위태로운 외줄타기와 같다고 할까. 우리는 물살에 뗏목을 완전히 맡기는 것만으로 그때그때 위기상황을 신속하게 처리할 수 없어서 교대로 1~2시간씩 쪽잠을 자면서 뗏목을 지켜야했다. 뗏목을 타는데 가장 위험한 상황은 강물이 돌아나가는 소용돌이 속으로 휘말려 들어갔을 때 뗏목을 소용돌이 밖으로 끌어내는 일이었다. 낙동강에는 중류와 하류로 내려가는 곳곳마다 크고 작은 소용돌이가 여러 개 있어서 위험한 상황이 여러 번 있었다. 뗏목에 타고 있는 사람, 세 명의 빠르고 정확한 의사결정이 절실했다.

광포한 물살 위에 표류하는 뗏목은 우리 운명적인 인생을 상징한다. 영어로 운명destiny은 죽음을 내포하고 있다. 죽음이라는 종착지destination를 향해 떠내려가는 우리는 물살을 거스를 수도 멈추어 있을 수도 없다. 다만 좌우로 뗏목을 옮기는 결정만이 가능하다. 죽음 앞에 어떤 결정을 해야 할까? 무언가 인생에서 중요한 결정을 내릴 때, 우리는 '합리적으로' 모든 경우의 수를 취합하여 '이성적으로' 추론을 통해 판단한다. 여기에 우리의 감정이나 정서는 비집고 들어갈 틈이 없다고 생각한다. 아니, '감정적으로' 판단하고 행동으로 옮기는 건 나쁜 결정이며, 의식에서 감정을 배제한 순수한 이성적 판단이야말로 좋은 결정이라고 여긴다. 하지만 우리 인생은 그렇지 않다. 경제심리학에서 자주 인용되는 아이오와 도박 과제 실험Iowa Gambling Task Experiment은 우리의 의사결정이 직접적 관찰과 이성적 추론보다는 직감과 무의식, 설명할 수 없는 감정과 본능에 의해 영향 받는다는 사실을 보여주었다.

1994년 아이오와대학에서 앙트완 베카라Antoine Bechara와 그의 동료들이 실시한 도박 과제 실험은 세 군의 피실험자들을 대상으로 도박 테이블에 앉아 베팅을 할 때 어떻게 의사결정에 도달하는지 임상으로 밝혀냈다.[4] 실험의 과정은 이렇다. 피실험자들 앞에 네 개의 카드 덱deck이 뒤집어진 채 제공되는데 마음대로 카드를 뒤집으면서 어떤 카드 덱이 베팅에 유리한지 판단한다. 실험에서 네 개의 카드 덱 중에 두 개는 '좋은 덱good decks', 나머지 두 개는 '나쁜 덱bad decks'이다. 물론 피실험자는 무엇이 좋은 덱이고 무엇이 나쁜 덱인지 알 수 없다. 모든 카드에는 뒤집었을 때 받게 되는 보상과 벌금이 함께 적혀 있었는데, 좋은 덱은 보상이 50불, 나쁜 덱은 보상이 100불이었다. 반면 벌금은 무작위로 나타나는데 좋은 덱은 평균 마이너스 25불, 나쁜 덱은 평균 마이너스 125불이었다. 즉 좋은 덱은 카드를 지속적으로 뒤집을수록 안정적인 보상을 받을 수 있는 '로 리스크 로 리턴low risk low return' 전략을, 나쁜 덱은 '하이 리스크 하이 리턴high risk high return' 전략을 쓰고 있었다.

사실 두 가지 베팅 중에 어떤 전략이 더 좋고 더 바람직하다는 정답은 없다. 각자의 '총알(판돈)'과 '상황'에 따라 적절한 전략을 취사선택 할 수 있다. 이건 투자의 방식을 넘어 개인이 가지고 있는 기질의 차이일 수도 있다. 그런데 베팅이 장기적인 투자로 돌아

---

4 '베카라 도박 과제(Bechara gambling task)'로도 불린다. 실험 결과는 훗날 『데카르트의 오류』라는 책으로 대중들에게 널리 알려졌다. 1997년 우리말로도 번역 소개되었다.

로 리스크 로 리턴 low risk low return	**'돌다리도 두들겨가며 건너라.'** 투자 위험이 낮으면 보상도 낮다. 분석과 통계에 기반한 장기적 투자 언더독으로 주마가편의 안정적인 형세
하이 리스크 하이 리턴 high risk high return	**'인생은 한 방이다.'** 투자 위험이 높으면 보상도 높다. 직관과 감각에 기반한 단기적 투자 탑독으로 단기필마의 위험한 형세

인생이라는 도박에 접근하는 두 가지 방식

선다면, 하이 리스크 하이 리턴의 방식보다는 로 리스크 로 리턴의 방식이 안전하고 바람직하다. 특히 내가 시장에 언더독underdog 입장의 투자자라면 더욱 그렇다. 도신賭神은 영화에나 있는 법이다. 한 방에 모든 돈을 다 걸어버리는 것보다는 위험을 분산시키며 다양한 채널을 통해 조금씩 나누어 베팅하는 것이 현명하다.

정상적인 지능을 가지고 평균적으로 13~15년의 정규교육을 받은 보통 사람들은 적어도 50여 장 정도의 카드를 뒤집은 후에야 설계된 실험이 무엇을 말하는지 이해했다. 그리고 평균 80장의 카드를 뒤집으면 대부분 바른 의사결정을 통해 '좋은 덱'에 몰렸던 것이다. 반면 전문 도박꾼은 10여 장 정도 카드를 뒤집어도 바로 '좋은 덱'을 파악하고 베팅에 들어갔다. 흥미로운 것은 도박꾼들의 손바닥에는 땀샘 활동을 측정하는 탐지기를 미리 붙여두었는데, 의식의 수면 위로 결정적 판단이 떠오르기 전부터 그들의 손에 땀이 차는 현상을 발견했다는 사실이다. 즉 이성적 판단에 앞서 감정의 변화를 보였던 것이다. 우리는 지식과 경험에 앞서 있기 때문에 보통 사람보다 도박꾼들이 정확히 판세를 읽고 판단했다고 생각한다. 하지만 도박꾼조차 스스로 명확하게 판세를 읽기도 전에 몸을 타고 흐르는 감정이 이미 '좋은 덱'을 파악했으며, 의식을 갖기 전부터 이미 몸의 땀샘이 필요한 조절을 시작했던 것이다. 몸이 먼저 알고 먼저 반응했다는 말이 된다.

우선 카드를 뒤집어야 인생의 패를 알 수 있다.

중대한 결정을 내려야 하는 순간에 인간의 뇌는 정확한 상황 파악을 위해 서로 다른 '두 개의 방법two tracks'을 사용한다는 사실이 밝혀진 셈이다. 결정에는 감정과 이성이 모두 활발하게 활동하며, 이런 과정은 선사시대 이전부터 인간이 진화의 과정을 거치면서 오랫동안 다듬어진 생존의 기제mechanism다. 따라서 우리가 소위 '육감肉感'이라고 부르는 것 역시 무언가를 판단하고 결정하는 순간 결코 무시할 수 없는 변인이 될 수 있다. 실제로 감정에서 중요한 역할을 담당하는 뇌 부위인 편도체가 손상된 환자들은 아이오와 도박 과제를 전혀 수행하지 못했다. 감정이 배제된 이들은 나쁜 카드를 선택할 때도 손에 땀이 분비되지 않았으며, 100번이나 카드를 뒤집어도 어떤 카드 덱이 더 좋은 건지 알아차리지 못했다. 결국 아이오와 도박 과제 실험은 감정이 이성만큼이나 의사결정에 상당한 영향을 끼친다는 사실을 보여준 셈이다.

10박 11일간의 뗏목을 타는 동안 식사와 대소변, 잠자는 일 등 모든 것은 뗏목 위에서 이루어졌다. 뗏목 위에서 누런 황토 색깔의 강물을 이용하여 밥을 짓고, 라면도 끓여 먹고, 반찬도 직접 요리해서 먹었다. 계속 위험한 상황이 닥치기 때문에 물이나 음식을 마음껏 먹을 수 있는 시간도 없이 간신히 인명 유지 정도로만 먹고 버텼다. 『도덕경』에는 '자연은 자비롭지 않다天地不仁.'는 글귀가 있다. 장마로 낙동강에 홍수 주의보가 발령되는 최악의 상황 속에서 뗏목을 타다 보니, 나약한 인간으로서 생명의 위협을 수시로 느꼈다. 까무러칠 듯 아무것도 보이지 않는 캄캄한 밤에 그 넓은 낙동강을 속절없이 떠내려가는데, 대자연 앞에서 살아 움직이는 인간의 생명이 얼마나 고귀한지 몸소 체험했다. '물이 아닌 뭍에 발을 디디고 산다는 게 얼마나 다행인가.' 뗏목을 탄 지 일주일이 지나고 나니, 체중이 5kg 정도 금세 빠졌다. 육체적으로도 지치고, 정신적으로도 피곤해서 당장에라도 단념하고 싶은 마음이 굴뚝같았다.

우리가 예상했던 일주일을 넘기고 안동에서 출발한지 11일차 새벽이 되어서 드디어 낙동강 하구 구포에 도착했다. 우리는 장대로 강바닥을 밀어 뗏목을 강변으로 옮겼다. 열흘이 넘어 처음으로 땅을 밟으니 눈물이 왈칵 쏟아졌다. 우리는 뗏목을 강변 주변의 나무에 묶어두고, 짐을 챙겨서 버스를 타고 집이 있는 울산으로 왔다. 『노인과 바다』에 등장하는 노인이 망망대해에서 상어 떼와 싸우다 천신만고 끝에 쿠바 해안으로 살아 돌아온 것에 비견할만한 모험을 마치고 나니 누적된 피로감에 그대로 곯아떨어지고 말았다. 노인이 사자 꿈을 꾸었다면 나는 울산 문수산 산장으로 돌아와서 생의 의욕을 얻었다. 뗏목 여행을 통하여 생명의 고귀함을 마음속 깊이 느꼈으며, 내가 이렇게 살아서 땅을 밟고 살아간다는 사실이 너무나 감동적이고 소중해졌다. 실제로 삶의 의지와 열정이 굉장히 강해졌다는 것을 매순간 느끼게 되었다. 뗏목 여행이 주는 보람이 너무 커서 나는 그 이듬해 울산대 예비역 학우 2명(차재득, 김덕기)과 함께 두 번째 뗏목 여행을 계획하고 실행에 옮겼다.

인생의 모든 터닝포인트에는 중요한 결정의 순간들이 다가온다. 나는 명철한 두뇌도 믿지만 내 몸이 말하는 신호에도 귀를 기울인다. 머리와 마음은 연결되어 있다. 몸의 단련은 마음의 단련과 같다. 제주에는 '뭄'이란 말이 있었다고 한다. 마음과 몸의 합성어인 이 낱말은 정신과 육체 모두를 가리킨다. 이처럼 마음과 몸은 따로 가지 않는다. 우리는 몸과 마음, 육체와 정신 모두를 활용해서 판단하고 결정한다. 꿈과 목표 설정을 위해 현실의 안주를 벗어나 스스로 힘든 여행을 선택하여 몸의 고난을 통해 마음의 단련을 이룬다. 힘든 여행 과정에서 스스로 과거에 어떻게 살아왔는지, 현재는 얼마나 자신이 원하는 바를 이루어가면서 살고 있는지, 그리고 미래에 내가 무엇(What, 직업)을 하면서 어떻게(How, 가치관) 살아야 할지를 고민하고 생각하게 된다. 이 과정 중에 자신이 소망하고 원하는 꿈과 목표가 맑고 투명하게 오롯이 떠오르게 된다.

백두대간과
히말라야를 오르는 꿈

1953년 5월 29일, 33세라는 젊은 나이에 세르파 텐징 노르가이와 함께 에베레스트 산을 최초로 등정한 뉴질랜드 출신의 탐험가 에드먼드 퍼시벌 힐러리 경Edmund Hillary은 "우리가 정복하는 건 산이 아니라 우리 자신이다It is not the mountain we conquer but ourselves."라는 멋진 말을 남겼다. 흔히 인생을 산에 비유하곤 한다. 아무리 바빠도 루트를 따라 한발 한발 단계를 밟아 올라가지 않으면 절대 목표하는 정상에 오를 수 없기 때문이다. 바로 눈앞에 정상이 있는 것 같아도 자신의 조급함을 억누르고 천천히 세르파의 안내를 따라 등반해야 완주할 수 있다. 장비 역시 소홀히 챙겨선 안 된다. 급격한 일교차에 여러 벌의 옷을 챙겨야 하고, 만일을 대비해서 비상식량과 응급약품들도 꼼꼼히 구비해야 한다. 인생도 마찬가지다. 걸음이 빠르다고 우쭐한 멋에 취해 내달릴 수도 없고, 재주가 없다고 길가에 퍼질러 앉아 마냥 울고 있을 수도 없다. 모든 사람은 각자에게 주어진 인생의 산에 자신만이 짊어지는 짐을 메고 뚜벅뚜벅 걸어가야 한다. 가파르고 험준한 산세에 눌려 미처 정상에 오르지 못하고 도중에 하산하는 이들도 속출한다. 속도는 중요하지 않다. 완주가 유일한 목표일 뿐이다.

도전과 인내의 삶을 준 백두대간 종주

인간이 고지高地에 오르는 행위 자체에서 느껴지는 아우라는 대단하다. 광활하게 펼쳐진 웅장한 대자연 앞에서 일개 인간이 느끼는 존재의 초라함은 산을 종종 오르는 사람들만이 알 수 있는 감정이다. 해발 4,000m 이상의 산을 오르는 건 그 자체로 엄청난 도전이다. 산을 오르다가 실족하거나 자칫 산중에서 조난이라도 당하면 크게 다치거나 목숨을 잃을 수도 있기 때문이다. 산악인이면 누구나 한 번쯤 꿈꾸게 되는 백두대간白頭大幹 종주는 시작하는 사람은 많아도 성공하는 비율은 그리 높지 않다.[5] 백두대간 종주의 의미는 산의 능선을 직접 걸어봄으로써 전통적인 지리관이 회복되기를 열망하기도 하고, 한반도의 산하를 둘러보며 숭고한 애국심

---

5 백두대간이란 백두산에서 시작하여 지리산에 이르기까지 물줄기에 의해 한 번도 잘리지 않고 연속으로 이어진 국토의 등뼈를 이루는 산줄기를 가리킨다. 백두산에서 지리산까지 지도상의 거리는 약 1,625km, 남한구간인 지리산에서 진부령까지의 거리는 짧게는 640km 길게는 690km로 추정한다. 대축척지도를 사용할수록 좌우 굴곡을 상세하게 파악하게 되므로 추정거리는 보다 늘어나게 된다. 경사로를 감안한 실제거리는 이보다 훨씬 긴 거리가 되고 구간의 시점 또는 종점까지 오르내리는 거리를 감안하면 1,500km를 족히 걸어야 한다.

도 느끼게 되며, 그것이 조국통일에 대한 염원으로 승화되기도 한다. 하지만 백두대간 종주는 결코 매력적인 단어만은 아니다. 백두대간 능선은 굽이굽이 눈 시리게 아름다운 풍광만으로 이어지는 게 아니기 때문이다. 백두대간 종주는 변화무쌍한 일기와 뜻하지 않은 폭우와 강설, 혹한과 심한 일교차 등과 싸워 이겨야 하는 험난한 여정이다. 특히 자기와의 싸움에서 이길 수 있는 인내심과 극기력이 요구된다. 실로 백두대간 종주는 나 자신의 의지를 테스트하는 시험대이기도 하다.

나는 전문 산악인도 아니고 직장을 다니는 생활인이기 때문에 40일에서 90일 이상 걸리는 한 번의 일정으로 백두대간을 완주한다는 게 거의 불가능했다. 그래서 25~30차로 나누어 백두대간을 종주하기로 결심하였다. 2000년 6월 중순 경남 산청군 중산리 지리산에서 시작하여 2005년 9월 하순 설악산을 끝으로 백두대간 종주는 무탈하게 마무리 되었다. 밀레니엄이다 뭐다 세상이 안팎으로 시끄러울 때, 나는 모든 등산 애호가들의 꿈인 백두대간 종주 산행을 계획하고 실행에 옮겼다. 2000년 6월 17일, 1박 2일의 일정으로 백두대간 제1구간인 지리산 천왕봉에서 성삼재까지 뜻이 맞는 사람들과 종주한 것이다. 시작은 지인들과 가볍게 대화가 오고 가다가 "우리 백두대간을 타볼까?"라는 한 동료의 제안에 급히 일정이 꾸려졌다. 처음 시작하는 거라 두려움 반 설렘 반이었다. 다행스럽게도 동료 중 등산에 조예가 있는 친구가 있어서 등반을 준비하는 데 많은 도움을 주었다. 코스는 일반적으로 아마추어들이 지리산을 오르는 방식을 따르기로 했다. 든든히 새벽밥을 해 먹고 아침 일찍 중산리에서 출발하여 30~40분 정도 올라가니 칼바위가 주변의 녹음에 둘러싸여 우뚝 솟아 있었다. 계속 루트를 따라 오르니 10시쯤 로타리 대피소에 도착할 수 있었다. 대피소에는 다행히 매점이 있었고 거기서 수분을 충분히 공급받았다. 법계사와 해발 1,700m의 개선문을 지나 천왕봉으로 쭈욱 올라가니 아직도 못 다 진 진달래가 가파른 길에 오순도순 피어 있었고, 한 그루의 소나무와 멀리 산 능선에 걸친 구름이 조화를 이루어 한 폭의 수묵화를 연상시켰다. 가파른 길을 오르며 다리도 쑤시고 허리도 아팠는데 그간의 고통을 말끔히 씻어줄 만한 장관이었다.

백두대간에서 호연지기를 배우다.

산에 오르니 끝도 보이지 않는 지평선과 하늘이 맞닿은 경계를 바라보며 마음이 쾌활해지고 탁 트이는 느낌이 들었다. 갑자기 마음속에서 생의 욕구가 강렬하게 불끈 솟았다. 마음을 태탕駘蕩케 하는 상쾌한 기운이 온몸을 전율처럼 감싸며 이마에 맺힌 땀방울이 아깝지 않았다. 대자연 속에서 산에 오르면 우리는 각박한 빌딩 숲으로 둘러싸인 도시 한복판에서 평소 느낄 수 없었던 호연지기浩然之氣를 기를 수 있다. 호연지기란 무엇인가? 한 제자의 질문에 맹자는 이렇게 답했다. "쉽게 말하면 평온하고 너그러운 화기和氣라고나 할까. 어쨌든 이것은 '하늘과 땅 사이에 넘치는 크고 강하고 곧은 것'이며, 더 키우면 광대무변한 천지를 꽉 채우는 원기가 된다. 그러나 이 기는 도의와 합쳐져야지, 만약 도의가 없으면 쓰러지고 만다. 이 기가 사람에게 깃들어 행위가 도의에 부합됨으로써 부끄러울 게 없으면 누구한테도 꿀리지 않는 도덕적 용기가 생기게 된다." 백두대간의 능선을 따라 오르며 호연지기를 생각하자니 『창백한 푸른 점』의 저자 칼 세이건Carl Sagan이 보이져 1호가 우주에서 카메라로 찍어 보내준 지구 사진을 처음 보았을 때 느꼈던 전율이 이런 게 아닐까 하는 생각이 들었다. 병풍처럼 끝없이 내 눈 앞에 펼쳐진 백두대간의 굵직한 줄기 줄기를 바라보고 호연지기를 느꼈던 나와 마찬가지로 그 역시 광대무변한 우주 가운데 작고 창백한 푸른 점에 불과한 지구를 보고, 또 그러한 우주의 먼지와도 같은 지구에 발을 디디고 사는 자신을 자각하면서 무한에 직면한 인간이 느끼는 유한함을 이렇게 표현했다.

"다시 이 빛나는 점을 보라. 그것은 바로 여기, 우리 집, 우리 자신인 것이다. 우리가 사랑하는 사람, 아는 사람, 소문으로 들었던 사람, 그 모든 사람은 그 위에 있거나 또는 있었던 것이다. 우리의 기쁨과 슬픔, 숭상되는 수천의 종교, 이데올로기, 경제이론, 사냥꾼과 약탈자, 영웅과 겁쟁이, 문명의 창조자와 파괴자, 왕과 농민, 서로 사랑하는 남녀, 어머니와 아버지, 앞날이 촉망되는 아이들, 발명가와 개척자, 윤리 도덕의 교사들, 부패한 정치가들, <슈퍼스타>, <초인적 지도자>, 성자와 죄인 등 인류의 역사에서 그 모든 것의 총합이 여기에, 이 햇빛 속에 떠도는 먼지와 같은 작은 천체에 살았던 것이다. 지구는 광대한 우주의 무대 속에서 하나의 극히 작은 무대에 지나지 않는다. 이 조그만 점의 한 구석의 일시적 지배자가 되려고 장군이나 황제들이 흐르게 했던 유혈의 강을 생각해 보라. 또 이 점의 어느 한 구석의 주민들이 거의 구별할 수 없는 다른 한 구석의 주민들에게 자행했던 무수한 잔인한 행위들, 그들은 얼마나 빈번하게 오해를 했고, 서로 죽이려고 얼마나 날뛰고, 얼마나 지독하게 서로 미워했던가 생각해 보라. 우리의 거만한, 스스로의 중요성에 대한 과신, 우리가 우주에서 어떤 우월한 위치에 있다는 망상은 이 엷은 빛나는 점의 모습에서 도전을 받게 되었다. 우리 행성은 우주의 어둠에 크게 둘러싸인 외로운 티끌 하나에 불과하다. 이 광막한 우주공간 속에서 우리의 미천함으로부터 우리를 구출하는 데 외부에서 도움의 손길이 뻗어올 징조는 하나도 없다. 지구는 현재까지 생물을 품은 유일한 천체로 알려져 있다. 우리 이주할 곳—적어도 가까운 장래—이라고는 달리 없다. 방문은 가능하지만 정착은 아직 불가능하다. 좋건 나쁘건 현재로서는 지구만이 우리 삶의 터전인 것이다. 천문학은 겸손과 인격수양의 학문이라고 말해져 왔다. 인간이 가진 자부심의 어리석음을 알려주는 데 우리의 조그만 천체를 멀리서 찍은 이 사진 이상 가는 것은 없다. 사진은 우리가 서로 더 친절하게 대하고 우리가 아는 유일한 고향인 이 창백한 푸른 점(지구)을 보전하고 소중히 가꿀 우리의 책임을 강조하고 있다고 나는 생각한다."(『창백한 푸른 점(사이언스북스)』 26~27쪽.)

프랑스의 소설가 귀스타브 플로베르Gustav Flaubert는 "여행은 사람을 겸손하게 만든다. 그대는 세상에 자신이 얼마나 쥐꼬리 같은 땅을 차지하고 있는지 깨닫게 된다Travel makes one modest. You see what a tiny place you occupy in the world."고 여행 예찬을 늘어놓았다. 우리를 막아서서 우두커니 응시하는 대자연 앞에서 인간은 겸손을 배우게 된다. 도저히 따라잡을 수 없이 큰 스케일의 지형을 바라보면서 평소 사소한 것에도 불같이 화를 냈던 옹졸한 자신을 돌아보게 된다. 산길을 따라 걸으며 마주하는 삼라만상의 오묘한 조화와 변화를 직면하며 나 자신 밖에 모르는 이기적인 자아를 꾸짖게 된다. 그러다 인생에 뜻하지 않는 난관을 만나게 되면 한치 앞도 내다볼 수 없는 인간의 유한한 안목을 다시 깨닫게 된다.

천왕봉 못 미쳐 바위 아래서는 전날 비가 와서인지 샘물이 콸콸 솟고 있었다. 멀리 구름바다 위에 섬처럼 떠 있는 반야봉의 봉긋 솟은 두 봉우리가 시야에 들어왔다. 천왕봉을 지나 30~40분 정도 더 등반하니 유명한 제석봉 고사목 지대가 눈앞에 확 펼쳐진다. 듬성듬성 나 있는 고목이 스산하기만 하다. 청춘을 낭비하고 노구老軀를 이끌며 인생의 종점을 향해 달려가는 늙은이의 뒷모습을 보는 것 같다. 발걸음을 옮겨 오후 2~3시경에 장터목 산장에 도달했다. 1,703m의 촛대봉을 지나 세석산장에 도착하니 5시가 다 되었다. 1,558m의 칠선봉과 1,491m에 있는 선비샘을 거쳐 벽소령 대피소에 도착하니 저녁이 되었다. 벽소령 대피소는 물이 귀하여 오직 식수로만 사용할 수 있었다. 부족한 것도 때로는 좋다. 궁핍 가운데 풍족함을 배울 수 있기 때문이다.

다음날 서둘러 새벽밥을 지어먹고 6시 30분경에 출발하였다. 아침부터 서두른 덕에 9시경에 무사히 화개재에 도착할 수 있었다. 화개는 옛날에 경남 하동군 화개면과 전북 남원시 산내면 사람들이 물물교환을 하는 화개장터가 있던 곳이다. 간단한 배낭만 지고 오는 것도 쉽지 않은데 옛날에는 어떻게 그 무거운 봇짐을 지고 이곳까지 오르락내리락했을까 믿겨지지 않았다. 헉헉거리며 계속 오르니 경상남도와 전라남북도의 경계가 만나는 삼도봉을 거쳐 10시 30분쯤 노루목에 도착하였다. 노루목에서 반야봉으로 갈라지며 피아골 삼거리를 지나 노고단에 도착하니 11시 30분, 성삼재에 내려오니 12시 20분이 되었다. 이제 백두대간 종주의 대장정이 시작되었다.

2003년 6월 24일, 앞선 일정에 이어 나는 속리산 구간을 등정했다. 충청북도 보은과 경상북도 상주를 나누는 경계로서 백두대간에서 한남금북정맥으로 가지를 뻗는 출발점에 속리산이 있다. 이번에 산행은 윗대목리를 들머리로 해서 동북 방향으로 2.2km 지점인 백두대간 갈림길을 지나서 천왕봉에서 유턴하여 15~16개의 능선과 봉우리를 타고 넘어 갈목재로 내려오는 전체 12.7km의 구간이다. 출발점에서 약 1km는 보통 수준의 난이도로 무난하게 오를 수 있는 길이었으나, 탐방객이 상대적으로 적은 관계로 작년에 쌓인 낙엽 때문에 몇 번이나 미끄러졌다. 9시경에 출발하여 천왕봉으로 향했다. 11시쯤에 백두대간 갈림길인 형제봉 삼거리가 나왔다. 타는 갈증으로 이곳에서 막걸리 한잔이 생각났으나, 꾹 참고 계속 올라갔다. 이윽고 10시 방향에 나뭇잎 사이로 천왕봉의 기묘한 암석들이 눈에 보였다. 드디어 12시경 천왕봉 머리에 오르니 날씨가 무척 쾌청하고 맑아서 북쪽의 문수봉과 문장대, 관음봉

이 지척에 있는 것처럼 훤히 보였다. 인생이라는 산에 오르는 코스는 여러 가지가 있다. 직선으로 오르는 코스, 빙 둘러서 오르는 코스, 지그재그로 오르는 코스 등 방향과 소요시간, 난이도에 있어 다양한 종류가 있다. '나는 과연 어떤 코스로 인생을 오르고 있는 걸까?' 백두대간을 오르면서 내내 머릿속에 떠오르는 물음이었다. 백두대간을 1차로 종주하여 마무리하는 데에 총 5년 6개월이라는 시간이 걸렸다. 27회에 걸쳐 해낸 백두대간 종주, 억수같이 쏟아지는 장대비 속에서 2000년 6월 17일 경남 산청군 중산리에서 시작한 종주는 2005년 9월 21일 설악산에서 드디어 완성되었다. 어려운 과제를 해결했다는 쾌감과 함께 더 큰 포부를 갖게 하는 동력을 얻었다.

인생의 터닝포인트, 히말라야 등반

드디어 나의 인생 버킷리스트 상위에 있었던 에베레스트 등반이 현실로 다가왔다. 2016년, 대학으로부터 1년간 연구년을 받은 김에 언제나 계획으로 있던 에베레스트를 등반하기로 결심하고 호기롭게 주변의 지인들에게 말하고 다녔다. 이를 '선포proclamation'라고 한다. 목표를 세우고 그 목표를 달성하기 위해서 사실을 사람들에게 알리는 건 매우 좋은 전략이다. 사회생활을 하는 우리는 언제나 주변의 '체면치레saving face'를 중요하게 생각하기 때문에 남들의 이목이 부끄러워서라도 자신이 말로 내뱉은 목표를 이루기 위해 부단히 노력하게 된다. 꿈과 목표에 있어서는 말을 앞세우면 좋지 않지만 때로는 떠버리가 되어도 좋다! 그렇게 내가 말하고 다녔는데 어느 하나라도 이루지 못한다면 시쳇말로 '쪽팔리는losing face' 일이 될 것이다. 내 말이 나에게 하나의 족쇄가 되는 셈이다. 이런 사실을 잘 알고 있었던 나는 건강할 때 '세계의 지붕'이라 불리는 히말라야 14좌 중 하나를 오르겠다고 자신감 있게 공언하였다.

체면치레 saving face	쪽팔림 losing face
'목표달성의 기회가 될 수 있다.' 중요한 목표일수록 선포하라. 주변의 눈을 의식하는 자세를 가져라. 때로는 평판이 실천에 도움을 주기도 한다.	**'사람이 말과 행동이 다르다.'** 마음에만 있는 목표에는 도전하지 않는다. 너무 원대한 목표를 세우면 금방 포기한다. 자신의 능력을 과소평가하는 경향이 있다.

체면치레와 꿈의 선포가 가지는 함수관계

자신의 선포에 대해 주변 사람들은 처음엔 무관심하다. 내가 정말로 목표에 도전하겠다는 의지와 자세를 보일 때 사람들의 반응은 크게 둘로 나뉜다. 비웃음과 응원이다. 사실 전자가 훨씬 더 많은 부분을 차지한다. 진심어린 응원을 보내기보다 "야, 넌 안 돼!" 라는 말을 먼저 하기 쉽다. 나 역시 그랬다. 사석에서 에베레스트를 등반하겠다고 이야기를 했을 때는 다들 귓등으로도 안 듣다가 진짜 등산 장비도 사고 고산 적응훈련도 한다고 말하면 눈이 휘둥그레진다. 그러다 이윽고 나를 뜯어 말린다. 진지하게 말하는 사람을 하찮게 비웃는 사람들부터 초보자들이 멋도 모르고 덤벼들었다가 자칫하면 죽을 수도 있다며 겁을 주는 이들까지 있다. 사실 난 소싯적부터 산을 한두 개 넘으면서 학교를 다녔고 청년기 시절에는 대구 팔공산을 꾸준히 오르며 체력을 다졌다. 앞서 말한 것처럼, 전문적으로 산타기를 배워 15년 동안 지리산에서 진부령까지 670km 백두대간을 두 차례나 종주하기도 했다. 적은 수이지만 이런 나의 포부를 응원해주는 친구들도 있었다. 중요한 건 이제 나의 도전만 남았다.

도전에는 자신에 대한 정확한 이해가 동반되어야 한다. 자신의 능력을 과소평가해서 아예 도전도 하지 않는 자세도 문제지만, 자신의 능력을 과대평가해서 현실적으로 무모한 도전을 하면 괜히 싱거운 사람으로 남을 수 있다. 내가 아는 나와 남이 아는 나, 나도 모르고 남도 모르는 나를 정확하게 파악하여 자신의 장점과 단점을 냉정하게 들여다볼 수 있는 기회를 갖는 게 필요하다. 그러기 위해서는 내가 현실적으로 잘 할 수 있는 것에는 무엇이 있는지, 어떤 부분이 나에게 부족한지 구체적으로 파악하는 과정이 선행되어야 한다. 보통 오랫동안 나를 알아왔던 주변의 사람들은 나에 대해 객관적으로 잘 알고 있는 사람이라고 전제할 수 있고, 그들이 나에게 지적해주는 문제들은 때로 내가 생각하는 내 모습과 많이 상충되는 부분을 보여주기도 한다. "야, 너는 이러이러한 사람이야"라는 단정이 때로 야속하게 느껴질 때도 있고, 어떤 부분에서는 "야, 너 그때 이런 감정이었지?"하며 내 마음을 훤히 들여다보는 것처럼 말할 때도 있다. 과연 어떤 말이 맞는 말일까? 조셉 러프트Joseph Luft와 해리 잉햄Harry Ingham이라는 심리학자가 이러한 타인과의 관계 속에서 자기 인식에 관한 모델을 만들었다. 4사분면으로 이루어진 이 모델은 흔히 두 사람의 이름을 따서 조하리의 창Johari's window이라고 불리는데, 그 형태는 다음과 같다.

	나에게 알려진 나	나에게 알려지지 않은 나
남에게 알려진 나	공개된 자아 나도 알고 남도 아는 자아	가려진 자아 나는 모르는데 남은 아는 자아
남에게 알려지지 않은 나	숨겨진 자아 나는 알지만 남은 모르는 자아	미지의 자아 나도 모르고 남도 모르는 자아

조하리의 창, 자신을 객관적으로 바라볼 수 있는 틀이 될 수 있다.

조하리의 창을 만드는 간단한 방법이 있다. 성격을 묘사하는 57개의 단어 조각들을 보여주고 그 중에서 내 성격을 잘 표현해준다고 생각되는 단어들을 6개 골라낸다. 동시에 나를 알고 있는 사람도 상대방을 잘 표현해 준다고 여겨지는 6개의 단어를 각기 골라낸다. 여기서 중요한 것은 그가 나를 묘사해주는 단어로 무엇을 골랐는지는 철저히 비밀로 해야 한다는 점이다. 결국 내가 고른 단어들과 남이 고른 단어들을 비교해 보면, 위 네 개의 사분면에 놓을 수 있는 단어들이 결정된다. 나와 남이 모두 고른 단어는 '공개된 자아'에, 나는 골랐는데 남이 고르지 않은 단어는 '숨겨진 자아'에,

나는 안 골랐는데 남이 고른 단어는 '가려진 자아'에, 나나 상대 모두 고르지 않은 단어는 '미지의 자아'에 놓는다.

결국 자신을 객관적으로 대면하는 건 '나는 이래'라는 내 이미지와 '너는 이래'라는 상대의 평가가 중첩되는 어딘가에 존재하고 있을 것이다. 나 자신을 이해하거나 의식하는 모든 행위는 그 자체로 독자적인 과정일 수 없다. 모든 과정에는 타인과의 일정한 관계를 통해 발생하는 자의식이 필요하며, 그 과정에 남이 없다면 '진정한 나'의 완성은 계속 유예될 수밖에 없다. 제일 중요한 부분은 아마 '내가 모르지만 남은 알고 있는 나'일 것이다. 완전한 인격은 나와 다른 타자를 만나는 가운데, 더 나아가 미지의 대자연을 맞닥뜨리는 가운데 이루어진다. 개인 수양과 독처獨處로는 공개된 자아와 숨겨진 자아만 발견할 뿐이다. 내가 모르는 나, 그 중에서도 잠재성을 발현시킬 수 있는 자아는 타인과의 만남을 통해 확보할 수 있다.

드디어 히말라야 14좌 중에서 가장 높은 봉우리인 에베레스트 정상으로 눈을 돌렸다. 수많은 세월이 흘렀어도 히말라야에 대한 동경은 내 머릿속에서 지워지지 않았다. 난 평소에도 산을 좋아하고 산처럼 변함없이 푸르른 마음으로 살겠노라는 다짐에 청산靑山이라는 아호를 갖고 있다. 산은 보고 있으면 오르고 싶어진다. 히말라야는 인간의 의지로도 감당하기 어려운 신의 영역과 같은 산이라는 점에서, 히말라야 산행은 이전의 산행과는 비교할 수 없는 특별한 느낌을 받았다. 신의 영역에 대한 도전, 그 쉽지 않은 선택의 길에 나는 담대하게 발을 내딛었다. 히말라야를 등반하기 최적의 시즌은 보통 9월 하순부터 12월 초순으로 알려져 있다. 이 시기가 날씨가 가장 맑고 그나마 온화하여 전문 산악인이 아니어도 어렵지 않게 트레킹을 갈 수 있는 때다. 이 시기를 맞추지 못하면 추위와 눈보라를 직접 맞서 싸울 수밖에 없다.

2016년 11월 10일, 나는 인천공항에서 비행기를 타고 7시간을 날아 네팔의 수도 카트만두에 도착했다. 거기서 다시 본격 트레킹이 시작되는 루클라까지 경비행기로 이동하여 히말라야 산행을 시작하는 전초기지에 도착했다. 히말라야는 그 거대함만큼이나 다양한 산행코스가 있다. 나는 가장 대표적인 두 코스인 안나푸르나

필자가 등반했던 에베레스트 쿰부 칼라파타르봉

베이스캠프 트래킹(ABC)과 에베레스트 칼라파타르 트래킹(EBC) 중 후자를 택했다. ABC 코스보다 EBC 코스가 좀 더 험난하고 힘든 코스로 알려져 있다. 그 중에서 내가 목표로 삼은 건 히말라야 에베레스트를 바라보는 최고의 전망대라 불리는 쿰부 칼라파타르(5,554m)를 정복하고 내려오는 코스였다.

히말라야에 오르다 보면 산봉우리 아래로 펼쳐진 구름들을 쉽게 만날 수 있다. 그 까마득한 높이에 구름마저 차마 올라가지 못한 채 그 아래에서 조용히 숨을 죽이고 있는 모습을 보고 있노라면, 히말라야 등반은 신이 허락해야만 가능한 일이라는 이야기가 절로 이해된다. 마치 구름 위에 두둥실 떠 있는 듯한 기분을 느낄 수 있는 것이다. 언제나 저 하늘위에만 존재했던 구름들, 이제 그 구름 한가운데에 들어와 있다는 생각에 마치 신선이라도 된 마냥 짜릿하기까지 하다.

물론 마냥 유쾌하지만은 않았다. 에베레스트 중턱에서 야속하게도 나에게 고산병이 찾아온 것이다. 고산병은 전문 산악인조차 피해갈 수 없는 히말라야 등반의 복병이다. 급격한 환경의 변화와 기압차가 급격한 지점에 이르러 오는 고산병은 일반적으로 두통과 구토, 피로를 동반하는데, 이러한 몸의 신호를 무시하고 산행을 계속하다가 자칫 폐수종과 뇌수종이 와서 심하면 죽을 수도 있는 무시무시한 병이다. 아니나 다를까 등반 7일 차부터 설사를 시작했다. 마구 쏟아지는 물변으로 도저히 견딜 수 없었다. 물을 갈아먹어서 설사가 온 것인지 고산병 때문인지 정확한 원인조차 알 수 없는 복통과 설사가 멈출 줄 몰랐다. 설사가 길어지자 탈수증이 왔고, 힘이 빠져 앞으로 한 걸음도 내디딜 수 없을 정도로 몸이 축 늘어졌다. 고소증이 밀려오면 가장 괴로운 것 중에 하나가 기분 나쁜 두통이다. 몸살이 난 것처럼 머리가 지끈지끈 아프고 호흡이 거칠어졌다. 이러한 고소증을 해결할 수 있는 가장 좋은 방법은 즉시 휴식을 취하는 것이다. 물론 이런 사실을 누구보다 잘 알고 있었지만, 함께 가는 일행들이 있었기 때문에 나만 무리보다 뒤쳐질 수 없었다. 매일 반드시 걸어야만 하는 거리가 정해져 있었기 때문에 나 하나 낙오되면 일행 전체의 일정에 큰 차질이 불가피했다. 게다가 남에게 피해를 주고 싶지도 않았기에 쉬고 싶은 마음은 굴뚝같았지만 꾹 참고 계속 무거운 발을 앞으로 내디뎠다.

같은 일행에 폐를 끼치는 것 같아 이를 악물고 참았지만, 물도 음식도 입에 댈 수 없는 지경에 이르러서야 결국 걸음을 멈출 수밖에 없었다. 해발 3,450m인 남체에서부터 세르파에게 부탁하여 간단히 응급조치를 하고 하루 동안 무조건 쉬기로 결정했다. 식은땀이 나고 현기증이 나서 침조차 삼킬 수 없는 지경이었다. 다행인 것은 국내에서 백두대간 종주를 하면서 훈련을 게을리 하지 않았고 평소 운동과 산행으로 체력이 다져진 상태여서 그나마 견딜 수 있었다. 미리 준비해간 약품들을 복용하고 휴식을 취하자 몸이 조금씩 나아졌다. 잠을 충분히 자니 머리가 말끔해지고 원기가 살아

났다. 유비무환有備無患이라고 모든 일에 미리 준비하는 게 얼마나 중요한지 그 일을 계기로 다시 한 번 깨달을 수 있었다.

나는 더디지만 계속 전진했다. 정상이 눈앞에 다가오자 욕심도 생겼다. 하루의 일정을 마치면 정해진 장소에서 함께 비박을 했다. 간단히 조리된 음식을 나누고 내일의 일정을 위해 휴식을 취했다. 잠은 우리가 머무는 곳에 그대로 텐트를 치고 야영을 하면서 해결했다. 밤하늘의 별이 쏟아지는 숨이 멎을 것 같이 아름다운 대자연 속에서 그 천연계의 일부가 되어 호흡한다는 사실만으로 벅찬 시간들이었다. 물론 희박한 공기 때문에 어김없이 취침 후 1시간마다 호흡곤란으로 깨어나긴 했지만, 내가 거대한 산의 폐부 깊숙이 들어와 있다는 사실만으로 감격스러웠다. 호흡이 정 힘들 때는 텐트의 문을 열어 맑은 공기를 순환시키고 똑바른 자세로 앉아 20~30분 동안 심호흡과 명상을 하며 달랬다. 평소에 명상을 했던 것이 많이 도움이 되었다. 그렇게 베이스캠프에서 출발한 지 8일차가 되었을 때 드디어 목적지인 칼라파타르에 무사히 도착하게 되었다.

목적지에 오르니 어디서도 맛볼 수 없었던 성취감이 밀려왔다. '아, 내가 드디어 해냈구나!' 마음 깊숙한 곳에서 터져 나오는 탄성을 주체할 수 없어 나도 모르게 골짜기를 향해 크게 소리를 지르며 "만세!"를 외쳤다. 이렇게 산을 정복하고 가장 높은 곳에서 아래를 내려다보는 기분은 말로 형용할 수 없을 정도로 좋았다. 『정상에서 만납시다』를 쓴 지그 지글러Zig Ziglar는 "오르는 한 계단에만 집중하면 언젠가는 정상에서 만날 수 있다"고 했다. 인생 역시 매 걸음마다 포기하지 않고 묵묵히 오르다 보면 결국 정상에 도달하게 된다. 결과가 아닌 과정이 중요한 이유다. 무엇이든지 결과 지향적인 자세보다 과정 지향적인 자세가 일을 지치지 않고 더 정력적으로, 더 지속적으로 해낼 수 있는 에너지를 제공해준다. 하버드대학의 심리학자인 탈 벤 샤하르Tal Ben Shahar는 결과 지향적인 자세보다 과정 지향적인 자세가 더 많은 성취와 행복감을 가져다 줄 수 있다고 말한다.

결과 지향적 자세 result-oriented	과정 지향적 자세 process-oriented
'이 고통만 참으면 좋은 결과가 있다.' 잠수 방식 주변의 타인과 비교하기 내일은 행복하겠지: 미래 지향적 사고방식	'이 과정 자체를 즐기면서 한다.' 연애 방식 어제의 자신과 비교하기 오늘이 행복해야지: 현실 지향적 사고방식

결과 지향적 자세와 과정 지향적 자세의 비교

영국의 시인 T. S. 엘리엇은 "도달이 아니라 여행이 중요한 것이다The journey not the arrival matters."라고 말했다. 여행에서 즐거움을 느끼는 것이 목적지에 도달하는 것보다 더 선행해야 한다. 한 발 한 발 즐겁지 않으면, 당장 여행을 멈추어야 한다. 내일의 목표를 위해 오늘의 행복을 저당 잡는 건 올바른 인생관이 아니다. 목표는 비행기의 항로와 같다. 인천공항에서 미국 LA까지 비행하는 동안 항공기는 단 한 번도 정확한 항로를 타지 못한다. 언제나 그 항로의 '언저리'를 오가며 날아갈 뿐 수학적으로 계산된 이상적인 항로를 정확하게 따르며 비행하는 여객기는 존재하지 않는다. 기압과 날씨, 뜻하지 않은 터뷸런스와 기상악화 등등 여객기를 정해진 항로로부터 밀어내는 외부요건은 너무 많다. 인생도 마찬가지다. 인생이 상수로만 이루어진 방정식이면 얼마나 좋겠는가. 여러 예상치 못한 변수가 언제나 튀어나오는 게 바로 인생이다!

5,554m 칼라파타르에 도착 하자마자 다시 심한 고소증세가 엄습했다. 오른쪽 머리를 바늘로 찌르는 듯 한 심한 두통은 이루 말할 수 없을 정도로 나를 괴롭혔다. 더 이상 견딜 수 없는 임계점에 도달했을 때, 나는 대동한 세르파에게 하산 준비를 요청했다. 산을 내려오면서 여러 가지 생각들이 머리를 스쳤다. 이런 힘든 여행을 자발적으로 선택해서 실천함으로써 위기관리 능력과 인내심, 극기력, 도전정신, 한계상황의 체험과 회복탄력성 등을 기를 수 있다. 이런 배움은 더 큰 인생, 더 큰 미래를 열어 가는데 큰 힘이 되고, 삶에 지대한 영향을 미친다. 뗏목 여행을 통해, 백두대간 종주와 히말라야 등반을 통해, 나는 책에서 얻을 수 없는 깨달음과 지식을 몸소 체험으로 터득했다. 그래서 "세상은 하나의 아름다운 책이지만, 읽을 수 없는 자에게는 아무 쓸모가 없다The world is a beautiful book, but of little use to him who cannot read it."는 말이 있는지도 모르겠다.

PART 2

열정으로 이루는
위대한 플랜

FUTURE
DREAM

CHAPTER 4
무너지지 않는
드림 프레임워크

비전은
다른 사람들에게
보이지 않는 것을
보는 기술이다.

조녀선 스위프트 Jonathan Swift

나는 일찌감치 『성서』에 등장하는 요셉의 이야기에 매료되었다. 형들의 시기와 미움을 받아 아라비아 약대 상인들에게 노예로 팔려 남의 집 종살이를 하다가 욕정에 불타는 여주인의 무고로 졸지에 감옥에 갇힌 그가 당시 근동지역의 패권을 주름잡던 이집트의 총리대신 자리에 오를 수 있었던 저력은 무엇이었을까? 나는 요셉이 가졌던 꿈―어떤 면에서 진짜 '개꿈'에 불과했지만―이 모두가 불가능하다고 말하는 인생의 밑바닥까지 떨어졌을 때 어떻게 그를 비상하게 만들었는지 이 성경 구절을 통해 알 수 있었다. "요셉이 그들에게 가까이 오기 전에 그들이 요셉을 멀리서 보고 죽이기를 꾀하여 서로 이르되, '꿈꾸는 자dreamer가 오는 도다. 자, 그를 죽여 구덩이에 던지고 우리가 말하기를 악한 짐승이 그를 잡아먹었다 하자. 그의 꿈이 어떻게 되는지를 우리가 볼 것이니라.'"[6] 모두가 볼 수 없었던 미래를 볼 수 있는 사람이 진정한 '꿈꾸는 자'일 것이다.

　　나는 1992년부터 다니던 LG전자 LCD연구소를 그만두고 본격적으로 박사과정 입학시험 공부에 돌입했다. 모두가 들어가려고 기를 쓰는 안정적인 대기업을 박차고 나오는데 적지 않은 용기와 결단이 필요했다. 주변에서도 말리는 사람이 많았다. 나 역시 사람이기 때문에 한 치의 흔들림 없이 결단을 내렸다고 말하면 거짓말일 것이다. 인간을 비롯한 모든 동물은 환경의 지배를 받는다. 따뜻하고 안전한 환경에 있다 보면 어느새 그 환경의 노예가 되고 만다. 불을 지피지 않았을 때 냄비 속의 개구리는 담긴 물속에서 느긋하게 유영을 즐긴

---

6 「창세기」, 37장 18~20절

다. 먹이를 서로 다툴 경쟁자도 없는 넓고 쾌적한 서식환경에 만족한 개구리는 평생 이 냄비 안에서 살기로 마음먹는다. 문제는 불을 지피고 냄비가 서서히 달구어질 때조차 개구리는 자신에게 닥친 위기상황을 전혀 인식하지 못한다는 점이다. 프랑스에는 실지로 그리누이 Grenouille라는 개구리 요리가 있다고 한다.[7] 넓고 깊은 스튜팟에 온갖 야채와 함께 산채로 넣어진 개구리는 식탁 위에서 사람들이 보는 앞에서 서서히 요리가 되어간다.

소위 삶은 개구리 증후군the boiled frog syndrome이라고 불리는 이 상황은 안전지대에 머무는 기간이 길어질수록 현실에 안주하는 환경의 노예가 되어버리는 현상을 가리킨다. 1869년 독일의 생리학자 프리드리히 골츠Friedrich Goltz의 실험으로 만들어진 용어다. 인간의 두뇌는 편안함을 안전한 것으로 착각하는 경향이 있다. 당장의 편안함이 다가오는 불행의 전조가 될 수 있지만 우리들은 편안한 삶이 계속 될 거라고 믿는다. 반면 새롭고 어려운 것을 대하면 두려움과 불편한 마음부터 생긴다. 그래서 환경을 바꾸는 것을 극도로 싫어하며 변화에 저항하는 본능을 갖게 된다. 이런 사실을 나는 너무 잘 알고 있었기 때문에 돌아갈 다리를 끊는다burn your bridge behind you는 말처럼 주변을 완전히 정리했다. 회사에 사직서를 낸 다음, 그 다음날 바로 아내와 아이들이 살고 있는 집을 떠나 고시촌으로 들어갔다. 가정을 꾸린 30대 초반의 가장이 돈을 벌어 처자식의 생계를 도모하지 않고 불확실한 미래와 불안한 고용을 담보로 공부를 다시 시작한다는 게 쉬운

---

7 그리누이는 불어로 '개구리'라는 뜻이다.

일은 아니었다. 공부할 책들과 간단한 짐을 챙겨 집을 나서는데 이제 막 걸음마를 뗀 첫째 아들이 뒤에 우두커니 서서 "아빠, 빠빠이!"라고 외치는 순간 갑자기 눈물이 핑 돌았다. '아빠가 꼭 합격할게' 마음속 깊은 다짐을 했다.

대구시 복현동 경북대 북문에 있는 고려고시원 채 2평도 되지 않는 쪽방에 들어가니 귀가 먹먹해지고 마음이 답답했다. '잘만 다니던 연구소를 왜 나왔을까?' 잠시 후회도 해보았다. 하지만 나에게는 꿈이 있었다. 꿈이란 아무도 보지 못하는 것을 보는 능력이다. 그날부터 혹독한 공부가 시작되었다. 아침에 일어나면 간단히 세면을 마치고 밥을 먹고 바로 가부좌를 틀고 책상머리에 앉아 공부에 매진했다. 그렇게 밥 먹는 시간까지 아껴가며 1년간 하루 20시간씩 박사과정 진학 공부를 하였으나, 첫해는 아쉽게도 불합격하였고, 그 이듬해에 더 열심히 노력하여 드디어 꿈꾸던 경북대학교 대학원 경영학과 경영정보학전공 박사과정에 어렵게 합격할 수 있었다. 그 사이에 둘째 아들이 태어나 생계는 오로지 아내의 몫이었다. 이제 겨우 하나의 산을 넘었을 뿐이다. 앞으로 박사과정을 무사히 마치고 학위를 받아 대학의 정식 교원으로 임용되는 길이 첩첩산중으로 내 앞에 놓여 있었다.

남들이 보지 못하는
나만의 꿈을 설계하라

박사과정 역시 순탄하지만은 않았다. 불투명한 미래도 불안했지만, 집의 생계도 막막했다. 나 대신 두 아이의 육아도 책임지는 아내에게 너무 미안했다. 그 미안함이 커질수록 공부에 대한 집착은 더 강렬해졌다. '배움에는 왕도가 없다There is no royal road to learning.' 맹렬하게 공부해서 학생으로 있는 기간을 조금이라도 단축하는 방법밖에 없었다. 그래서인지 필자는 경북대학교 역사상 5가지 신기록을 세우며 최단기로 경영학 박사학위를 취득할 수 있었다. 박사과정 중에 있던 3년의 기간 동안 20여 편의 학술논문을 학술지에 게재했다. 코스워크는 2년 만에 모든 과정을 마쳤고, 2년 반 만에 영어졸업시험 및 전공졸업종합시험을 합격했다. 박사학위논문dissertation을 쓸 때에는 한국어와 영어 두 가지 언어로 작성해서 제출하는 기염을 토했다. 내가 제출한 박사학위논문은 그해 대학 내 최우수학술논문상으로 선정되기도 했다. 이 기록은 아직도 깨지지 않고 있다.

대학교수는 내가 가진 첫 번째 꿈이었다. 나는 황금 같은 인생을 시시껍적한 회사를 다니며 월급을 받는 샐러리맨으로 허비하고 싶지 않았다. 내가 공부하고 연구한 결과물로 학문 세계에서 당당히 평가를 받고, 내가 세운 회사로 나만의 사업을 일구는 사람이 되고 싶었다. 그래서 자잘한 실수와 실패에 엎어져 좌절하고 울만한 여유가 내게 없었다. 다행히 나는 1991년 경북대 경영대학원 석사과정을 마치고, 1994년 박사과정에 입학하면서 안동에 소재한 안동과학대학교 전산학과 전임 교수로 취직할 수 있었다. 전임 교수 자리는 생계가 막막했던 나에게 학업을 이어가면서 학위를 딸 수 있는 좋은 기회였다. 이때부터 나는 목표를 정하고 매일 16시간 이상, 새벽 4시까지 20여 년간 꾸준히 학술연구를 해왔다. 남들보다 공부가 늦었기 때문에 해외에서 학위를 딴 박사들을 앞서려면 그들보다 갑절의 노력을 들이는 수밖에 없었다. 박사학위를 따고 나는 여러 대학으로부터 다양한 러브콜을 뿌리치고 천안에 있는 남서울대학교로 이직했다. 대학이 내게 좋은 임용 조건을 주었지만, 무엇보다 남서울대학교가 가지고 있는 기독교 정신에 바탕을 둔 지역사회 봉사정신이 마음에 들었다. 지역적으로도 수도권에 인접하여 학술연구 활동이나 대외적으로 기업체 자문, 평가 등을 마음껏 할 수 있는 환경이 갖추어져 있었고, 특히 많은 사회인과 젊은 청춘들을 대상으로 사랑을 실천하는 그리스도교 정신의 창학 이념이 마음에 와 닿았다.

나는 대학교수로 자리를 잡은 1994년 이후부터 2019년 오늘날에 이르기까지 매일 하루도 거르지 않고 새벽까지 연구실에서 연구에 몰두하고 있다. 눈이 오나 비가 오나 나의 연구실에는 불이 꺼지지 않는다. 이 글을 쓰고 있는 순간에도 나는 연구실 책상에 앉아 컴퓨터 모니터 앞에서 곧 있을 해외 학술대회 주제발표를 위한 연구를 진행하고 있다. 주변에서는 이런 나를 두고 '365일 불이 꺼지지 않는 교수연구실' '꿈에 춤추고 공부에 미친 괴짜 교수'로 부른다. 강의와 회의로 바쁜 하루를 보내고 매일 저녁 조용히 명상하듯 연구실 책상에 앉으면, 기발하고 창조적인 연구 주제와 아이디어들이 '파바박' 스파크를 일으키며 내 대뇌를 활성화해 준다. 한 가지 발상의 끈을 부여잡고 시작된 연구와 집필은 다음 날 새벽 3시까지 멈추지 않고 계속된다. 비즈니스와 ICT분야의 전문성과 4차 산업혁명의 핵심 기술을 가지고 지금까지 국내 유수의 학술지에 122여 편의 논문과 국제 저명전문학술지에 21편의 학술논문을 정력적으로 게재할 수 있었던 원동력은 무엇이었을까? 그 비결은 드림 프레임워크에 있다. 꿈을 탐색하고, 목표를 설정하며, 계획을 수립하는 이 세 단계의 프레임워크를 일상의 습관으로 내재화시켜 실천한 결과 지금의 성취를 이룰 수 있었다고 스스로 자부한다.

나부터 해보고 누구나 충분히 가능하다는 확신에서 이제는 미래의 꿈을 설계하고, 성공을 갈망하는 이들에게, 그 비결을 소개해야겠다는 사명감으로 이 책을 쓰게 되었다.

드림 빌딩: 꿈의 설계

꿈을 설계하기에 앞서 먼저 꿈을 정의해보자. '꿈이란 실현시키고 싶은 희망(바람)이나 이상의 총체다.' 꿈은 지향성이 있다. 벡터가 있는 함수다. 꿈은 단순히 가상의 목표를 그려보는 수준이 아니라 무언가를 향해 열렬히 바라보는 적극적 행위이자 자세다. 흔히 꿈은 비전vision으로 치환될 수 있다. 비전의 일차적인 의미는 '시각' 내지 '시력'이다. 그래서 우리들은 흔히 시력과 비전을 혼동하는 경향이 있다. 열병으로 눈과 귀와 입이 막혀버렸던 헬렌 켈러는 비전과 시력이 갖는 이러한 관계를 명확하게 구분하고 있다. "눈이 멀어버리는 것보다 더 안 좋은 유일한 것은 시력을 가진 채 비전을 잃어버리는 것이다The only thing worse than being blind is having sight but no vision." 비전을 잃어버리는 것은 삶의 목표를 상실하는 것이다. 비전은 꿈을 이루기 위해 목표를 세워놓고 그것을 향해 달려가거나, 목표가 자연스럽게 찾아오게 하는 것이다. 바람직한 꿈은 어떻게 설계해야 할까? 나는 1장에서 드림 프레임워크의 얼개를 제시했다. 제일 먼저 드림 빌딩(D)을 통해 인생의 꿈을 세워놓고, 골 세팅(G)을 통해 목표를 설정한다. 그리고 플랜 디자이닝(P)을 통해 목표를 향한 구체적인 계획을 수립한다. 꿈의 설계는 디쥐피(D→ G→ P) 순서로 설계한다고 말했다.

꿈을 구체적으로 어떻게 설계할까? 일반인들은 꿈을 설계할 때 너무 막연하게 생각하는 경향이 있다. 어린 아이들에게 "얘야, 네 꿈이 뭐니?"라고 물으면 대부분 "대통령이요." "소방관이요." "영화배우요." 같은 식으로 대답한다. 하지만 단순한 직업은 꿈이 될 수 없다. 그것이 하나의 목표가 될 수는 있어도 궁극적인 꿈이라 하기엔 너무 작다. 필자가 드림 프레임워크를 주제로 대중 강연을 하거나 개인적으로 상담을 하다 보면, 이미 다 큰 어른이 되었는데도 아직 어린이와 같은 꿈을 가지고 있는 사람들이 의외로 많다. 안타까운 건 꿈에 대해 그다지 많은 생각도 하지 않고 시대의 흐름에 휩쓸려 공무원 시험에 뛰어들거나 아예 꿈에 대한 질문을 접어 버린 요즘의 취준생들이 너무 많다는 사실이다. 아주 막연하게 "그냥 부자가 되고 싶어요."라든가, "따박따박 월급 나오고 미친 짓만 안 하면 절대 잘릴 일 없는 곳에 다닐래요."라고, 자기 딴에는 소박한 꿈을 늘어놓는 젊은이들이 주변에 너무 많아졌다. 꿈은 이보다 더 크고 구체적인 명제여야 한다. 이를테면, "나는 서른 살에 환경 NGO 단체에 들어가 우리나라 환경을 생태적으로 꾸미는 환경운동가가 되어 사회 복지에 힘쓰는 사람이 되겠다."와 같은 매우 일관되고 구체적인 문장statement으로 꿈이 나와야 한다. 꿈을 문장으로 언명하라! 구체적이지 않은 꿈은, 비유하자면, 지도도 없이 내비게이션이 먹통인, 몸에 익지도 않은 렌트카를 몰고 부산에서 서울로 무작정 운전해 가는 것과 같다. 구체적이지 못한, 두루뭉술한 꿈은 불확실한 목표를 낳게 되고, 이는 결국 시작도 해보기 전에 실패를 예정하는 결과를 낳는다. 항상 드림 빌딩은 구체적인 숫자와 목적을 동원해서 하나의 완결된 문장으로 세우는 게 바람직하다.

또한 꿈은 내가 진행 과정의 전모를 계량화된 수치를 통해 어느 정도 측정할 수 있는 것이어야만 한다. 나 스스로가 확인할 수 없는 꿈과 목표는 건초더미에서 바늘을 찾는 것searching for a needle in the haystack, 우리 식대로 표현하면, 한양에서 이 서방 찾는 것과 매한가지다. 장삼이사張三李四, 장안에 흔하디흔한 이 씨를 어떤 조건을 걸어서 찾아낼까? 게다가 아무리 측정 가능한 꿈과 목표를 설정했다 하더라도 의욕이 앞선 나머지 누가 보더라도 무모한 도전을 계획해서는 안 된다. 6개월 만에 영어회화를 마스터하겠다, 3개월 만에 AICPA 자격증을 따겠다, 1개월 만에 체지방을 반으로 줄이겠다는 식의 목표는 도전의식과 성취감보다는 낭패감과 무력감을 주기 쉽다. 6개월 안에 이 영어교재를 독파하겠다, 3개월 안에 이 온라인 강좌를 다 듣겠다, 1개월 동안에 20일 이상 피트니스센터에 가겠다는 식의 목표가 훨씬 좋다. 언제나 꿈은 단계적으로 실천할 수 있는 것이어야 한다. 현실을 따져보지도 않고 거창한 꿈만 따라가서는 제대로 된 드림 빌딩을 해낼 수 없다.

무엇보다도 실천 가능한 꿈일지라도 시간의 제한을 두지 않은 목표는 성과를 내기 어렵다. 이른바 '데드라인 효과deadline effect'라 불리는 현상인데, 시간의 제한이 있는 경우가 그렇지 않은 경우보다 훨씬 일의 효율이 높은 것에서 착안한 심리적 효과다. 스탠퍼드 대학의 인지심리학자 아모스 트버스키Amos Tversky와 엘다 샤퍼Eldar Shafir는 대학생들에게 설문지를 작성해오면 5달러를 주겠다고 말하면서 5일이라는 기한을 정했을 때는 66%의 학생들이 돈을 받으러 다시 왔지만 기한을 정하지 않았을 때는 불과 25%만이 자신들을 찾아왔다고 밝혔다. 시간의 제약이 있을 때 인간은 일에 대해 더 맹렬한 의욕을 보인다. 시간의 제약이 없을 때 인간은 마냥 시간을 축낸다. 그래서 우리는 한 주일의 마지막인 금요일에 일의 효율이 가장 높고, 긴 휴가를 떠나기 전날에 언제나 모든 업무를 마치려고 발버둥 치는 것이다. '천하에 시간에 쫓기어 나오지 않은 명문이란 없다天下無不逼出來的文章.'는 중국의 명언이 있을 정도니 드림 빌딩에도 이런 심리를 잘 적용하면 좋다. 지금까지 꿈과 목표를 설계할 때 유념해야 할 접근 방식을 영어 이니셜을 따서 정리하면 아래 도표와 같이 스마트SMART가 된다. 즉, 드림 빌딩에 스마트한 접근이 필요하다는 것이다. 꿈은 매우 구체적이고, 미래에 측정 가능하며, 충분히 달성 가능하고, 현실에서 실천 가능하며, 제한된 시간 내에 이룰 수 있는 것들이어야 한다.

S 구체적인가 Specific		꿈을 설정할 때에는 구체적으로 정하는 게 좋다. 구체적이지 않은 꿈은 불확실한 목표를 낳고, 결국 계획의 실패를 가져오기 쉽다. 숫자를 동원해서 아주 구체적으로 꿈을 설계하는 게 좋다.
M 측정 가능한가 Measurable		꿈은 진행 과정의 전모를 일정한 기준으로 측정할 수 있어야 한다. 자신이 스스로 확인할 수 없는 꿈은 처음부터 잘못 설정된 몽상이다.
A 달성 가능한가 Achievable		꿈은 반드시 달성할 수 있는 범위 내에서 설정되어야 한다. 누가 보더라도 무모한 도전을 목표로 설정할 때 내적 동기가 만들어지지 않기 때문에 시도도 하지 않게 된다.
R 실천 가능한가 Realistic		꿈은 단계적으로 실천할 수 있는 것이어야 한다. 아무리 거창한 꿈이라도 자신이 실행할 수 없는 꿈이라면 긍정적인 결과를 만들어낼 수 없다.
T 시간 제한적인가 Time-limited		실천 가능한 꿈일지라도 시간의 제한 없이 무작정 실행하는 건 효율적이지 못하다. 납득할 수 있는 적당한 시간 내에 달성할 수 있는 목표여야 바람직하다.

드림 빌딩의 스마트한 다섯 가지 기준

　구체적인 꿈이 없으면 노력과 공부도 없으며, 체계적이고 계량 가능한 목표가 없으면 아무런 일도 일어나지 않는다. 공부는 시련 없이 얻을 수 없는 영광이다. 십자가 없이는 면류관도 없다No cross, no crown. 고난 없이 성공도 있을 수 없다. 모든 역경에는 성공의 씨앗이 들어 있고, 승리는 가장 끈기 있는 사람에게로 돌아간다. 영어에 '가장된 축복disguised blessing'이란 표현이 있다. 말 그대로 겉모습은 불행인데, 그 외피를 한 꺼풀 벗겨보면 인생에 커다란 축복이 되는 일들을 말한다. 개인적으로 나의 일상을 돌아보면, 30년간 맞춤형 건강생활, 20년간 명상과 수련생활, 매일 1시간씩 체력단련 운동, 매일 10시간 이상의 연구 등으로 이루어져 있다. 얼마 안 있으면 60을 바라보는 나이에도 드림 프레임워크의 시놉시스에 따라 매일 정확히 계측된 계획을 가지고 꾸준히 삶을 개혁하며 산다. 일신우일신日新又日新, 날마다 새로운 나를 만난다. 오늘 하루 나에게 주어진 삶의 미션을 수행하며 살아가기 때문에 내 인생에 후회가 없었고, 내 삶에 한계가 없다는 인생 철학으로 주도적인 삶을 살았기 때문에 많은 사람들이 불가능하다고 말했던 것을 이뤄낼 수 있었다. 비교 대상은 남이 아닌 어제의 나일 뿐이다. 꿈 때문에 국내외 학술단체로부터 아홉 차례나 우수논문상을 수상했고, 해외 박사들로 넘쳐나는 가운데 국내 토종박사로서 ICT분야 유일의 메이저학회인 한국경영정보학회 회장을 역임하였다. 또한 2013년에는 아시아태평양지역 정보시스템학술대회Pacific Asia Conference of Information Systems를 제주도에서 성공적으로 개최하기도 했다. 컴퓨터정보통신공학과 경영정보학을 전공한 융합학문분야의 정보과학자로 미국의 세계인명사전 『마르퀴즈 후즈후』와 영국의 국제인명기관 IBC가 공인한 세계적 인물로 평가받으며, '올해의 인물Man of the Year 2018'로 선정되기도 했다.

골 세팅: 목표 설정

그렇다면 어떻게 목표를 설정할 수 있을까? 목표를 잡기 위해서는 무엇보다 냉철한 현실 점검이 선행되어야 한다. 내가 무엇을 할 수 있는지, 어떻게 할 수 있는지, 지금 현실에서 내가 활용할 수 있는 자본(단순히 '돈'만을 말하는 게 아님)은 무엇이 있는지 철저하게 원점에서 고민하고 판단해야 한다. 현실에 대한 자각과 깨달음이 없는 상태에서 목표를 설정하는 건 가라앉는 배 위에서 자기 연민이라는 상대와 탱고춤을 추는 것과 같다. 손발이 맞아야 한다It takes two to tango. 드림 빌딩이 선천적인 재능이라면 골 세팅은 후천적인 재주다. 꿈이 바로 나왔다면 그에 따른 목표는 자연스럽게 세워질 수 있다. 사실 꿈을 꾸는 건 아무나 할 수 있는 게 아니다. 반면 목표 설정은 기계적인 과정으로 누구나 배워서 터득할 수 있는 기술이다. 물론 목표는 단발적이고 항구적인 푯대가 아니다. 꾸준히 현실을 개선하면서 다발적으로 지속적인 변화를 모색해야 한다. 일단 세운 목표를 2년에서 5년에 걸쳐 지속적으로 업그레이드시켜야 한다. 시간이 흘러가면서 어쩔 수 없이 안주하게 된 시대착오적인out-of-date 목표를 때에 맞는 시의적절한up-to-date 목표로 늘 새롭게 조정해야 한다. 최종적인 꿈은 바뀌지 않아야 하며 매일의 삶을 개혁하고 자신의 잠재력을 일깨울 수 있는 것이 되어야 한다. 목표를 정하는 순간 내가 현실에서 아무리 진흙탕에서 뒹굴어도 내 삶은 드라마틱하게 전환된다. 그래서 『흔들리지 않는 돈의 법칙』을 쓴 작가 토니 로빈스Tony Robbins는 "목표 설정은 비가시적인 것을 가시적인 것으로 전환하는 첫 번째 단계다Setting goals is the first step in turning the invisible into the visible."라고 말했다.

나는 목표를 설정하는 여섯 가지 단계가 있다고 2006년부터 주장해왔다. 그 단계는 차례로 ① 꿈과 목표 설정에 관한 책을 많이 읽고, ② 자신의 인생에 대한 철저한 고민을 하며, ③ 내가 무엇(what)을 할 것인지 찾아내고, ④ 내가 어떻게(how) 살아갈 것인지 삶의 철학을 결정하며, ⑤ 세운 꿈과 목표를 끊임없이 고민하여 2~3년간 지속적으로 업그레이드 하고, ⑥ 마지막으로 최종적인 꿈과 목표를 확정한다. 내가 세운 최종적인 꿈은 더 이상 바뀌지 않아야 하고, 너무나 꿈만 같고 환상적이며, 너무나 감동적이고, 너무나 희망적이어서 자신의 생활이 180도(전혀 다르게) 바뀌는 것이어야 한다. 영국의 코칭 전문가이자 『성과 향상을 위한 코칭 리더십』의 저자 존 휘트모어John Whitmore는 이를 압축해 목표 설정에 네 가지 필수적인 단계가 필요하다고 조언한다. 그의 네 단계 모델은 각각 목표 설정과 현실 점검, 옵션 확인, 실천 의지로 첫 머리글자를 따서 그로우GROW로 알려져 있다.

사이먼 사이넥Simon Sinek은 『나는 왜 이 일을 하는가』라는 책에서 지구상의 모든 조직은 자기들이 하는 일이 무엇what인지 알고 있다고 말한다. 이는 그들이 파는 상품이나 서비스다. 몇몇 조직들은 자기들이 어떻게how 일해야 하는지 알고 있다. 반면 매우 소수의 조직만이 자기들이 왜why 그 일을 하는지 알고 있다. 왜는 목적이다. 원인이자 신념이다. 1971년, 스타벅스를 미국 시애틀 한 귀퉁

G 목표 설정 goal	당신은 무엇을 원하는가? 당신에게 이 목표가 줄 수 있는 것이 무엇인가? 당신이 이 목표에 특히 흥분하는 부분은 무엇인가? 당신에게 이 목표보다 훨씬 더 중요한 게 있는가? 있다면, 무엇인가? 당신이 이 목표를 성공한다면 기분이 어떨 것 같은가? 당신이 이 목표를 통해 이루려는 큰 그림은 무엇인가?
R 현실 점검 reality	지금 당장 일은 어떻게 전개되고 있는가? 당신의 기분은 어떠한가? 당신에게 어떤 가치와 필요가 가장 중요한가? 당신에게 지금 가장 큰 걱정거리는 무엇인가? 당신이 지금 사용할 수 있는 자원에는 어떤 것들이 있는가? 당신이 지금 직면한 장애물은 무엇인가? 당신에게 인내가 의미하는 바가 무엇인가?
O 옵션 확인 options	당신이 이 문제에 접근할 수 있는 방법들에는 어떤 것들이 있는가? 당신은 몇 가지 옵션을 브레인스토밍하고 싶은가? 당신은 지금 어떤 전략을 선택하려고 하는가? 당신에게 돈과 시간, 권력이 더 있다면 무얼 하고 싶은가? 당신이 처음부터 다시 시작할 수 있다면 어떻겠는가? 당신이 생각하기에 각 옵션이 지니고 있는 장점과 단점은 무엇인가?
W 실천 의지 will	당신이 생각하기에 최선의 선택은 어떤 옵션인가? 언제 시작할 것인가? 그 첫 번째 단계는 무엇인가? 그 밖에 당신이 해야 할 다른 필수 업무가 있는가? 1에서 10까지 중에서 매기자면 이 플랜에 당신은 얼마나 헌신하고 있는가? 무엇이 당신을 10에까지 데려다 줄 것 같은가? 당신을 지지해주는 사람들이 주변에 있는가? 당신이 성공한다면 과연 어떻게 축하할 것 같은가?

GROW 모델을 필자 나름대로 새롭게 정리해 보았다.

이에서 동네 작은 카페로 시작해 전 세계 커피시장을 호령하는 다국적 커피회사로 일군 하워드 슐츠는 "스타벅스가 어떤 회사입니까?"라는 한 기자의 질문에 "스타벅스는 커피를 파는 회사가 아니라 공간을 파는 회사입니다."라는 엉뚱한 대답을 했다고 한다. 그의 대답에 기자는 어리둥절했다. '아니, 스타벅스가 부동산투자회사도 아닌데 커피가 아닌 공간을 판다니?' 예상치 못한 동문서답의 이유를 묻자, 슐츠는 단 1초의 망설임도 없이 "커피는 매개에 불과합니다. 우리는 매장을 찾은 고객들에게 공간을 내어주고 만남을 이어주는 일을 하는 회사입니다."라고 설명했다. 적어도 슐츠는 스타벅스가 무엇을 하는 회사인지 정확하게 인지하고 있었다. 나는 스타벅스의 CEO가 깨달은 그 무엇what이 향후 스타벅스의 가치를 결정하는 결정적인 힘이 되었다고 생각한다. 현명한 CEO라면 자사의 제품을 정확하게 이해하고 있어야 한다. 한 명의 오판과 어수룩한 포지셔닝으로 한 기업의 가치를 휴짓조각으로 만들 수도 있기 때문이다. 회사뿐만 아니라 개인도 마찬가지다. 꿈과 목표 설정의 주요 내용은 첫째, 내가 무엇what을 할 것인가에 대한 답을 찾는 것이고, 둘째, 내가 어떻게how 살아갈 것인가에 대한 답을 찾아내는 것이다. 여기서 무엇을 할 것인가를 아는 것know-what은 자신이 미래에 꼭 하고 싶은 직업이나 일을 말하며, 어떻게 살아갈 것인가를 아는 것know-how은 성취감이나 행복에 관한 가치관을 말한다. 이 둘을 알아야 '왜'라는 질문에 대한 답know-why이 나올 수 있다.

노하우 know-how	**어떤 목적을 달성하는데 사용하는 방법적 기술** 일 처리에 대한 생각이나 기술, 기법 등으로 계획의 골격에 해당함 실질적인 지식과 경험, 일을 처리하기 위한 지식, 전문지식(기능), 요령, 비결, 처세술, 일체의 방법
노왓 know-what	**노하우를 통해 달성해야 하는 구체적인 목적** 무엇(내용, 일)을 해야 할지 그 내용을 구체적으로 잘 인식하는 것 목표나 사정, 상황, 목적의식, 계량화될 수 있는 계획, 궁극적 목적에 대한 이해

노하우와 노왓의 차이점: 둘을 알아야 노와이를 알 수 있다.

꿈과 목표를 설정할 때, 내가 무엇을 하면서 어떻게 살아갈 것인가에 대해서 내용(일)을 잘 이해하고know-what, 그 일을 잘 처리하는 기술, 기법, 요령을 잘 아는 것know-how이 요구된다. 전자는 꿈과 목표에 관한 책이나 국내외 성공한 사람들의 자서전 및 자기계발서들을 읽거나, 아니면 견문을 넓히기 위해 여행을 하거나 일을 통해 스스로 터득하는 것이다. 유사동종 업계뿐 아니라 다른 업계 사람들을 만나 대화를 나누고, 산과 들, 자연을 보면서 인생의 과거와 현재, 미래를 심도 있게 지속적으로 고민하면서 자발적으로 얻어지는 통찰이다. 후자는 자신의 분야에서 경험치를 끌어올리는 것이다. 여기에는 절대적인 시간이 필요하다. 아무런 시간 소비도 없이 단번에 경험치를 끌어올릴 수 있는 방법은 세상에 없다. 특히 말콤 글래드웰Malcolm Gladwell은 자신의 저서 『아웃라이어』에서 심리학자 앤더스 에릭슨K. Anders Ericsson의 논문을 인용하며 소위 1만 시간의 법칙The 10,000 Hours Rule을 주장했다. 그는 세계적인 바이올린 연주자와 아마추어 연주자 간 실력 차이는 대부분 연주 시간에서 비롯된 것이며, 우수한 집단은 연습 시간이 1만 시간 이상이었다고 주장했다. 어떤 분야의 전문가가 되기 위해서는 최소한 1만 시간 정도의 훈련이 필요하다는 것인데, 이는 정확히 매일 3시간씩 훈련할 경우 약 10년, 하루 10시간씩 투자할 경우 3년이 걸리는 양이다. 절대적인 법칙처럼, 글래드웰은 누구라도 하나의 분야에 능수능란한 경험치를 얻기 위해서 개인의 노력과 함께 물리적인 시간이 필요하다는 사실을 밝혀냈다.

하나 명심해야 할 것은 골 세팅에 있어서 반드시 단기 목표, 중기 목표, 장기 목표를 나눠서 세워야 한다는 점이다. 너무 장거리 목표만 가지고 있으면 현실감이 떨어지고 긴박감이 없기 때문에 나태해지기 쉽다. 반대로 너무 단거리 목표만 가지고 있으면 장기적 결과를 예상할 수 없어 힘이 들고 포기하고 싶을 때 자신이 '지금 무엇을 위해 이렇게 열심히 노력하고 있나?' 길을 잃어버릴 수 있다. 최종적인 목표만을 쫓다 보면 지금의 노력이 너무 막연하게 느껴질 수 있다. 반면 바로 눈앞에 보이는 목표만을 쫓다 보면 장기적인 목표에서 오는 의미 찾기에 실패할 수 있다. 이는 등산에 비유할 수 있다. 산꼭대기만을 보고 올라가는 경우, 등산가는 쉽게 지칠 수 있고, 바로 앞의 포스트만 보고 올라가는 경우, 산속에서 조난당할 수도 있다. 인생에 원대한 목표를 가진 사람이라면, 가까운 목표와 먼 목표를 함께 조망할 수 있는 다초점렌즈multifocal lens가 필요하다.

골 세팅의 3단계 전략: 다초점렌즈가 필요하다.

다초점렌즈는 눈앞의 글자와 먼 산을 동시에 또렷하게 바라볼 수 있는 광시야각broad field of view을 제공해준다. 인생에서 우리로 하여금 바로 코앞의 문제에 집착하도록 만드는 문제들이 산더미 같다. 그 산더미는 시간이 지날수록 점점 커지고 어느새 나를 압도하듯 내 위로 사정없이 무너져 내린다. 산더미에 깔려 곧 죽어갈 것처럼 중압감을 느껴도 빠져나갈 틈도 없이 또 다른 일이 그 위를 다시 덮친다. 이렇게 눈앞의 바쁜 일만 하다가 인생을 허비한다. 대부분의 현대인들이 살아가는 전형적인 근시적 태도다. 근시近視는 먼 곳을 바라볼 때 물체의 상이 망막의 앞쪽에 맺히는 굴절 이상으로, 먼 곳은 잘 안 보이고 가까운 곳이 잘 보이는 눈의 상태를 말한다. 가까운 일, 눈앞의 일만 신경 쓰고 오늘 하루의 일에 일희일비—喜—悲하다가 자칫 자신이 어느 방향으로 가고 있는지 좌표를 놓치고 만다lose track of life. 그렇다고 너무 멀리 있는 일을 현실에

당겨서 고민할 필요도 없다. 이른바 원시적 태도는 목표 설정이라는 이상에는 적합할지 모르지만, 때로 미래의 계획에 집착하다 보면 현실성이 떨어지는 위험을 안고 있다. 먼 곳은 잘 보이지만 가까운 물건은 잘 보이지 않는 원시遠視처럼, 지금 당장 내가 할 의무를 다하지 않으면서 먼 미래의 청사진만을 들고 희희낙락喜喜樂樂하는 몽상가가 되기 쉽다.

근시적 목표 myopia	원시적 목표 hyperopia
'눈앞의 목표만 바라보는 자세' 자잘한 목표가 보다 큰 목표에 방해가 됨 자신의 능력에 대한 과대평가의 함정 새롭게 시작하기에는 너무 늦었다는 착각	**'먼 미래의 목표만 바라보는 자세'** 원대한 목표가 매일의 목표를 가림 자신의 능력에 대한 과소평가의 함정 앞으로 새털 같이 많은 시간이 있다는 착각

인생의 근시와 원시: 문제점은 하나에 얽매인다는 것이다.

현실의 문제에만 복달거리는 것도, 미래의 결과에 희망고문 당하는 것도 지양해야 한다. 멋진 그림은 디테일이 살아있으면서도 동시에 전체적인 구도와 배경 역시 완벽해야 한다. 화가들이 전체적인 작품의 구도를 잡을 때 캔버스에 소실점을 두고 실을 꼽아 주변으로 빙 둘러가며 선을 긋는 원근법perspective을 활용하듯, 일생일대의 위대한 꿈을 꾸는 청춘이라면, 꿈이라는 소실점에 어울리는 적절한 목표의 원근감이 필요하다. 따라서 목표는 다음과 같이 3단계의 형식을 갖는다. 목표 설정 순서는 반드시 장기적 목표→중기적 목표→단기적 목표 순으로 해야 한다. 스티븐 코비의 말처럼, 항아리에 주어진 돌들을 넣을 때, 큰 돌을 먼저 넣고, 중간 돌을 그 다음에, 맨 마지막에 작은 돌을 넣어야 다 들어가는 법이지, 처음 부터 작은 돌들을 넣기 시작하면 나중에 큰 돌은 결코 넣을 수 없 게 된다. 일주일에 한 편의 보고서를 써야 한다면, 두 편의 보고서 도, 심지어 다섯 편의 보고서도 일주일 안에 쓸 수 있다. 일주일에 한 편의 보고서를 쓴다면, 산술적으로 계산해서 다섯 편의 보고서 를 쓰려면 최소한 다섯 주, 즉 한 달 이상은 족히 걸릴 것이다. 하 지만 효율성의 측면에서는 꼭 그렇지만은 않다. 일의 원근감을 갖 고 임하다 보면, 충분히 시간을 베이컨 슬라이스처럼 잘게 잘라낼 수 있고, 그 안에 일들을 넣을 수 있게 된다.

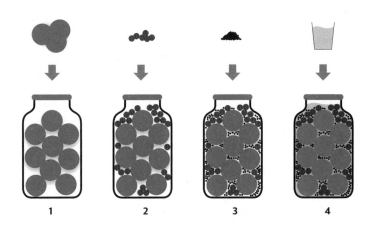

큰 일부터 계획에 삽입하고 작은 일은 사이에 끼운다.

플랜 디자이닝: 계획 수립

크림전쟁의 천사, 나이팅게일은 "필요한 건 계획과 로드맵, 그리고 목적지로 밀어붙일 수 있는 용기뿐이다All you need is the plan, the road map, and the courage to press on to your destination."라고 말했다. 단기, 중기, 장기 목표가 설정되었으면 이에 따른 구체적인 계획이 나와야 한다. 꿈과 목표에 맞게 계획을 설계하는 과정을 플랜 디자이닝이라고 한다. 플랜 디자이닝이란 무엇일까? 비유하자면, 목표가 과녁이라면 계획은 영점사격과 같다. 제대로 전투에 임하기 위해서는 먼저 목표에 내 총구가 맞는지 확인하는 작업이 필요하다. 영점을 제대로 맞추지 못한 총은 제아무리 최신식이라 해도 실전에서 개미 새끼 한 마리 맞출 수 없다. 정확하게 과녁을 맞히는hit the bull's eye 건 과녁의 크기에 달린 문제가 아니라 정확하고 한 치의 오차도 없는 총구의 조준에 달린 문제다. 마찬가지로 꿈과 목표가 아무리 멋지고 거창해도 그에 합당한 마스터플랜이 세워지지 않으면 목표 조준도 헛수고가 되어버리고 말 것이다.

2차 세계대전의 영웅이자 미국의 34대 대통령이었던 아이젠하워Dwight D. Eisenhower는 "계획들은 아무것도 아니다. 계획 세우기가 전부다Plans are nothing; planning is everything."라고 말했다. 플랜 디자이닝이 얼마나 중요한지 잘 말해주는 명언이다. 계획은 어떻게 하면 제대로 세울 수 있을까? 앞서 드림 빌딩은 스마트SMART, 골 세팅은 그로

우-GROW였다면, 플랜 디자이닝은 영어 이니셜을 따서 퍼스트FIRST다. 각기 단계만을 본다면, 5-4-5전법이라고 부를 수 있겠다. 각기 우선순위에 집중하고, 매일 실행하고, 결과를 반성하고, 피드백을 구하고, 다음 단계로 넘어가는 순서대로 계획을 만들어 가면 된다. 계획을 설계할 때 가장 먼저first 염두에 두어야할 단계가 바로 퍼스트다.

F	**우선순위에 집중하라** Focus on your priorities	가장 먼저, 가장 빨리, 가장 손쉽게 할 수 있는 것부터 계획에 편입시켜라. 계획의 우선순위를 정하지 않으면 집중력이 분산되고 헛힘을 쓸 수 있다.
I	**매일 실행하라** Implement everyday	계획을 매일 실행하라. 하루도 빠짐없이 실행하며, 100% 실행하라. 계획의 완성은 꼼꼼한 일정보다는 오로지 실천력에 달려 있다.
R	**결과를 반성하라** Reflect on what happens	계획을 실행한 결과를 돌아보라. 무엇이 잘 되었고, 무엇이 부족했는지 스스로 확인하라. 실천 뒤에 평가가 이어지지 않으면 개선이 이뤄지지 않는다.
S	**피드백을 구하라** Search for feedback	결과를 놓고 주변에 피드백을 구한다. 믿을만한 사람에게 물어보고, 없다면 책을 통해서 피드백을 얻을 수도 있다. 피드백은 과정에 개선을 이룰 수 있는 솔루션이다.
T	**다음 단계로 넘어가라** Transfer into next step	피드백을 통해 새로운 단계로 넘어가라. 첫 번째로 되돌아가지 말고 뭔가 하나라도 달라진 계획이 수립되어야 한다. 단계적 성장이 있어야 실천도 탄력을 받는다.

퍼스트, 계획을 수립할 때 제일 먼저 명심해야 할 사항들이다.

먼저 우선순위priority에 집중하지 않으면, 계획이 중구난방이 되기 쉽다. 계획에 계획성을 추가해야 한다. 결과를 반성하고 주변에 피드백을 구하는 이유는 우리가 평소 스스로의 행동을 볼 수 없다는 맹점blind point을 가지고 있기 때문이다. 사각지대blind spot를 정확하게 보기 위해서는 우리의 편향적 사고를 먼저 인식할 필요가 있다. 자기편향성은 많은 사람들이 개인으로서 스스로뿐만 아니라 그들이 구성원으로 있는 집단에 대해 평가를 하는 데에 영향을 미친다. 이 주제는 특별히 하스토프Albert H. Hastorf와 캔트릴Hadley Cantril 이 했던 초기 연구에서 밝혀졌다. 이들은 프린스턴대학과 다트머스대학 간의 미식축구 대항전 도중에 범한 반칙을 각 집단에 속한 개인들이 어떻게 판단하는지 조사했다. 이 학교에 다니고 있는 학생들은 게임 영상을 시청하고 양 팀이 저지른 반칙의 숫자를 세어 보았다. 프린스턴 학생들은 다트머스 팀이 자신들의 팀보다 두 배나 더 많은 명백한 반칙, 세 배나 더 많은 온건한 반칙을 범했다고 봤다. 반면 다트머스 학생들은 정반대의 의견을 내놓았다. 두 그룹의 학생들은 마치 서로 다른 경기를 본 것처럼 자신이 속한 대학에 후한 평가를 내리는 걸 전혀 객관적으로 인지하지 못했다.

결과를 반성하고 피드백을 구할 때 얻어지는 인식이 바로 자신에 대한 이해다. 소크라테스는 아테네 델피신전에 아로새겨진 명제 '너 자신을 알라'를 자신의 철학에 첫 번째 원칙으로 삼았다. 이른바 '무지無知의 지知'를 설파한 것이다. 내 계획이 아무리 치밀하게 짜였다 하더라도 내가 보지 못하는 틈새들이 반드시 있을 수밖에 없다. 적절한 피드백을 통해 내 계획이 지속적으로 개정되지 않으면 결코 원하는 결과나 목표에 도달할 수 없게 된다. 소크라테스는 산파술을 이용하여 사람들이 지극히 평범한 진리와 사실조차 얼마나 모르고 있는지 깨닫도록 해주었다. 이와 관련해 옛날부터 아랍권에서 내려오는 속담이 있다. 이를 도식화하면 아래와 같을 것이다.

"모르는데 모른다는 사실을 모르는 이는 바보다. 피하라. 모르는데 모른다는 사실을 아는 이는 학생이다. 가르쳐라. 잘 알지만, 안다는 사실을 모르는 이는 잠자는 이다. 깨워라. 잘 알고, 안다는 사실을 아는 이는 스승이다. 배워라." 이를 도식화하면 다음과 같을 것이다.

	~에 대해 모른다	~에 대해 안다
무지	**피하라!** Avoid 내가 모른다는 사실을 모른다.	**깨워라!** Awake 내가 안다는 사실을 모른다.
지	**가르쳐라!** Teach 내가 모른다는 사실을 안다.	**배워라!** Learn 내가 안다는 사실을 안다.

무지의 지를 한 눈에 확인할 수 있는 4사분면

수능에서 상위 1%의 성적을 거둔 학생들과 평균치의 학생들의 IQ를 비교하는 실험을 수행한 적이 있다. 결과는 많은 사람들의 예상을 뛰어넘는 것이었다. 평소 학업성적이 우수하고 수능에서 높은 성적을 거둔 학생들이 반에서 평균의 성적을 기록한 학생들보다 머리가 뛰어나지 않았다는 사실이다. 심지어 일부 학생들은 평균치를 밑도는 IQ를 가진 것으로 확인되었다. 왜 그럴까? 그 해답은 메타인지에 있었다. 메타인지meta-cognition는 자신이 무엇을 알고 무엇을 모르는지 인지할 수 있는 능력을 말한다. 뛰어난 학업성취를 보여준 우등생들은 대부분 메타인지가 평균보다 월등히 뛰어났다. 어떤 정보를 알고 어떤 정보를 모르는지 정확하게 알고 있기 때문에, 이들은 어느 부분을 공부해야할지 판단할 수 있었고, 그에 알맞게 공부 계획을 수립할 수 있었다. 아무리 열심히 공부해도 성적 향상이 더디거나 미미한 학생, 남들과 똑같이 시험 준비를 해도 언제나 자신이 공부한 곳에서는 영락없이 문제가 나오지 않는다고 느끼는 학생, 공부할수록 오히려 더 모르겠다는 자괴감에 사로잡히는 학생들은 모두 이 메타인지 능력이 부족한 경우에 해당한다. 자신이 뭘 알고 뭘 모르는지를 잘 모르기 때문에 어디서부터 어떻게 공부해야할지 계획을 세울 수 없게 된다.

플랜 디자이닝에 메타인지가 결정적이라는 사실을 보여주는 사례는 또 있다. 메타인지 능력이 없는 사람들이 그렇지 않은 사람들보다 계획을 세우는데 있어 오히려 더 자신만만해지는 현상을 과학적으로 연구한 학자들이 있다. 바로 코넬대학의 데이비드 더닝David Dunning과 저스틴 크루거Justin Kruger가 실험으로 입증한 현상이다. 이를 두고 과학에서는 더닝-크루거 효과Dunning-Kruger Effect라고 부른다. 시쳇말로 "무식하면 용감하다."는 말을 과학적으로 입증한 것이다. 더닝과 크루거는 메타인지를 실험으로 입증하기 위해 피실험자들을 모집했다. 그들은 피실험자들에게 일정한 테스트를 주고 자신이 테스트에서 얼마나 잘했다고 생각하는지 스스로 평가하도록 했다. 그 결과는 놀라웠다. 시험 성적이 나쁜 사람은 도리어 자신이 생각보다 훨씬 시험을 잘 쳤다고 판단했고, 시험 성적이 좋은 사람은 항상 자신이 실제보다 시험을 더 못 봤다고 느꼈다. 이 실험 결과를 토대로 더닝과 크루거는 메타인지가 부족한 사람들은 자신이 어떤 일에 소질이 없다는 사실을 인지하는 능력이 그렇지 않은 사람들보다 현저히 떨어진다고 주장했다. 평소에 어떤 계획에 지나친 자신감이나 우월감을 표현하는 사람일수록 그 계획이 틀어졌을 때 이를 인정하거나 상황을 판단할 능력이 떨어지는 현상을 더닝-크루거 효과라고 명명했다. 이들은 하나같이 계획이 틀어진 문제를 인식하지 못하고 어디서 무엇이 잘못되었는지 파악하지 못한다. 용케 파악하더라도 계획이 실패한 원인을 자신이 아닌 다른 사람이나 상황으로 돌리는 편향에 빠지고 만다.

목표에 대한 집중은 계획에 그대로 반영되며, 계획의 의도는 꿈과 목표를 달성하는 데에 있다. 드림 프레임워크는 이 세 가지 단위가 어떻게 유기적으로 엮여있는지를 보여준다. 이제 중요한 것은 실천하는 것만 남았다.

실천하라:
꿈의 힘은 실천에서 나온다

『비전의 힘』을 쓴 미래학자 조엘 바커Joel A. Barker는 이렇게 말했다. "실천이 없는 비전은 단지 몽상에 불과하며, 비전이 없는 실천은 단지 시간만 축낼 뿐이다. 실천이 있는 비전이야말로 세상을 바꿀 수 있다Vision without action is merely a dream. Action without vision just passes the time. Vision with action can change the world."

아무리 거창한 꿈과 비전이 있어도 실천이 동반되지 않으면 한낱 몽상daydreaming에 불과하다. 어렸을 적 매번 돌아오는 방학 때마다 종이에 크게 그려서 책상 앞에 붙여 놓았던 일일 계획표를 떠올려보자. 처음에는 큰맘 먹고 공부의 양을 넓게 잡아 계획표를 작성하지만 채 하루도 지나지 않아 포기하고 말았던 경험이 다들 있을 것이다. 알록달록 형형색색 크레파스로 그린 일일 계획표가 그렇

게 장식용으로 전락한 것을 바라보고 머리를 긁적이며 멋쩍게 씨
익 웃고 말았던 기억이 적지 않다.

실천이 없는 계획은 패배감을 주는 계획으로 전락한다.

왜 이렇게 실천이 어려운 걸까? 때로는 완벽한 계획을 세우
는 데 너무 많은 시간과 정력을 허비하기 때문이다. 2차 세계대전
의 영웅이자 전 세계적으로 사랑받는 조지 패튼George S. Patton 장군
은 "지금 당장 저돌적으로 수행된 좋은 계획이 다음 주 수행될 완
벽한 계획보다 더 낫다A good plan violently executed now is better than a perfect
plan executed next week."는 말로 계획의 실천에 방점을 찍었다. 조금 무
모해 보일지 모르지만, 조금 불완전할지 모르지만, 일단 목표가 서
면 계획으로 옮기는 결단력도 필요하다. 또 하나는 원래 계획은 달
성하기 어렵다는 점이다. 우리가 세운 목표와 계획은 언제나 틀어
지기 마련이며, 아무리 노력해도 시간의 양과 노력의 질에서 틈이

벌어질 수밖에 없다고 한다. 이를 과학적으로 입증한 과학자가 있다. 『괴델, 에셔, 바흐』를 쓴 미국의 인지과학자 더글러스 호프스태터Douglas R. Hofstadter는 계획보다 늦어질 것을 예상해도 또 지체되는 것을 호프스태터의 법칙Hofstadter's Law이라고 이름 붙였다. 그에 따르면, 사람들은 언제나 미래에 대한 가능성을 계산할 때 낙관적으로 생각하는 경향이 있다. 항상 자신의 능력에 대해서는 과대평가하는 반면, 계획에 들어가는 비용이나 시간은 과소평가하기 마련이다. 언제나 발등에 불이 떨어져야 허둥지둥 일을 처리했던 경험을 비추어보면 고개가 끄덕여진다. 그래서 '호프스태터의 법칙을 염두에 두고 계획을 짜도 일정은 언제나 늦어질 것이다.'라는 그의 우스갯소리가 마냥 가볍게 들리지만은 않는다. 그럼 왜 사람들은 계획보다 언제나 지체하는 걸까? 이는 호프스태터가 자신의 책에서 설명한 재귀순환 과정을 통해 이해할 수 있다.

호프스태터는 인간이 기본적으로 작은 그림은 잘 보지만 큰 그림을 보지 못하기 때문이라고 말한다. 그는 에셔의 유명한 그림들을 예로 들면서 이를 설명했는데, 왼쪽에 그림을 그리고 있는 손을 한 부분만 보면 이상할 것이 전혀 없는 자연스러운 스케치가 눈에 들어온다. 그런데 그림을 전체로 보면 무언가를 그리고 있던 손이 동시에 동일한 다른 손에 의해 그려지고 있는 모습이 펼쳐진다. 이성적으로 납득할 수 없는 그림이 그림을 그리고 있는 이 역설을 호프스태터는 '이상한 루프strange loop'라고 불렀다. 손을 계속 따라가

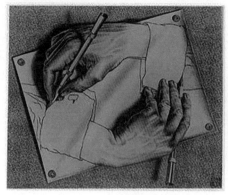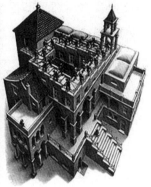

이론으로만 가능할 뿐 현실적으로 불가능한 에셔의 그림들

면 영원히 이어지는 '무한 루프'를 만나게 된다. 오른쪽의 그림 역시 계단의 일부만 보면 지극히 정상적인 계단으로 인식되지만, 그림의 전경을 한 눈으로 보면 계단이 서로 이어지는 단계에서 펜로즈의 역설Penrose's paradox을 보게 된다. 오르고 올라도 끝없이 원점으로 돌아오는 계단은 이론적으로는 가능해도 현실적으로는 불가능하다.

우리가 계획표를 짤 때 세부적인 일정들을 마련하기 때문에 가능할 거라고 느끼지만, 실제로 일의 규모와 전모를 다 보면서 플랜을 짜지 않기 때문에 어쩔 수 없이 일정이 밀릴 수밖에 없는 것이다. 마치 그림을 전체로 바라볼 때 잘못된 부분을 금방 알아차릴 수 있지만, 그림의 어느 한 부분만을 바라보면 틀린 부분이 하나도 없이 아주 질서정연하다고 느끼는 것과 같다. 물론 처음부터 늦어질 것을 예상해서 일정을 느슨하게 잡아도 일정이 밀리기는 마찬가지다. 일주일에 끝낼 수 있을 거라고 판단한 일을 혹시나 모를 변수에 대비하여 이틀을 더 잡아주어도 여전히 끝내기가 쉽지 않은 경우가 많다. 따라서 계획을 실천하는 과정에서 일정이 지체되거나 달성에 실패하더라도 전혀 낙담하거나 우울해질 필요가 없다. 중요한 건 도달한 거리가 아니라 목표를 지향하는 방향이다. 몇 번 시도하다가 포기하거나 제 풀에 넘어가지 말고 비록 더디더라도 꾸준히 일정한 방향을 향해 지속적으로 행동을 밀어붙여야 한다.

모멘텀을 살려야 한다. 공항 활주로 위에 있는 비행기를 예로 생각해보자. 비행기는 처음부터 시속 300km로 질주한다. 30km, 60km, 100km 이런 식으로 서서히 속도를 올리지 않고 맨 처음 출발부터 한계 속도에 도달한다. 그렇게 전속력으로 달렸을 때 약 300t의 여객기는 두 날개와 기체에 양력을 얻으면서 빠르게 하늘로 상승할 수 있다. 도중에 조금이라도 속력을 늦추거나 시야에서 상승 목표지점을 바꾸면 아무리 유능한 기장이라도 비행기를 공중에 띄울 수 없게 된다. 이게 모멘텀momentum이다. 다른 예를 하나 더 들어보자. 미 플로리다주 나사 캐네디우주센터에서 우주선을 발사시킨다고 가정해 보자. 지구의 중력장을 뿌리치고 육중한 무게의 우주선을 대기권 밖으로 내보내려면 대체 얼마의 힘이 필요할까? 2010년 성공적으로 발사된 디스커버리호의 경우, 80t의 발사체를 우주로 쏘아 올리는데 190만ℓ의 액체산소와 액체수소가 필요했다. 우주선은 우주궤도로 진입하는 8분 동안 이 연료의 거의 대부분을 소비한다. 첫 번째 연료통이 다 소진되면 바로 두 번째 연료통이 자동으로 점화되면서 동력을 유지한다. 단 한 번도 궤도나 속도를 바꾸지 않고 목표하는 고도에 도달할 때까지 발사체의 가속을 멈추지 않는다. 이렇게 여세를 몰아서 올라가야만 대기권을 완전히 벗어날 수 있다. 일단 정해진 궤도에 진입하면 아주 극소량의 연료만 가지고도 안정적인 비행을 유지하게 된다.

모멘텀을 살린 예를 한 번 소개하면, 내가 학창시절 어학을 공부했던 이야기를 꼽고 싶다. 필자의 책상 위에는 아직도 35년 된 빨간색 '나쇼날National' 카세트가 놓여 있다. 지금도 이 제품이 출시되고 있는지 모르겠지만 당시만 하더라도 부산 광복동 전자상가에서 18만 원이라는 거금을 주고 구입한, 요즘 젊은 세대들의 말로 '최애템'이었다. 평소 음악을 사랑했던 필자에게 한동안 이 카세트는 재산목록 1호였을 정도로 애지중지하던 물건이었다. 비유하자면, 자동차 마니아들에게 스포츠카와 맞먹을 정도였다고 할까? 어쨌든 이후 더 훌륭한 각종 첨단제품들이 시중에 쏟아져 나왔지만, 나는 이 카세트를 버리지 않았다. 아니 버리지 못했다. 이 카세트를 보고 있노라면 과거 기억 속의 아련한 추억들이 새록새록 떠오르기 때문이다. 내가 젊었을 때만 해도 요즘처럼 스마트폰이다 아이패드다 하는 전자제품들이 없었다. 그 흔한 컴퓨터 한 대 없던 시절이니 오죽했겠는가? 그나마 학생들이 가지고 다니며 폼을 잡을 수 있었던 거의 유일한 제품이 바로 이 휴대용 카세트였다. 남학생들의 경우, 여학생들을 꾀거나 미팅을 나갈 때 자랑하듯 허리춤에 차고 나갔고, 조금 사는 집안의 자녀들은 공공연히 학교에도 들고 와서 같은 반 친구들의 염장을 지르곤 했다. 필자 역시 예외가 아니었다. 소위 '마이마이'라고 부르던 녹음 기능이 있는 휴대용 카세트 플레이어를 너무 사고 싶었다. 꽤 오랫동안 쌈짓돈을 모아 전자상가에 가서 카세트를 샀을 때의 그 흥분과 기쁨이 아직도 생생하다. 개인적으로 나는 음악을 아주 좋아했기 때문에, 그 나쇼날 카세트로 클래식이며 팝송, 대중가요 등 모든 장르의 음악을 들으며 20대 청춘을 보냈다. 특히 클래식 음악을 좋아했는데, 스메타나의 교향시 나의 조국 중 「몰다우」, 차이코프스키의 「1812년 서곡」, 「백조의 호수」, 「신세계」 교향곡, 비발디의 「사계」 등 거의 매일 한 시간 이상 들었던 것 같다.

그러나 무엇보다도 이 나쇼날 카세트의 추억은 어학공부와 관련이 있었다. 당시 나는 뒤늦게 학업에 뛰어든 관계로 영어실력이 매우 부족한 상태였다. 게다가 대구 사투리를 쓰는 촌놈이니 당시 영어 발음이 어땠겠는가? 최대한 영어에 자신을 노출시키기 위해 카세트로 영어를 듣고 또 들었다. '조선 사람은 뭐라도 할라치면 영어 때문에 발목 잡힌다.'라는 말이 있듯이, 한국이라는 사회에서 영어는 성공으로 가는 가장 확실한 사다리였다. 나 역시 이런 사정을 모르는 바가 아니었기에 필사적으로 영어를 배우고 익히려고 했다. 영어에 통 자신이 없었고, 엎친 데 덮친 격으로 발음도 나빠 당시 주한미군들을 위한 자체 방송이었던 AFKN을 매일 달고 살았다. 지금에야 어학원이다 영어교재다 다양한 매체를 통해 자연스럽게 영어를 접할 수 있었지만, 당시만 하더라도 돈 없고 빽 없는 학생들이 영어에 노출될 수 있는 거의 유일한 채널이 AFKN과 교육방송인 EBS 밖에 없었다. 그런 갈증을 풀어준 고마운 도구가 바로 카세트였다. 어디서 영어회화 테이프 하나 구했다 치면 늘어질 때까지 돌리고 또 돌리며 들었다. 흔히 셰도우잉shadowing이라 해서 영어 문장을 반복적으로 따라 읽었고, 그 중에서 중요한 것들은 따로 단어장에 옮겨 적어두고 틈틈이 외웠다.

내 책상 위에 아직도 놓여 있는 35년 된 '나쇼날' 휴대용 카세트

중요한 것은 모멘텀을 살리려고 했다는 점이다. 나는 '하루도

빠짐없이' 정확히 방송이 나오는 그 시간이 되면 책상머리에 앉아 영어를 공부했다. 정확하게 따라 읽고 암기하면서 나아갔다. 비록 학업에 진척이 없어 보이고 영어실력이 느는 것처럼 보이지 않더라도 멈추지 말고 끈기와 지속성을 발휘해야 한다. 이것이 바로 모멘텀이다. 이제 막 가속도가 붙기 시작했는데, 한두 번 해보고 안 되는 거 같으니 금세 포기해버리는 학생들이 너무 많다. 내가 마치 기계가 된 것처럼 습관적으로 공부하다 보면 어느새 어학이 나에게 성큼 다가온 것을 경험할 수 있다. 절대 어학은 시간을 많이 들인다고 되는 게 아니다. 모멘텀을 살려서 일사불란하게 치고 들어가야 한다. 여기에는 수평성장의 비밀이 숨어 있다. 어학은 일정한 임계점tipping point에 도달할 때까지 지속적으로 공부에 임해야 한다. 어학공부는 계단식 그래프를 보인다. 수직성장이 있기 위해서는 수평성장의 기간 동안 얼마나 끈기 있게 버티며 모멘텀을 살려야 하는지 이해해야 한다. '아무 일도 일어나지 않은 것 같지만 아무 일도 일어나지 않은 날은 없다.'

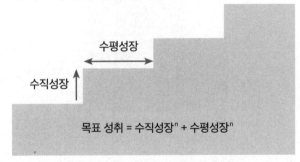

목표 성취 = 수직성장^n + 수평성장^n

수평성장의 비밀에서 모멘텀의 위력을 경험하라.

디스트레스 distress	부정적인 자극—각종 질병을 유발시키는 스트레스 경고반응기→저항기→탈진기의 단계로 진행
유스트레스 eustress	긍정적인 자극—인생에 활력을 주는 스트레스 경고반응기→적응기→활력기의 단계로 진행

인생에서 만나는 두 가지 종류의 스트레스

수평성장을 견디어낼 수 있는 힘의 성패는 관점의 변화에서 이르러온다. 일정한 스트레스는 불가피하다. 때로 스트레스는 유익하다. '스트레스의 아버지'로 불리는 한스 셀리에Hans Hugo Bruno Selye는『생활의 스트레스』를 통해 적절한 스트레스가 활력에 도움을 준다고 주장했다. 몬트리올대학의 교수 겸 실험의학 연구소장을 지내던 1936년, 신체가 외상이나 전염병 등의 자극을 받으면 뇌하수체에 특이한 반응이 일어난다는 '스트레스 학설'을 제창했다.[8] 그는 살아 있는 쥐를 대상으로 하여 스트레스에 대한 신체 생리적 반응을 연구했는데, 스트레스가 질병을 일으키기도 하지만 삶에 긍정적인 역할을 할 수도 있다는 가설을 발표했다. 이어서 부정적인 영향의 스트레스를 '디스트레스distress'라고 명명했고, 긍정적인 영향의 스트레스를 '유스트레스eustress'라고 불렀다. 그는 유스트레스가 첫 키스나 첫 경험 직전의 흥분과 떨림, 중요한 축구 경기나 콘서트를 앞둔 기대감, 해외여행을 앞두고 일정을 짤 때 느끼는 감

---

8 본래 건축용어로 사용되었던 스트레스(stress)는 '팽팽하게 당긴다'는 의미의 라틴어 스트릭투스(strictus)에서 유래했다. 스트레스를 비롯하여 넓은 의미의 자극을 그리스어로는 호르메시스(hormesis)라고 한다.

정처럼 인생에 활력을 불러온다고 주장했다.

반면 디스트레스는 가족의 죽음이나 이별, 일의 압박, 잦은 다툼, 이웃집의 소음처럼 지속적으로 불쾌하고 불편한 자극에서 느껴지는 스트레스의 하나다. 신체가 이러한 자극을 받았을 때 뇌의 부신수질에서 아드레날린을, 부신피질에서 코르티솔을 분비하게 된다. 이러한 스트레스 호르몬이 분비되면 호흡이 빨라지고 땀의 분비가 늘면서 불안감이 증가하는 반응이 일어나게 된다. 셀리예 박사는 이런 나쁜 스트레스를 빨리 제거하지 않으면 건강에 치명적인 독으로 작용한다는 사실을 임상으로 밝혀냈다. 그는 스트레스를 짧은 단위로 나눠 사이사이에 휴식을 취하고, 세상을 향한 관점과 자세를 바꿔 유스트레스를 늘리라고 조언한다. 그러면 스트레스는 만병의 근원이 아니라 인생에서 만나는 멋진 선물이 된다는 얘기다.

CHAPTER 5

부의 지도를
설계하라

돈이 필요 없는 것처럼 일하라.
한 번도 상처받지 않은 것처럼 사랑하라.
주위에 아무도 보지 않는 것처럼 춤춰라.

사첼 페이지 Satchel Paige

돈이 인생의 목표가 될 수 없다. 21세기 신자유주의 경제체제에서 돈이 전부인 시대, 한 나라의 경제가 정치와 사회, 문화를 모두 집어삼키는 시대에 "무슨 뜬구름 잡는 소리냐?"고 힐난할지 모르겠다. 물론 돈의 가치와 현실에서 가지는 위용을 부인할 마음은 없다. 꿈과 목표를 이루어 나가는 과정에 돈이 필요하고, 인생에서 고귀하고 가치 있는 일을 실천하는 과정에 수단의 하나로 돈이 절대적으로 필요하다. 자신의 꿈과 목표가 실체적으로 이루어졌다면, 그때부터는 돈을 '세상을 더 나은 곳으로 만들기 위한to make this world a better place' 수단이자 행복과 이상을 나누어줄 수 있는 매개로 활용할 수 있을 것이다. 그렇다고 해서 누군가 "돈이 인생의 전부를 걸 수 있는 유일한 목표가 될 수 있는가?"라고 묻는다면, 나는 단연코 "아니!"라고 말할 것이다.

사회적 지위가 성공한 인생의 '골격'이라면, 돈은 성공한 인생의 '날개'이다. 전 미국 대통령이었던 버락 오바마는 "돈이 유일한 해답은 아니지만, 차이를 만들어낼 수는 있다Money is not the only answer, but it makes a difference."고 말했다. 가난한 사람이 가난한 사람을 도울 수 없다. 사회적 공헌 사업이나 장학제도, 후원 등을 통하여 많은 이웃과 시민 사회에 도움을 주고 행복하고 미덕이 넘치는 따뜻한 세상을 만들어 나가는 데에 분명 재정은 필요하다. 그래서일까? 나는 어려서부터 돈에 대해 집착에 가까울 정도로 관심을 가졌다. 주변에서 돈이 될 만한 것들을 찾아보았고, 수중에 쥐어진 돈은 무조건 저축하려 했다. 이웃집 소에게 여물 먹이고 받은 푼돈, 동네 심부름하면서 틈틈이 모은 한푼 두푼을 쓰지 않고 알뜰하게 모았다. 그렇게 일정한 종잣돈-seed money이 생기면 그 돈을 가지고 투자할 수 있는 곳을 찾았다. 흙수저로 태어난 내가 할 수 있었던 거의 유일한 재테크는 저축 밖에 없었다.

본격적으로 투자에 눈을 뜨기 시작한 시점은 20대부터였다. 많은 사람들이 착각하고 있는 것 중에 하나는 경제에 대한 이해를 하나의 관념이라고 생각하는 것이다. 그런데 경제에 대한 이해는 관념이기에 앞서 하나의 습관이다. 나는 대학 다닐 때부터 매일 30분씩 경제상식을 공부하며 경제 원리와 투자의 기본을 익혔다. 국내외 주요 경제지표와 주식시장의 동향을 꾸준히 살폈고 재무제표를 보는 방법이나 회사의 실적과 재정 건전도를 파악하는 안목을 길렀다. 스포츠신문이나 연예잡지보다는 경제신문이나 시사주간지를 먼저 챙겼다. 경제적인 습관이 몸에 밸 때까지 꾸준히 훈련하는 게 중요하다. 주식투자와 각종 재정 관련 투자를 통해 지금 나는 은퇴 이전임에도 불구하고 재정문제에 자유로울 수 있게 되었다. 이번 장에서는 필자가 터득한 경제 IQ와 그 실천법에 대해 알아보자.

종잣돈을
만들라

물질의 자유를 누리기 위해서는 무엇보다 돈에 대한 관점을 바꾸어야 한다. 경제적 성공을 위해서는 매달 조금씩이라도 저축성 상품에 투자하자. '첫 술에 배부르랴A journey of a thousand miles begins with a single step.' 처음부터 큰돈을 벌려고 해서는 안 된다. 경제적 성공의 출발은 종잣돈 만들기에 있다는 걸 명심해야 한다. 찌는 듯한 복날에 시원한 지하수를 얻으려면 마중물이 반드시 필요하다. 당장 목이 마르다고 나중에 쓸 마중물을 홀라당 마셔버리면 중요하고 다급한 때에 물을 얻을 수 없게 된다. 가장 작은 단위의 금액이라 할지라도 제대로 투자하면 그 금액이 나중에 불어나는 건 순식간이다. 작은 눈덩이는 일정한 크기로 불어날 때까지 조그만 압력에도 쉽게 부서지고 제대로 형태를 갖추기까지 눈이 붙는 과정이 마냥 더디지만, 일단 탄력을 받으면 조그만 힘을 들여도 쉽게 커다란 눈사람을 만들 수 있다. 눈을 이리 굴리고 저리 굴려서 덩어리를 만들어 점차적으로 무게를 증량하면 그와 비례해서 속도가 붙게 된다. 모든 일의 시작은 동일하다. 천리길도 한 걸음부터다. 작은 눈덩이처럼 작은 종잣돈을 만드는 것이 투자의 시작이라고 할 수 있다.

'오늘의 씨앗은 내일의 숲이다A seed today is a forest tomorrow.' 애초에 가난하기 때문에, 배운 게 없기 때문에, 부모로부터 물려받은 게 없기 때문에 부자가 될 수 없다는 말은 핑계에 불과하다. 나도 처음부터 제로베이스에서 출발했다. 재산이라고는 부모로부터 물려받은 게 전무했으며, 고등학교 때부터는 아예 시내로 나가 스스로 돈을 벌어 학업을 이어가야 했다. 주변에서 나를 지지해주고 응원해주는 사람도 없었고, 내가 재테크를 할 수 있도록 전략을 짜주거나 재정에 대해 귀띔이라도 해주는 사람조차 없었다. 오로지 부자가 되고 싶다는 열정 하나만으로 계획을 세우고 묵묵히 실천했다. 경제경영서를 닥치는 대로 독파했고, 종잣돈을 만들려고 발버둥쳤다. 『성서』에서는 이런 종잣돈을 일컬어 "사람이 자기 채전에 갖다 심은 겨자씨 한 알 같으니 자라 나무가 되어 공중의 새들이 그 가지에 깃들였느니라."[9]고 말한다. 어쩌면 이건 눈에 보이지 않는

---

9 「누가복음」, 13장 19절.

미래를 믿는 믿음의 세계일지도 모른다. 겨자씨만 한 내 작은 돈이 나중에 공중의 새들이 날아와 깃들 수 있을 만큼 커다란 아름드리 나무로 성장할 거라는 확신과 믿음이 필요한 세계 말이다.

그렇다면 겨자씨 같은 종잣돈을 어떻게 모을 수 있을까? 세상에 돈과 관련해서 비법 같은 건 없다. 뭔가 대단한 조언을 기대했던 분들에게 조금 싱거울지 모르겠지만, 지금보다 더 벌고 지금보다 적게 쓰는 게 유일한 전략이다. 그럼에도 불구하고, 더 안전하고 비교적 손쉽게 종잣돈을 모을 수 있는 방법은 여기서 몇 가지 제시할 수 있다. 지금 말하는 것들은 모두 필자가 직접 해보고 그 가치를 몸소 체험한 것들이기 때문에 안심하고 조언할 수 있는 내용들이다.

제일 중요한 건 종잣돈을 만들기 전에 무조건 내가 원하는 금액을 반드시 목표로 잡아야 한다는 사실이다. 사람들이 종잣돈 만들기에 빈번히 실패하는 대표적인 원인은 종잣돈에 대한 명확한 이유와 목표를 갖고 있지 않기 때문이다. 나는 대학에서 교수로 있으면서 많은 학생들을 상담하고 가르치는 와중에 돈의 개념이 없는 청년들을 종종 보게 된다. 이들은 자신의 욕구를 채우기에 급급하고, 재정 독립에 대한 의지가 박약하다. 이들은 대부분 부모에게 손을 벌려 대학 등록금이며 용돈을 타다 쓰는 친구들이기 때문에 왜 재무 목표를 세워야 하는지, 왜 종잣돈을 만들어야 하는지에 대한 이유와 목표가 없을 수밖에 없다. 명심하라! 종잣돈을 만드는 첫 걸음은 목표를 설정하는 것임을.

여기서 내가 강조하고 싶은 건 목표 금액이 2년, 적어도 3년 내에 모을 수 있는 금액이어야 한다는 점이다. 기간이 길다고 무조건 좋은 건 아니다. 기간이 너무 길면 자칫 늘어져 지루해지고, 돈을 모으는 재미도 반감된다. 기간은 목표로 한 금액과 비례하는 경향이 많은데, 너무 높은 금액, 과도한 목표를 세울 경우 그에 따른 저축 기간도 점점 늘어나기 때문에 바람직하지 못하다. 사람은 한두 해 반짝 허리띠를 졸라맬 수는 있어도 그 기간이 너무 길어지면 아무리 철두철미한 계획을 세웠다 하더라도 중간에 목표를 상실할 위험이 다분하다. 내 경험상 5년은 너무 길다. 2년이 제일 좋고, 내가 지치지 않을 수 있도록 적어도 3년 내에 모든 프로젝트를 끝내는 것을 목표로 하자.

종잣돈을 모으기 위해서는 저축이 기본이 되어야 한다. 그러기 위해서는 무조건 강제 저축을 해야 한다. 매달 월급에서 일정한 금액을 따로 떼어내야set aside 하며 목표치를 24개월로 나눠 만들어진 액수를 적금통장에 쌓아야 한다. 한 달 동안 쓰고 남은 돈을 저축하겠다는 자세는 결코 좋지 못하다. 그렇게 쓰다가는—우리가 매달 경험하는 것처럼—월말에 거의 남는 돈이 없기 때문이다. 매달 자동적으로 종잣돈을 모으는 통장에 이체되는 프로그램을 활용하는 것도 좋다. 견물생심見物生心이라고 사람은 본능 상 일단 돈을 보면 쓰고 싶기 때문이다. 저축과 함께 반드시 실천해야 할 것은 지출을 줄이는 것이다. 종잣돈이 모일 때까지는 최대한 지출을 줄이고 저축을 늘려야 한다. 평소 가계부를 쓰면서 본인의 지출 내역과 습관을 미리 파악해두는 게 좋다. 고정적으로 빠져나가는 지출 항목들에서 줄일 수 있는 부분이 없다면, 의류비나 통신비, 문화생활비, 식비 등의 항목에서 씀씀이를 줄이자. 나의 평소 구매 습관을 비판적으로 돌아본다. 속담에도 있듯, '한 푼 안 쓰면 한 푼 번 것이다A penny saved is a penny earned.' 공과금과 교통비 등 반드시 지출해야 하는 항목들을 제외한 일주일 용돈의 규모를 줄이자. 가능하다면 점심에 식당에서 음식을 사먹는 대신 도시락을 싸고, 하루 한 잔 마시던 커피를 줄이며, 소소하게 들어가는 주전부리나 알코올 음료들을 멀리 한다. 충동적으로 물건을 구매할 수 있기 때문에 온라인 쇼핑이나 TV 홈쇼핑은 아예 근처에도 가지 않는다. 할부를 원천적으로 금하고, 신용카드 사용을 자제하며, 가까운 거리는 걸어 다닌다. 나의 생활습관을 적극적으로 바꾸고 불필요한 소비를 줄이지 않고서는 종잣돈은 그림의 떡이다.

종잣돈은 어떤 금융상품을 이용하여 모으는 게 좋을까? 종잣돈은 우선 수익을 내기에 앞서 모으는 게 목적이기 때문에 당장 수익률보다는 안전한 금융상품 위주로 투자 포트폴리오를 짜는 게 좋다. 이자율이 좋은 적금이나 정기예금, 청약저축, 주식형 펀드, 채권형 펀드 등을 노려보자. 우대 금리와 복리이자, 비과세 채권이나 펀드 상품 등 안전하면서 수익률이 높은 것들에 규칙적으로 나누어 투자하자. 연말정산이나 소득공제에 비과세 혜택을 받을 수 있는 상품을 직접 은행에서 알아보고 거기에 투자하는 게 바람직하다. 연금저축은 단기간에 목돈을 만들기 어려운 상품이지만, 연간 400만 원 한도로 소득의 16.5%까지 세액 공제를 받을 수 있기 때문에 연말정산 시 큰 도움을 받을 수 있다. 휴면계좌를 정리해보는 것도 좋다. 나도 모르게 은행권에 잠자고 있는 푼돈이 내 앞으로 남아있지나 않은지 확인해보자.

매달 일정 금액을 꾸준히 저축해서 종잣돈을 만들면 자본주의의 꽃이라 할 수 있는 주식에 직접 투자하여 재무적 성공의 답을 찾아야 한다. 주식 투자는 돈을 많이 번 세계적 경제학자 워렌 버핏처럼 장기적으로 투자해야 한다. 경제를 계속 공부하면서 꾸준히 지식을 쌓아야 하고 펀드나 주식, 선물, 그리고 블록체인기술 기반의 암호화폐 등에 투자하는 성공 노하우를 스스로 체득하여 전문적 재테크 투자자가 되어야 한다. 최근 뜨고 있는 다양한 앱테크를 이용해 보는 것도 좋다. 또한 21세기 마지막 유통 혁명이라고 불리는 네트워크 마케팅도 종잣돈이 없는 직장인들에게 유망한 성공의 사다리가 될 수 있다. 소비자를 판매자로 삼아 상품을 판매하는 네트워크 마케팅은 무점포 무자본으로 누구나 쉽게 사업에 진입할 수 있다는 장점이 있다. 소비자 입장에서도 중간에 줄어든 유통 단계로 인해 유통비와 광고비, 관리비 등이 대폭 절감된 양질의 제품을 직접 공급받을 수 있고, 소개를 통해 수익의 일부분을 받을 수 있기 때문에 매우 합리적이다. 나는 주식과 암호화폐에서 자신만의 재테크 노하우를 가지고 15년간 꾸준히 투자한 결과 일반적으로 생각할 수 있는 그 이상의 큰 경제적 수익을 거두었다. 지금까지 종잣돈 만드는 전략을 정리하면 다음과 같은 네 개의 핵심 주제로 요약될 수 있을 것이다. 종잣돈은 자신에게 재정적 성공을 가져다 줄 수 있는 씨드SEED로 네 가지 격률로 확보될 수 있다.

S 저축하라 save	종잣돈은 금액을 쌓는 과정 가운데 만들어진다. 무조건 매달 일정한 금액을 떼어 저축해야 한다.	
E 제거하라 erase	쓸데없는 지출을 줄이고, 불필요한 습관을 없애야 한다. 몸에 밴 나쁜 소비습관을 제거하지 않고 종잣돈을 모을 수는 없다.	
E 더 벌어라 earn	종잣돈을 모으기 위해서는 수입의 파이를 늘리는 게 무엇보다 중요하다. 여러 가지 부업이나 재테크를 통해 부수입을 노려라.	
D 개발하라 develop	종잣돈을 만드는 과정에서 경제적 지식을 쌓고 투자의 노하우를 개발하는 건 본인의 몫이다. 투자 경험이 어제와 다른 나를 만든다.	

SEED, 종잣돈을 모으는 네 가지 격률

경제적 습관을
만들라

습관은 양날의 검과 같다. 어떤 행동에 습관이 들었다는 건 좋을 수도 나쁠 수도 있다. 그 이유는 습관에는 책 읽기나 운동하기와 같은 좋은 습관과 담배 피기나 늦잠 자기와 같은 나쁜 습관이 언제나 공존하고 있기 때문이다. 우리의 삶에 '차이를 만드는make a difference' 좋은 습관들이라면 더없이 좋겠지만, 만에 하나 나쁜 습관이라도 들면 여간해서는 고치기 쉽지 않다. '세 살 버릇 여든까지 간다.'는 말이나 '나쁜 습관은 고치기가 힘들다Bad habits are hard to break.'라는 말이 괜히 생긴 게 아니다. 어떻게 하면 우리의 삶을 더 좋게 가꿀 수 있는 좋은 습관을 들일 수 있을까?

습관은 반복에서 나온다. 반복은 습관의 모태母胎와 같다. 시간을 정해놓고 꾸준히 반복하는 가운데 행동과 습관이 생활 속에 스며들게 된다. 그리고 그 반복이 이뤄지려면 무엇보다 내 생각부터 바꿔야 한다. 생각이 바뀌면 행동이 바뀌고, 행동이 바뀌면 습관이 바뀌며, 습관이 바뀌면 운명이 바뀐다. 영화 「인셉션」을 보면, 아주 작은 하나의 생각이 현실에서 얼마나 커다란 변화를 일으킬 수 있는지 보게 된다. 상대방의 꿈에 잠입해 그의 무의식 속에 작은 생각의 씨앗을 심어놓고 나오는 작업을 통해 당사자는 현실에서 예기치 못했던 돌발행동을 하게 되고, 급기야 나비효과처럼 그의 변화는 한 기업 전체의 사활을 좌지우지하게 만든다. 상대의 생각을 추출하는 작업보다 상대에게 생각을 심어주는 작업이 더 힘들다고 말하는 주인공의 대사 속에서 하나의 습관을 만들어내는 자그마한 생각의 변화가 현실에서는 얼마나 어려운 일인지 어느 정도 가늠할 수 있다.

생각 ➡ 행동 ➡ 반복 ➡ 습관

하나의 습관을 형성하는 사고의 회로

생각의 변화는 행동의 변화를 낳고, 행동의 반복은 종국에 습관이라는 거대한 산을 쌓아 올리게 된다. 옛말에 '티끌 모아 태산make a mountain out of a mole hill'이라는 말도 있듯이, 하나 하나의 개별적인 행동이 모여 반복이라는 체인에 묶이게 되고, 그 체인은 다시 또 다른 반복이라는 체인과 얽혀 습관이라는 '마의 산'을 솟아나게 한다. TV 「생활의 달인」에 나오는 무수한 달인들을 보자. 그들은 매일 일정 시간 손으로 초밥을 쥐고, 봉투를 접고, 지게차를 운전한다. 365일 하루도 빠지지 않고 같은 일을 반복하다 보면, 그 일이 자동적으로 자신의 몸에 붙게 되고 나아가 습관으로 굳어지게 된다. 같은 장소에서 같은 일을 십여 년 넘게 일하면 얻어지는 일정한 동작과 패턴이 몸에 스며들게 된다. 5초면 뚝딱 만들어지는 각 초밥의 중량은 말할 것도 없고 초밥에 들어가는 밥알 개수까지 정확하게 일치하는 경지에 도달하게 되는 것이다.

좋은 습관을 만드는 겨자씨 같은 작은 생각 하나가 내 인생을 송두리째 바꾸어 놓을 수 있다. 생각은 인생의 소금과 같다. 좋은 습관은 행복과 성공의 열쇠이며 성공 방정식의 상수와 같다. 나는 습관의 중요성을 십대 때부터 잘 알고 있었다. 학교 다닐 때부터 규칙적인 삶을 통해 좋은 습관을 체득하려고 부단히 노력했다. 앞서 말한 것처럼, 시간을 정해놓고 AFKN 방송을 들으며 영어 공부를 하려고 했다. 대학교수가 된 지금도 저녁이 되면 교정 뒷산을 비가 오나 눈이 오나 매일 같이 오른다. 동료들은 "이제 좀 편하게 살라."고 말하는데 이미 이러한 것들이 내 일상의 습관이 되어버렸기 때문에 마치 내 옷을 입고 있는 것처럼 루틴이 되었다. 루틴routine이라는 말은 경로route에서 나온 말이다. 사람의 인적이 닿지 않는 들길도 17번 연속으로 지나다니면 길이 난다고 한다. 아무리 풀이 무성하고 잡초가 눈앞을 뒤덮어도 사람이 주기적으로 다니면 오솔길이 만들어진다. 그러다 인적이 드물고 사람이 다니지 않게 되면, 다시금 길은 잡풀로 뒤덮이게 된다. 사람이 다니는 길(경로)이 습관(루틴)이 되는 이치는 우리 삶에서도 반복된다. 사람의 인생에 운명이라는 것이 있다면, 그 운명을 거스르는 유일한 도구가 바로 습관인 셈이다.

나쁜 생각과 행동도 습관에서 출발하고, 좋은 생각과 행동도 습관에서 비롯된다. 그렇다면 우리가 어떻게 하면 나쁜 습관을 좋은 습관으로 바꿀 수 있을까? 습관을 바꾸는 비결이 있다. 이 비결은 모두가 다 잘 알고 있는 것들이기 때문에 사실 비결秘結도 못된다. 나는 아래의 경제적 생활 습관과 건강한 생활 습관을 10대 때부터 생활화하였으며, 자녀 교육을 위한 습관과 꿈과 목표를 이루기 위한 습관은 30대 때부터 생활 속에 익혀왔다. 나 스스로 산 증인이기 때문에 이 비결은 믿어도 좋다. 특히 필자는 경영학과 교수의 입장에서 경제적 습관의 중요성을 언급하지 않을 수 없다.

인간은 누구에게나 '물적 토대'가 필요하다. 남의 것을 훔쳐오는 도둑질이 아니라면 적당한 재물은 필수적이다. 무엇보다 검소한 생활을 위해 일정한 금액을 저축하는 습관을 들이는 게 좋다. 돈을 차갑게 다루고 냉정하게 바라보는 안목이 필요하다. 돈에는 감정이 묻어있다. 첫 직장에서 받은 첫 월급, 오랜 빚을 상환하기 위해 마지막으로 넣은 돈, 어머니가 오가며 쥐어준 쌈짓돈. 이처럼 돈에는 사연도 있고 의미도 들어있다. 산업재해로 죽은 아들의 보상금을 받아 펑펑 쓰는 부모는 세상에 없다. 아무리 금액이 같다 하더라도 십여 년 정기적금을 부어 모은 청약저축과 지난 주 운 좋게 들어맞은 로또 당첨금이 당사자에게 같은 의미일 수 없다. 그래서 사람들이 '돈에는 색깔이 있다Money has colors.'고 말하는 것이다. 좋은 경제적 습관은 과연 어떻게 몸에 들일 수 있을까?

경제지표 정보에 귀를 열자

경제적 습관은 되도록 일찍 몸에 익히는 게 좋다. 돈 버는 습관은 자전거를 타는 것처럼 체득되는 사고방식의 하나다. 국내외 경제 지표 및 투자의 원리를 파악하고, 부의 창출을 통해 자아실현을 이루는 과정이 있어야 한다. 경제계에 돌아가는 뉴스와 시사에 언제나 관심을 가지고 예의주시해야 한다. 경제 상식을 알기 쉽게 정리해놓은 책을 한두 권 읽어보는 것도 좋고, 정기적으로 경제 지표를 설명해주는 강의나 방송을 챙겨보는 것도 좋다. 경제가 어떻게 돌아가는지 아는 것은 결코 단기간에 확보되는 지식이 아니다. 우선 생활습관을 바꾸고, 모든 채널과 관심의 촉수를 경제에 맞추어야 가능한 일이다. 이를 위해 경제지 하나쯤은 정기 구독하는 게 좋다. 경제신문을 정독하는 것만큼 경제상식을 쌓는 데 좋은 방법은 없다. 시중에 일간으로 나오는 굵직한 경제지에는 「매일경제신문(매경)」, 「한국경제신문(한경)」, 「서울경제신문(서경)」, 이렇게 3종이 있는데, 이중에 하나는 매일 읽는 습관을 들이자. 바쁘다면 브라우징을 통해 한 번 주욱 훑어본다. 나는 재정문제에서 해방된 지금도 매일같이 경제신문을 보며 하루를 시작한다. 내가 단순히 경영정보학 교수이기 때문에 보는 게 아니다. 헤드라인과 표제만 매일 읽어도 손쉽게 최근 돌아가는 경제에 대한 감각을 익힐 수 있고, 사람들과 대화 중에 경제에 관련된 다양한 화제들을 던질 수 있다. 무엇보다 신문에서 내 재정적 상태와 현재 시장의 흐름을 맞추어볼 수 있는 안목을 얻기 때문이다. 신문을 읽을 때는 숫자를 중심으로 기사에 접근하자. 각종 지표나 통계는 경제의 흐름을 알수 있는 리트머스지다. 신문기사에 등장하는 경제 전문용어를 그냥 지나치지 말고 하나씩 인터넷을 검색해서 의미를 이해하고 넘어가는 습관을 들인다. 어렴풋하게 알고 있는 전문용어나 경제 개념들을 정확하게 짚고 넘어가다 보면, 어느 순간 자신도 모르게 경제 지식이 쌓였음을 느끼게 된다. 경제신문은 국내 경제와 세계 경제의 흐름을 정확하고 신속하게 전달하기 때문에 경제뿐만 아니라 시사에도 많은 지식을 줄 수 있다. 물론 경제를 다루는 주간지나 격주간지도 좋다.

경제와 관련된 이슈들, 주요 분야들은 한 번씩 짚고 가는 게 좋다. 특히 통계와 인구학을 접목한 분야가 요즘 각광을 받고 있다. 인구통계학demographics은 10년 뒤 20년 뒤 다변화하는 시장의 흐름과 유동인구의 소비경향, 투자 추이를 알 수 있기 때문에 내가 투자자든 사업가든, 아니면 소상공인이든 상관없이 경제의 천리안을 갖게 해준다. 우리는 오늘의 연령과 수입, 성별, 직업, 교육 및 가족 규모와 같은 사회경제적인 요인과 관련된 인구 지표들을 통해 내일의 트렌드를 일목요연하게 읽을 수 있다. 사업가는 이 통계를 가지고 사업방향을 잡으며, 생산업자는 이 통계치를 활용하여 물건을 생산한다. 각 경제지표의 통계를 확보한 자는, 비유하자면, 타임머신을 타고 미래를 한 번 쓰윽 보고 온 것과 같다. 화투를 치는데 바로 다음 패가 보인다고 상상해 보라!

신용카드를 직불카드로 교체하라

조금 극단적인 비유를 들자면, 신용카드는 악의 축axis of evil과 같다. 생활하면서 현금을 넣어두는 지갑을 따로 마련해 두는 게 좋다. 되도록 신용카드는 들고 다니지 않는다. 신용카드는 필요 이상의 많은 지출을 불러오는 통로이기 때문에 단지 보너스와 제휴 포인트라는 명목으로 불필요한 신용카드들을 많이 만드는 건 결코 현명한 경제생활이 될 수 없다. 정말 필요한 카드 한두 개만 남겨놓고 나머지를 모두 가위로 잘라버려라! 굳이 들고 다녀야 한다면, 신용카드를 직불카드로 바꾸는 걸 추천한다. 주변을 보면, 성인인데도 아직까지 신용카드와 직불카드를 구분하지 못하는 분들이 간혹 있다. 한 마디로 일상에서 물건을 살 때 신용credit카드는 외상과 같다. 신용카드가 있으면 한 달 뒤 물품의 대금을 지불해 줄 능력이 있을 거라는 나의 신용을 믿고 돈을 받지 않았는데도 물건을 건네주는 거래가 가능하다. 반면 직불debit카드는 좀 노골적으로 말해서 물물교환barter과 같다. 내 은행의 계좌에 들어있는 돈만큼 물건을 살 수 있기 때문에 과소비나 충동구매를 원천적으로 차단할 수 있다. 비록 돈이 직접 오가는 거래는 아니지만 내가 상품을 구매할 때 해당 가게나 점포에 설치된 단말기를 통해 내 계좌의 돈이 가맹점 계좌로 자동 이체된다. 내 계좌에 충분한 돈이 없다면 거래는 이루어질 수 없다.

	직불카드	신용카드
가맹점	직불카드 가맹점(약 50만 개)	신용카드 가맹점(약 250만 개)
지불 방식	전자 이체	신용 공여
이용 한도	예금 잔액 이내	신용 한도 이내
결제 방식	구매 즉시	선 구매 후 결제(일정 결제일)
매출 자료	전표 없음(계좌간 이체방식)	개인보관용 전표 발행
이용 시간	은행공동망 가동 시간 (07:00~23:30)	24시간
할부/현금 서비스	불가능	가능
소득 공제	30%	20%
수수료율	1~2%	1.5~4.5%

직불카드와 신용카드의 특징과 장단점

경영학 교수의 관점에서 볼 때, 신용카드보다 직불카드를 들고 다니는 것이 훨씬 더 현명한 경제 습관이 될 수 있다. 카드로 할부 구매를 하거나 대출 서비스를 이용하지 않는다. 주변 지인들의 경조사나 병의원 관련 지출이 아니라면 갑자기 목돈이 들어갈 일이 거의 없다. 그 밖에 내가 갑자기 돈이 필요하다는 건 대부분 그 물건이 필요하지 않은데 맹목적 허영심이나 기시감에 빠져 구매욕을 느끼는 경우다. 할부는 빚을 지는 고속도로다. 일단 할부라는 톨게이트를 통과하면 중간에 다른 램프로 빠지거나 유턴할 수 없다. 완납이라는 IC를 통과하여 할부가 끝날 때까지 고속도로는 직진만 있을 뿐이다. 미국 소설가 저지 코진스키Jerzy Kosinski는 "은행들은 할부제도를 도입했고, 현금의 소멸과 신용카드의 도래는 미국의 삶의 형태를 뒤바꾸어 놓았다.Banks introduced the installment plan. The disappearance of cash and the coming of the credit card changed the shape of life in the United States."고 썼다.

카드 대출 역시 나 자신을 벼랑 끝으로 모는 습관이다. 손에 쥔 카드는 빚을 체감하지 못하게 내 현실감각을 마비시키는 신통한 마력이 있다. 지금 당장 지불이 이뤄지지 않는다는 점만 다를 뿐 결국 내가 오늘 긁은 카드 명세서는 한 달 뒤 어김없이 나에게 돌아온다. 카드 돌려막기를 하다가 나중에 제2, 제3 금융권을 전전하게 되고, 급기야 극단적인 선택을 하는 경우를 TV나 신문지상에서 종종 보게 된다. 애초에 충동구매를 부추기는 TV 홈쇼핑이나 인터넷 쇼핑에 접속하지 않는다. 장을 보거나 쇼핑을 할 때는 이미 사야할 물건들의 품목을 정하고 종이에 적어서 계획적인 구매 습관을 들이는 게 좋다. 배가 고플 때에는 마트에 가지 않는다. 공복 상태로 장을 보다 보면 본의 아니게 불필요한 식재료를 살 확률이 높아진다. 이 모든 그릇된 구매 습관은 신용카드에서 비롯한다.

투자의 원칙을 세워라

'땅을 파 봐도 10원 한 장 나오지 않는다.' '돈이 열리는 나무는 없다Money doesn't grow on trees.' 하지만 역설적으로 돈을 땅에 묻어 놓으면 10원이 100원으로 불어나지 않지만, 나무를 심듯이 돈을 투자하면 10원이 1,000원으로 둔갑하는 기적이 일어난다. 『성서』에 보면, 주인에게 받은 돈(달란트)을 땅에 묻은 종이 등장한다. "한 달란트 받은 자는 가서 땅을 파고 그 주인의 돈을 감추어 두었더니." 먼 나라에서 돌아온 주인은 돈을 불린 종들은 칭찬했지만, 땅에 묻어놓은 종은 게으른 종이라고 꾸짖었다. "악하고 게으른 종아! 나는 심지 않은 데서 거두고 헤치지 않은 데서 모으는 줄로 네가 알았느냐? 그러면 네가 마땅히 내 돈을 취리하는 자들에게나 두었다가 나로 돌아와서 내 본전과 변리를 받게 할 것이니라."[10] 나는 이 이야기를 투자의 원칙을 말해주는 좋은 사례라고 생각한다. 투자하지 않으면 내 재정에 아무런 일도 일어나지 않는다.

경영학에서 말하는 마태효과Matthew effect라는 개념도 여기서 만들어졌다. 이야기를 들여다보면, 결국 한 달란트를 받아 땅에 고이

---

10 「마태복음」, 25장 18절, 26~27절.

묻어두었던 종은 집에서 쫓겨나고 만다. 그리고 그가 가지고 있던 돈은 투자와 장사를 통해 다섯 달란트를 남겼던 종에게 주어진다. "그에게서 그 한 달란트를 빼앗아 열 달란트 가진 자에게 주어라. 무릇 있는 자는 받아 풍족하게 되고 없는 자는 그 있는 것까지 빼앗기리라."[11] 1968년, 미국 컬럼비아대학의 경제학과 교수인 로버트 킹 머튼Robert King Merton은 이 성구를 이용해 투자의 가치와 빈익빈 부익부로 초래되는 경제적 간극을 설명했다. 학계에서는 이를 마태효과로 부르는데, 경제적 이득을 노리는 투자가 없을 때 그 종잣돈마저 부유한 사람에게 빼앗겨 버린다는 뜻이다. 물론 그는 투자 지식도 없고 투자조차 할 수 없는 지위에 있는 경제적 약자들이 극빈층으로 전락하는 사회 구조적인 문제를 비판하는 측면도 말했지만, 나는 경제적 안정, 나아가 성공을 꿈꾸는 사람이라면 나무에서 돈이 자라게 하는 방법을 배우고 알아야 한다고 생각한다.

한 개의 파이프라인으로는 부족하다. '계란을 한 바구니에 담지 말라Don't put all the eggs in one basket.'는 건 국내외 투자의 귀재들이면 반

11 「마태복음」, 25장 28~29절.

드시 실천했던 유일한 격률이다. 투자의 출발은 정확한 분석과 동향에 따른 전략, 치밀한 시장 판단에서 시작하지만, 투자의 끝은 설명할 수 없는 육감과 동물적인 본능, 불가해한 충동, 심지어 유쾌한 오락으로 마무리 된다. 모든 것을 얻을 기회를 잡으려하지 말고 모든 것을 잃을 위험을 피하려고 해라. 똑똑한 투자자는 원하는 목표에 도달하면 자신이 벌어들인 금액을 따져보지만, 뛰어난 투자자는 원하는 목표에 도달하면 자신이 잃어버린 금액을 따져본다. 투자의 원칙은 머리로 배우는 게 아니라 가슴으로 터득하는 것이다. 앞의 드림 프레임워크 도표에 나타나 있는 바와 같이, 나는 30대에 종잣돈을 만들었고, 40대초에 투자를 시작하면서 20년 후에 100억의 가치를 실현하는 목표를 세웠다. 나는 절대 하나의 금융상품에만 투자하지 않는다. 주식과 펀드, 암호화폐, 그 밖에 다양한 금융상품에 분산 투자를 진행했고, 지금은 원하는 목표가 저 멀리 보이기 시작했다.

세상에 투자를 바라보는 두 가지 관점이 있다. 성공자go-getter의 투자원칙과 실패자loser의 투자원칙이다. 성공자는 변치 않는 불멸의 가치관을 가지고 움직이기 때문에 소소한 시장의 변화에 흔들리지 않는다. 반면 실패자는 바로 눈앞의 이익만을 가지고 움직이기 때문에 조금만 시장 상황이 바뀌어도 원칙을 헌신짝처럼 버린다. 성공자는 재산이 사람이라고 믿지만, 실패자는 건물이나 돈과 같은 물질이라고 믿는다. 성공자는 사람과의 관계를 소중하게 여기며, 귀인을 통해 발전할 수 있는 미래를 그리지만, 실패자는 어제의 친구가 오늘의 적이 되며, 가장 가까이에 있는 사람, 심지어 자신의 가족조차도 믿지 않으며 오로지 시장에서 숫자로 표현되는 것들만 의미 있는 것이라고 맹신한다.

성공자 go-getter	실패자 loser
불멸의 가치관으로 움직이는 사람 • 재산은 사람 같은 무형의 자산이다. • 부채는 적절히 굴려야 하는 것이다. • 돈은 현명하게 투자하고 관리하는 것이다. • 투자가 소비에 앞선다. • 건강이 돈에 앞선다. • 인생에서 중요한 것은 가치관이다.	**눈앞의 이익으로 움직이는 사람** • 재산은 건물 같은 유형의 물질이다. • 부채는 바로 갚아야 하는 것이다. • 돈은 있는 대로 소비하고 쓰는 것이다. • 소비가 투자에 앞선다. • 돈이 건강에 앞선다. • 인생에서 중요한 것은 돈이다.

성공자와 실패자의 투자를 보는 관점의 차이

성공자는 건강이 돈보다 소중하다. 돈을 벌기 위해 건강을 해치는 건 자살행위로 여긴다. 반면 실패자는 푼돈을 벌기 위해 자신의 건강쯤은 아무렇지 않게 여긴다. 조금이라도 더 벌기 위해 불철주야 일을 하며, 한 푼이라도 더 벌 수 있는 일이라면 건강도 가족도 크게 의미 없는 것으로 간주한다. 성공자는 인생에서 가장 가치 있는 것은 가족이라고 생각하지만, 실패자는 돈이라고 생각한다. 그래서 가족들과도 종종 송사에 휘말리며 가지면 가질수록 가족의 관계는 점점 더 멀어진다. 급기야 부부는 이혼하고 자녀는 뿔뿔이 흩어지고 만다. 반면 성공자는 성공하면 할수록 가족의 관계가 더욱 돈독해지고 부부는 더욱 금슬이 좋아진다. 여러분들은 어떤 삶을 선택하겠는가?

PART 3

성공을 보장하는
드림 로드맵

FUTURE
DREAM

CHAPTER 6

성공은
귀인을 만나면서
시작된다

자기 자신과 사랑에 빠진 사람은
최소한 숱한 라이벌들을
만나지 않는다는 장점이 있다.

게오르그 리히텐베르크^{Georg C. Lichtenberg}

'아시아의 워렌 버핏'으로 불리는 홍콩의 최대 갑부이자 청쿵그룹 CEO인 리카싱李嘉诚은 "인생에서 최고의 기회란 바로 귀인을 만나는 것이다."라고 말했다. 그는 자신을 세계 유력한 사업가로 만들어준 건 80%가 자신이 만난 귀인 덕택이었다고 고백했다. 그는 평소 만남을 귀하게 여겼고, 매일 만나는 사람마다 배움의 기회로 삼았다고 한다.『논어』「술이편」에는 "세 사람이 길을 걸으면, 그 중에 반드시 나의 스승이 있으니, 그 중 선한 것은 따르고 선하지 않은 것을 보고는 허물을 고칠 수 있다."고 하였다.[12] 필자 역시 대학 재학 시절과 현대중공업 근무 시절에 만나는 사람마다 배움의 기회를 잡기 위하여 전국 각지를 돌아다녔다. 가르침이 있는 곳이면 어디를 막론하고 찾아갔다. 가는 지역마다 성공한 분들이나 유력한 분들을 찾아서 배울 수 있는 것이면 무엇이든 귀동냥이라도 하려고 노력했다. 도쿄나 런던, 파리, 뉴욕 등지에 혼자 여행을 가거나 출장을 가면, 한 번도 빠짐없이 그 지역 유명한 인사나 학자, 전문가를 수소문해서 가르침을 청했다.

지금까지 나는 다양한 분야에서 다양한 생각을 가진 많은 사람들을 만났다. 호텔 사업가 배치홍, 김용범 한의원장, 치킨집, 일식당을 비롯한 다양한 자영업자들, 뙤약볕에서 일하는 농부의 삶, 새벽 어스름에 만난 어부의 삶, 탄광촌에서 만난 광부, 운동선수 겸 체육관 관장, 깊은 산속 암자에 기거하는 스님, 도시 한복판에서 만난 목사님, 성탄절에 만난 신부님, 고교 교사, 대학교수, 고급 술집 여사장, 약국

---

12 三人行 必有我師焉 擇其善者而從之 其不善者而改之.

약사, 고급 공무원, 술 한 잔 나누었던 조폭 두목, 택시 기사, 보험 영업사원, 경찰관 등 내가 특별히 애정을 가지고 노력하지 않았다면 마주치지 못했을 각양각색의 사람들을 만났다. 그들에게서 배운 지혜와 인생은 책에서 읽고 깨달은 진리와 또 다른 맛을 전해준다. 책이 고작 활자를 통해 간접적인 가르침을 주었다면, 내가 만난 사람들은 그들의 삶으로, 그들의 모습으로, 그들의 표정과 손짓으로 직접적인 가르침을 선사했다. 그 가르침은 내 체계적인 지식과 누적된 사실들의 폭과 넓이를 넘어서는 것들이며, 나아가 내 사유를 점령하는 사고의 틀을 벗어나는 것들이다. 삶의 시련과 고통, 그 사이에 노력과 성취 및 행복, 인간의 비애와 푸념, 유산자와 무산자의 차이, 가방끈이 긴 사람이 언뜻 보여준 곡학아세, 물리적 한계에서 느껴지는 굴종과 운명의 수레바퀴에 깔려 비명을 지르는 군상들의 처절함 등등 그들의 삶을 배우고 느끼며 깨달아 나의 꿈과 목표를 설정하는 일에 자양분이 되었다. 아무리 잘났어도 난 고작 인생이라는 무대에 서 있는 일개 배우에 불과하다. 내가 그 많은 사람들의 인생을 한꺼번에 살 수 없는 노릇이다.

내가 타인에게 배움을 청한다는 것은 인간은 홀로 살아갈 수 없는 존재라는 사실을 적극적으로 인정하고 있다는 뜻이다. 아무리 훌륭한 능력을 가진 사람이라 할지라도 나와 함께 이웃하며 살아가는 배우자, 이웃과 동료, 친구, 동네, 도시, 사회가 없으면 단 하루도 삶을 연명할 수 없다. 사람을 만나면서 자고함이 아닌 겸손함을 배운다. 흔히 인간에게는 다섯 개의 피부가 있다고 한다. 오스트리아의 화가이자 건축가 겸 환경운동가인 훈데르트바서Friedensreich Hundertwasser

는 인간에게 표피, 의복, 집, 사회적 환경과 정체성, 전 세계 환경이라는 다섯 개의 피부가 있다고 정의했다. 우리는 내 근육과 살점을 뒤덮고 있는 피부만 진짜 피부라고 인식하며 살아가지만, 사실 우리를 감싸고 있는 피부는 원근적 척도로 볼 때 훨씬 다양하면서 확장성을 가지고 있다. '호랑이는 죽어서 가죽을 남기고 사람은 죽어서 이름을 남긴다.'고 하는데, 사실 인간이 이름을 남길 수 있는 건 사회적 환경이라는 가죽이 우리 외피로 존재하고 있기 때문이다. 우리는 첫 번째 피부만 피부라고 의식할 뿐 일상에서 나머지 피부들은 전혀 의식하지 못하고 살아간다. 피부는 단순한 단백질 막이 아니라 근육과 장기 같은 몸의 핵심적 요소들을 보호하고 체온을 조절하고 호흡을 원활하게 하는 것과 같은 신체 유지 역할을 하는 필수적인 기관의 하나다. 또한 피부를 통해 외부의 사물들을 지각하며 촉각을 통해 일정한 사물의 인식을 돕기도 한다. 만약 피부가 없다면 인간의 몸은 기존의 형태를 유지할 수 없을 것이다. 마찬가지로 피부에 걸칠 옷이 없다면, 우리는 금세 얼어 죽고 말 것이다. 옷이 있더라도 비를 피할 집이 없다면, 나아가 사회관계가 없다면, 더 나아가 지구라는 피부가 없다면, 우리 인간들은 결코 삶을 영위할 수 없을 것이다.

제1의 피부	인간의 육체를 두르고 있는 피부로 가장 일차적인 외피이며 누구나 갖고 있는 껍질이다. 피부가 없으면 인간은 바로 사망한다.
제2의 피부	인간이 피부 위에 걸친 옷으로 의식주의 기본이며 피부 외에 가장 초보적인 껍질이다. 옷이 없으면 인간은 동물로 전락한다.
제3의 피부	인간이 거주하는 집으로 의식주의 기본이며 인간이 누리는 가장 기본적인 삶의 단위가 된다. 집이 없으면 노숙자로 살게 된다.
제4의 피부	인간이 사회생활 중에 갖는 정체성과 인간관계로 물질적 단위를 넘어선 첫 번째 껍질이다. 관계가 없으면 외톨이로 살게 된다.
제5의 피부	인간이 발을 디디고 사는 지구라는 환경으로 인간이 점유할 수 있는 공간의 한계다. 지구가 없는 인간은 상상할 수 없다.

훈데르트바서가 말한 인간에게 필요한 다섯 개의 피부

훈데르트바서가 깨달았던 것은 생물학적 피부만 인간을 보호해주는 기관이 아니고 비-생물학적인 피부, 즉 사회적인 피부와 환경적이고 물리적인 피부도 인간에게 중요한 생존 기관이 된다는 점이었다. 나는 나를 둘러싼 사람들, 내가 만난 귀인들, 이제껏 만들어왔던 인간관계가 나에게 아주 중요한 외피가 된다고 믿는다. 그 외피는 나에게 적절한 소속감을 주며, 내 삶의 근거와 이유를 제공해주고, 나아가 내 꿈을 이루는 데에 없어선 안 될 중요한 원천이 된다. 사람은 벌거숭이로 태어나 벌거숭이로 죽는다. 그러나 그 사이에 벌거벗은 몸birthday suit을 가려줄 옷과 집을 얻게 되고, 살면서 나에게 정체성을 안겨주는 관계의 외연도 만들게 된다. 이 관계의 피부들은 오늘도 내가 중요한 사람이며, 확고한 목표를 이루기 위해, 분명한 목적성을 갖고 이 땅에 태어난 존재임을 각인시켜준다. 나에게 만남은 운명이다.

만남은
운명이다

나는 개인적으로 '자수성가自手成家'라는 말을 싫어한다. 자기 힘으로 성공을 일구어낸 자립가self-made man는 동화 속에서 존재하는 인물이지 현실에서는 거의 찾아볼 수 없다고 믿는다. 나는 평생 무수한 사람들을 만나며 그들과 함께 호흡하고 교류하며 무한한 영감과 영향을 받는다. 아리스토텔레스는 이런 인간을 두고 '폴리스적 인간'이라고 말했다. 고대 그리스의 도시국가 폴리스는 인간의 사회성을 직접적으로 보여주는 좋은 상징이다. 인간은 군중의 아고라를 떠나서는 살 수 없는 폴리스적 존재다. 폴리스는 벌집과 같다. 벌집에서 축출된 벌은 제아무리 힘 있고 능력 있다 하더라도 곧 죽고 만다. 인간 역시 관계의 폴리스에서 벗어나면 도저히 삶을 이어갈 수 없다. 성공에 독불장군maverick은 없다. 그래서 도편추방

제ostracism를 통해 폴리스에서 추방되는 판결은 개인에게 최고의 형벌이었다. 인간은 사회라는 그물망에 놓여 전체가 함께 유기적으로 움직이며 살아간다. 나의 성공 역시 나 하나 잘나서 이룬 게 아니라 그러한 모든 유기적 관계가 낳은 결과다. 따라서 개인의 성공은 그 사회 전체의 성공이기도 하다.

> "기업가인 마이클 피시먼Michael Fishman은 이렇게 말한다. '자수성가는 환상이다. 하늘이 보내준 수많은 사람이 있었기에 당신이 지금과 같은 삶을 살게 됐다. 얼마나 감사하고 있는지 반드시 그들에게 알리도록 하라. 예컨대 당신의 배우자, 동업자, 고객을 소개해준 사람을 당신에게 소개해준 사람까지 거슬러 기억해내고 감사 인사를 하라.' … 당신이 누리는 모든 혜택이 가능하도록 해준 희생도 당신 힘으로 얻는 것이 아니다."[13]

아이디어는 많은데 그 아이디어를 실행하지는 못하는 사람들을 알고 있는가? 이들은 아이디어를 실행하도록 도와줄 협력자들이 필요하다. 아무도 거들떠보지 않는 명화를 그리는 화가는 어떤가? 그들은 그림 판매를 도와줄 동료들이 필요하다. 시골에 그렇고 그

---

13 『최고의 변화는 어디서 시작되는가(비즈니스북스)』, 김미정 역, 248쪽

런 무명의 화가 반 고흐가 최고의 화가로 거듭나기 위해서는 자신의 작품 활동을 지원해줄 동생 테오가 필요했다. 경매에서 고흐의 「해바라기」가 3,990만 달러에 낙찰될 때에 테오의 이름을 기억해준 사람은 아무도 없었다. 그 누구도 고흐의 「별이 빛나는 밤」을 보면서 모델을 고용할 돈도 없어 매일 정물화와 풍경화만 그렸던 가난한 형에게 암스테르담 화구상 직원으로 일하며 매달 물감이며 붓이며 사서 보내주었던 동생의 이름을 떠올리지 않는다. 1888년 10월 24일, 고흐는 동생 테오에게 이렇게 편지를 썼다. "너의 짐이 조금이라도 가벼워지기를, 될 수 있으면 아주 많이 가벼워지기를 바란다. 아무리 생각해도 나에겐 우리가 써버린 돈을 다시 벌수 있는 다른 수단이 전혀 없다. 그림이 팔리지 않는 걸, 그러나 언젠가는 내 그림이 물감 값과 생활비보다 더 많은 가치를 가지고 있다는 걸 다른 사람도 알게 될 날이 올 것이다." 고흐에게 이런 동생이 없었다면 오늘날 우리가 감상하는 천재화가의 이 위대한 작품들을 구경이나 할 수 있었을까?

멋진 이야기는 있지만 글을 쓸 줄 몰라 소설을 쓰지 못했던 작가는 또 어떤가? 12세기 독일 빙엔의 베네딕트 수녀 힐데가르트에게 협력자가 없었더라면 『스키비아스』라는 위대한 작품은 탄생할수 없었을 것이다. 중세시대, 글을 읽고 쓸 줄 몰랐던 문맹을 극복하고 여자의 몸으로 예술가이자 작가, 현대적 개념의 카운슬러, 언어학자, 자연과학자, 철학자, 의사, 작곡가로 시대를 초월하는 방대한 작품을 남길 수 있었던 결정적인 이유는 그녀의 옆에 글을 받아 적어준 수사修士 폴마르가 있었다는 것이다. 무궁무진한 아이디가 있는 발명가들과 훌륭한 아이템이 있는 사업가들에게는 투자자가, 멋진 멜로디를 쓰는 작곡가들에게는 작사가가, 세계적인 마라토너들에게는 코치가 필요하다. 오성에겐 한음이, 베트맨에게는 로빈이 필요하다.

함께 손잡고 가야한다. 혼자서 갈 수 없다. 성공으로 오르는 길은 고독한 레이스가 아니라 파트너와 뚜벅뚜벅 함께 걸어가는 2인3각 경기다. 「터미네이터」 시리즈로 유명한 영화배우 아놀드 슈왈츠제네거는 함께 손잡고 가야하는 성공의 원리를 이렇게 표현했다. "명심하라, 두 손을 주머니에 찔러 넣은 채로 성공의 사다리를 오를 수 없다는 사실을Just remember, you can't climb the ladder of success with your hands in your pockets." 위에서 끌어주고 밑에서 밀어준 사람들이 있었기에 지금의 내가 있는 것이다. '나는 절대 다른 사람의 도움 따윈 안 받겠어'라고 말하는 건 자신감의 발로가 아닌 무력감의 표현일 뿐이다. 나 역시 지금의 위치에 오르기까지 잊지 못할 도움을 준 많은 사람들이 있다. 물론 당시에 그 도움이 큰 힘이 되었던 적도 있지만, 상당한 시간이 흐르고 나서 그 사람이 내 인생에 귀인이었다는 사실을 깨닫기도 한다.

귀인貴人을 만나는 것도 능력이고 재주다. 귀인을 만나는 데 필요한 능력은 내가 만나는 사람이 나에게 귀인인지 알아볼 수 있는 안목밖에 없다. 우리는 누구나 거의 공평한 비율로 귀인을 만난다. 옥스퍼드대학 진화심리학자 로빈 던바Robin Dunbar는 예나 지금이나 한 개인이 맺을 수 있는 사회적 관계망에 150명의 사람들이 존재한다고 주장했다. 이른바 경영학에서도 종종 언급되는 던바의 수Dunbar's number라고 하는 이 개념은 SNS가 활발한 요즘에도 여지없이 입증되고 있다. 문제는 여기에 반드시 두세 명 이상의 귀인이 존재한다는 사실이다. 귀인은 공기처럼 누구에게나 공평하게 주어진 확률이다. 이 확률 게임에서 승자가 되려면, 끊임없이 내가 만나는 사람이 나에게 귀인인지 알아볼 수 있어야 한다. 꾸준히 내 주변에 귀인을 찾아라. 꼭 높은 지위에 있으면서, 나보다 더 나은 경력이나 학력을 가진 사람이 귀인의 자격을 가진 건 절대 아니다. 남녀노소 지위고하를 막론하고 나의 인생에 결정적인 터닝포인트를 줄 수 있는 귀인이 될 수 있다. 당장 나가서 만나라! 그래서 '만남은 운명이다Encounter is destiny.'

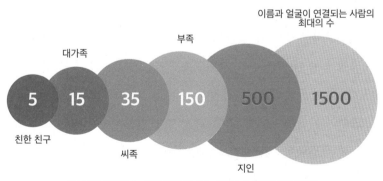

도식화한 던바의 수: 우리가 제대로 아는 사람은 사실 150명밖에 없다.

물론 이 던바의 수는 내가 사회적 관계를 통해 중심추가 이동해 가면서 함께 변동된다. 내 인맥에 붙고 떨어져 나가고를 반복한다. 그 많은 지인들 중에서 내 인생에 불가역적인 영향을 미칠 수 있는 사람을 골라내는 것, 그것이 능력이고 안목이며, 실력이다. 돌이켜 보면, 내가 만난 그 숱한 사람들 중에 나에게 귀인으로 기억되는 사람들은 손에 꼽을 정도다. 나에게 어떤 귀인들이 있었을까? 앞서 언급했지만, 이명희 선생은 중학교 시절 필자가 영어공부를 열심히 할 수 있도록 격려와 칭찬을 해주신 은사님으로 오랜 세월이 지났지만 지금도 잊히지 않는 귀인이다. 방통고 시절, 나에게 『성서』를 소개해주셨던 노창훈 선생도 세상을 바라보는 안목을 바꿔주신 소중한 분이다. 내가 대구 중부경찰서 서문로파출소 사환으로 있을 때, 열심히 공부할 수 있게 도와주셨던 최문상 차석과 여의백 순경, 울산대 학사 시절에 훌륭한 인간성과 노력으로 학문적 능력을 인정받는 법을 가르쳐 주셨던 배재학 교수와 김지승 교수, 늦깎이로 경북대대학원 석 박사를 시작한 나에게 진정한 학문의 세계를 보여주시고, 내가 대학교수로 자리 잡을 수 있도록 물심양면 지원해 주셨던 정경수 지도교수, 한국경영정보학회와 다른 학술단체를 이끌 수 있도록 지원해 주시고 격려해 주신 오재인 단국대 교수와 한인구 KAIST 교수, 학술 연구 활동에 많은 정보와 지혜를 주셨던 김종욱 성균관대 교수, 학생들의 취업과 투자를 도와준 박정병 ㈜디알젬 대표이사도 내 인생에 잊을 수 없는 귀인들이다.

기억에 남는 건 방통고 시절, 노창훈 선생은 담임으로 수학을 가르치셨는데, 나에게 『성서』를 소개해 주셨다. 그리스도교 경전을 넘어서 『성서』는 세계적인 베스트셀러라며 역사적으로 많은 지혜와 가르침을 담고 있기 때문에 꼭 한 번 읽어 보라고 이야기해 주셨다. 그분 덕분에 진지하고 고상한 신앙을 배우는 계기가 되었고, 힘들고 어려운 일이 생길 때마다 기도하는 습관이 자연스럽게 생겼다. 20대 후반, LG에 다닐 때에는 신실한 직장 동료 박천수 집사가 그리스도인으로 나에게 많은 영향을 미쳤다. 주말마다 장애인시설에 가서 자발적으로 목욕 봉사나 돌봄 봉사를 했는데, 빛과 보수를 따지지 않고 그가 펼치는 진심어린 활동에 개인적으로 깊은 감명을 받았다. '저런 게 바로 그리스도인의 모습이구나.' 말로만 봉사한다고 하지 손수 팔을 걷어붙이고 직접 도움의 손길을 내미는 사람은 극히 드물다. 나는 언행일치言行一致의 표본과도 같은 그에게 끌렸다. 급기야 나도 그와 함께 종교 활동과 봉사 활동을 같이 다니면서 신앙에 불이 붙었다. 장애인들 목욕 봉사도 하고, 고바위 판자촌에 연탄을 날라주기도 했다. 그가 나에게 미친 영향력은 매우 지속적이었고 강력했다. 내가 신학대학원을 진학해서 목회자의 길을 가려고 1년간 고민할 정도였으니까.

내가 공부를 할 수 있도록 도움을 준 귀인들은 특히 잊을 수 없는 은혜를 베푼 분들이다. 대입 검정고시를 합격한 이후, 대학 입시를 준비하면서 대구에서 가장 유명했던 대영학원에 다니게 되었다. 예나 지금이나 대학 입시는 선생의 도움 없이 100% 독학으로 치를 수 있는 수준의 시험이 아니다. 한동안은 혼자서 열심히 공부했으나, 막상 수학이나 영어에 질문이 생겼을 때 혼자서 해결할 수 있는 방법이 없다 보니 답답하고 막막했다. 게다가 당시엔 지금처럼 흔한 인터넷 강의도, 변변한 교재도 없다 보니 문제의 원리를 이해하지 못하고 처음부터 끝까지 무작정 암기할 수밖에 없었다. 이러면 안 되겠다 싶어 입시학원을 찾아갔다. 다행스러운 건 학원의 상담실장 김용호 선생이 그런 나를 특별장학생으로 선발해줘서 1년간 장학생으로 공부할 수 있는 기회를 주셨다는 점이다. 그의 배려는 선생 없이 헤매던 나에게 한줄기 등댓불과 같았고, 언감생심 학원은 꿈도 꾸지 못할 처지였던 당시 경제적으로도 큰 도움이 되었다. 그 은혜의 힘으로 더욱 열심히 공부해서 이듬해 무리 없이 대학에 들어갈 수 있었다. '하늘이 무너져도 솟아날 구멍은 있다Every cloud has a silver lining.' 내가 대학에 다니고, 졸업 후 현대중공업에 취직해서 근무하던 시절까지 약 5~6년 동안 매년 스승의 날 때면 편지를 쓸 정도로 고마움을 잊지 않았다. 앞서 말했지만, 현대중공업을 다닐 때, 전산실에 근무하던 채규대 실장도 내 근무시간을 밤으로 돌려준 귀인이다. 그 덕분에 낮에 대학에 다니며 학업의 꿈을 이어갈 수 있었다. 그가 내 처지를 이해하고 배려해주지 않았더라면 지금의 나는 없었을 것이다. 전산실 근무도 나에게 맞게 바꿔주고 여러 편의를 봐주었다.

과거만 아니라 현재에도 나를 도와주는 귀인들이 많다. 『마르 퀴즈 후즈후』에 등재를 도와주시고, 영국 국제인명기관에 추천해 주셨으며, 블록체인 기술과 암호화폐에 일가견이 있으신 임명환 ETRI 책임연구원(UST 교수), 그는 나의 학문적 동지이면서 저술 활동도 함께 수행하는 도반이다. 4차 산업혁명의 핵심 기술로 평가받는 블록체인과 암호화 기술에 있어 우리나라 1인자라고 해도 과언이 아닌 전문가로 나에게 많은 자극이 되는 귀인이다. 그가 소개해준 암호화폐 투자도 내가 진정 재정문제에서 자유로워질 수 있는 또 다른 목표를 바라볼 수 있게 해주었다. 그뿐 아니다. 내 인생의 멘토로서 홍보역을 자임하시는 윤일기 남서울대 광고홍보학과 교수는 이 책을 저술하는데 많은 지지와 격려를 해주고 있다. 그가 아니었으면 책이 많이 늦어졌을 것이다.

귀인은 서로가 노력하여 만들어 가는 것이다. 나는 자신의 삶에 도움이 되는 사람을 어떻게 하면 만날 수 있는지에 대해 청년과 제자들, 후배, 그리고 지인들에게 이렇게 말한다.

어떻게 나를 성공으로 이끌어줄 인생의 귀인을 만날 수 있을까?

첫째, 스스로 노력하여 나부터 인간성 좋은 귀인이 되어야 한다.
둘째, 나부터 매사에 성실하고 솔선수범하는 사람이 되어야 한다.
셋째, 본인이 노력하여 탁월한 능력의 사람이 되어야 한다.
넷째, 남이 성공할 수 있도록 지원하고 베풀어야 한다.
다섯째, 대가를 기대하지 말고 말없이 봉사해야 한다.
마지막으로, 위의 내용을 습관화하여 실천해야 한다.

내가 먼저 남에게 귀인이 되면 나도 귀인을 만날 수 있다.

인생의 귀인 중에 가장 귀한 사람은 아무래도 아내일 것이다. 20대 후반, 드림 프레임워크를 작성하면서 나는 그전까지 막연하게 생각했던 결혼에 대해 진지하게 숙고해보는 기회를 가졌다. '나는 어떤 사람이 적당할까?' '나와 함께 인생을 걸어갈 사람은 누구일까?' 당시 내가 생각하던 배우자상은 부모와 형제 등 가족이 고르게 있고, 성장 과정이 나와 비슷한 사람, 근면하고 검소하며 성실한 사람, 상황이나 현실에 불평하지 않고 꿈을 갖고 늘 도전하는 진취적인 사람이었다. 내가 그런 사람이 되겠다고 마음먹으니 자연스럽게 평생 함께 살 배우자도 그런 사람이 필요하다고 느꼈다. 한창 결혼에 대한 생각이 무르익자 어떻게 알고 주변 지인들이 사람을 소개해줬다. 생각이 환경을 바꿀 수 있다. 자신 안에 뜻이 가득 찰 때, 그 뜻을 이룰 수 있는 환경이 자연스럽게 만들어지는 법이다.

1988년 5월 21일, 아는 지인의 소개로 한 분의 현숙한 여성을 만나게 되었다. 만나서 대화를 나눠보니 처음 만난 사이가 아닌 오래 전부터 잘 알고 있었던 사람을 만나는 것처럼 분위기가 익숙하고 편안했다. 나와 성격도 맞았고, 관심분야나 가치관도 비슷했다. 무엇보다 그녀 역시 나처럼 꿈을 꾸는 사람이었다. 특히 내가 마음에 들었던 부분은 낙관적이고 차분한 성격이었다. 그 이후로 우리는 처음 만난 연인 같지 않게 급속도로 서로에게 호감을 느끼며 가까워졌다. 서로를 존중하고, 동시에 서로를 탐닉하는, 뜨거운 애정의 관계를 맛보게 되었다. 나에겐 첫 이성이었다. 가곡의 아버지로 불리는 프란츠 슈베르트는 "진정한 친구를 찾은 남자는 행복하다. 자신의 아내에게서 진정한 친구를 발견한 사람은 훨씬 더 행복하다Happy is the man who finds a true friend, and far happier is he who finds that true friend in his wife."고 했다. 처음 만난 이성이 내 평생의 반려자가 되는 경우가 많지 않은 현실을 두고 보면 난 말 그대로 상당히 운이 좋은 편이다. 생애 첫 번째 여자가 아내가 되고 반려자이자 인생의 귀인이 되었으니 말이다.

첫 만남이 있은 지 1주일 뒤, 나는 가슴 깊숙이 '이 사람이다!'라는 확신이 들었다. '쇠뿔도 당김에 빼라.'고 그녀에게 프러포즈를 했다. '용감한 자가 미인을 얻는다None but the brave deserves fair.' 번갯불에 콩 구워 먹는 것처럼 속전속결로 결혼 날짜까지 밀어붙였다. 그렇게 무언의 승낙을 받아서 결혼한 그녀가 지금의 아내다. 누구는 한 달 만에 어떻게 평생의 반려자를 결정할 수 있느냐 반문한다. 순간의 욕정과 휘발적 감정에 눈이 멀어 내린 결정은 평생 인생의 오점을 남기는 선택을 한다. 남녀의 심리 차이를 과소평가하면 상대에 대해 내가 내린 판단이 옳다는 착각을 하기 마련이다. 이성에 대한 이해는 동성에 대한 이해와 본질적으로 다르다. 그렇다면 나는 어떻게 한 달 만에 인생의 짝지를 만날 수 있었을까? 평소 내이상형Ms. Right을 염두에 두고 끊임없이 상대를 파악하는 안목을 갈고 닦으면 가능하다. 귀인을 찾는 안목 중에서 단연 최고봉은 배우자를 찾는 안목이다.

남자는 여자를, 여자는 남자를 잘 만나야 한다. 바보 온달은 평강공주를 만나면서 나라를 대표하는 장수로 우뚝 설 수 있었다. 천애 고아였던 떠돌이 무함마드 역시 자신보다 15살이나 많았던 과부 하디자를 만나면서 이슬람교는 시작되었다. 아라비아반도 히라 동굴에서 무함마드가 첫 계시를 받았을 때, 남편의 이야기를 흘려듣지 않고 마음에 새겼던 현숙한 아내 하디자는 이슬람교를 믿은 첫 번째 개종자가 되었다. 무함마드에게 그녀가 있었기 때문에 세계 17억 인구가 믿고 따르는 세계적인 종교가 탄생할 수 있었다. 「잠언」은 "누가 현숙한 여인을 찾아 얻겠느냐? 그 값은 진주보다 더하니라."고 말한다.[14] 내가 처음 본 아내야말로 바로 그 '현숙한 여인'이었다. 나는 양가의 허락을 받고 1988년 6월 19일 대구에 있는 파크호텔(지금의 인터불고 대구)에서 결혼식을 치렀다. 원래 조용하고 품위 있는 결혼식을 꿈꿔왔던 내 의견을 존중해서 지인들만 초청해 차분하고 정갈한 식을 가졌다. 아내를 만난 지 한 달 만에 초고속으로 결혼식을 했지만, 결혼생활 30년이 다 되어가는 지금도 서로를 아끼고 사랑하며 살고 있다. 처음 아내를 만났던 때, 내가 생각했던 아내에 대한 판단은 전혀 빗나가지 않았다. 아내는 내 삶에 사고처럼 닥친 뜻밖의 행운이다. 영어로 행복happy은 예상을

---

14 「잠언」, 31장 10절.

뒤엎고 불시에 일어난 일hap에서 유래했다. 그 유쾌한 일을 우리는 종종 해프닝happening이라고 한다. 해프닝은 지루한 인생의 반전happenso이며, 우연한haphazard 행운과 같은 사고다. 해프닝이 없는 인생은 역겨울 정도로 권태롭고 느꺼울 정도로 고달프다.

나에게 인생의 반전처럼 다가온 아내의 내조는 뒤늦게 공부를 시작했던 학자로서의 행보에 지대한 역할을 했다. 아내 역시 긍정의 힘을 가진 미래지향적 여성이었다. 아내는 어린 시절 여자상업고등학교를 졸업하고 은행에 3~4년 근무하다가 뜻한 바가 있어 직장을 그만 두고 다시 공부를 해서 국립대학교 사범대학에 우수한 성적으로 입학한 독종이었다. 졸업 후 바로 중등교원으로 임용되어 첫 발령지로 경북 울진에 있는 죽변중학교에 근무하고 있던 중에 나를 만났다. 아내가 그간 걸어온 인생의 발자취가 나와 쌍둥이Doppelgänger처럼 닮아 있어서 깜짝 놀랐다. 무엇보다도 아내가 나처럼 공부를 좋아하는 사람이라는 점이 마음에 들었다. 여상을 졸업하고 직장에 다니다가 일을 그만 두고 다시 대학에 진학하는 게 말처럼 그렇게 쉬운 일이 아닌 걸 나는 잘 알고 있다. 현실이라는 무대에 주인공을 주저앉히는 무수한 주변의 악조건들과 넘을 수 없는 한계들이 많았을 텐데, 그 모든 것들을 다 극복하고 꿈을 이룬다는 건 정말 대단한 일이다. 인생이나 역사에 '만약'이란 가정은 무의미하지만, 만약 아내가 여상을 졸업하고 그대로 은행원으로 눌러 앉았다면, 사범대학에 진학하지 않아 교원이 되지 못했다면, 미혼으로 경북 울진에 있는 한 중학교에 임용되지 못했다면, 아마 나와 부부의 인연은 없었을 것이다. 이것이 바로 해프닝이다.

인생의 '해프닝'을 '해피'로 바꿀 수 있는 건 관찰력이라는 안목에 의해 좌우된다. 미국인들이 가장 사랑하는 영화배우 윌 로저스Will Rogers는 "사람들의 생각은 논증이 아닌 관찰을 통해 바뀐다People's minds are changed through observation and not through argument."고 했다. 때로는 일장 연설보다도 정확한 관찰이 사고방식을 바꾸는 데 도움을 주기도 한다. 사람들의 언변에 선동당하는 것보다 직접 내 눈으로 보는 것이 더 정확하기 때문이다. 사람에 대한 무수한 평가들보다 내가 직접 상대를 만나서 겪어보는 게 제일 빠르다. 그래서 백문이 불여일견, '천 마디 말보다 한 번 보는 게 낫다A picture is worth a thousand words.'라고 하나보다. 하지만 사람들은 안목과 관찰력을 기르기보다 남들의 비평과 평가에 목을 매는 경우가 많다. '내가 이

인생은 해프닝이며, 반전이다.

렇게 보았다.'는 토대에 서 있기 보다는 '남들이 이렇게 말하더라.' 는 지반에 올라서기를 원한다. 노벨문학상을 받은 평론가 조지 버나드 쇼는 "정확한 관찰력은 보통 그런 능력을 갖지 못한 사람들에 의해 냉소주의로 불린다The power of accurate observation is commonly called cynicism by those who have not got it."고 말했다. 귀인을 만나고 사람을 이해하는 능력의 8할은 관찰력에서 나온다. 자신의 배우자를 고를 수 있는 안목은 SNS 대문에 걸린 사진 몇 번 보는 것만으로 얻어지는 게 아니다. 귀인을 알아보는 관찰력은 어떻게 기를 수 있을까?

광고 기획자 최장순에 따르면, 주변 사물과 사람들을 바라보는 방식에 따라 세상에는 크게 두 가지 타입의 사람이 있다고 한다. 원심력이 강한 사람과 구심력이 강한 사람. 잠깐 그의 말을 들어보자.

"관찰의 원심력과 구심력, 사람에 따라 그 세기가 제각각이다.
관찰의 구심력이 강한 사람:
연애를 할 때, 자기 자신에 대한 관찰과 집중에만 온갖 신경을 쓰고 상대방에 대한 관찰을 소홀히 하면 그 관계는 오래가지 못한다. 건강하지 못한 방식으로 자아가 강한 사람들이다. 이런 부류의 사람들은 연애를 할 때뿐 아니라 동료들이 하는 말, 직장 상사가 하는 말도 기억하지 못하고 업무를 제대로 이해하지 못하는 경우가 많다. 반면, 자기 자신의 변화에는 무척 민감하다. 자기 몸 상태의 변화나 자기 운명에만 집중하는 경향이 있다. 자기 연민이 강하며, 자기에 대한 즉각적 관찰에만 집중한다. 특정 집단에 대한 소속감이 약한 경우가 많고, 세상에 쉽사리 적응하지 못하는 경우도 많다. 자신을 제외한 대부분의 외부 대상에 무심한 편이다. 즉각적으로 자기 이익에 도움이 되지 않는 것들에 지나칠 정도로 관심을 두지 않는 유형.

관찰의 원심력이 강한 사람:

지나치게 자기 자신에 집중하지 못하고 자기를 관찰하지 못하는 경우가 있다. 외부의 변화에 민감하고 유행에 지나치게 밝아 정작 자기중심을 확보하지 못하는 사람들이다. 그런 류의 사람들이 걸어온 행보를 보면 지나칠 정도로 일관성이 없다. 직업이 바뀌어온 과정에서 그 사람의 철학을 파악하기 힘든 사람들도 많다. 그/그녀들은 자기 몸이나 생각의 변화가 어떤 궤적을 그려왔는지 잘 알지 못한다. 건강을 잘 챙기지 못하는 사람들도 많고 자기가 주장해왔던 생각이 무엇인지, 자기가 했던 말이 무엇인지도 금세 잊는 타입들이다. 환경 변화에 민감해 자기주장을 번복하고 대세에 순응하며 임기응변에 능한 타입."[15]

---

15 최장순, 『기획자의 습관(홍익출판사)』, 41-42쪽.

적절한 구분이다. 광고 기획자답게 관찰력의 근본적 속성을 잘 파악했다. 그의 말대로, 관찰에는 두 가지 힘이 작용한다. 하나는 자기중심적인 구심력, 다른 하나는 외부지향적인 원심력이다. 둘 중 어느 것도 귀인을 만나는 안목을 키우는 데 완벽하지도 완전하지도 않다. 물리학에서 두 힘은 서로 길항관계에 있지만, 인간관계에서 두 힘은 상보관계에 있다. 두 힘의 적절한 조화만이 바람직한 안목과 관찰력을 낳는다. 원심력과 구심력 중에서 어느 하나의 힘이 지배적일 때, 바깥으로 튕겨져 나가든가 아니면 안으로 파고들 수 있기 때문이다. 두 가지 관찰력을 도표로 정리하면 다음과 같다.

관찰의 구심력과 원심력은 관점의 각도angle로 설명할 수도 있다. 자연계를 들여다보면 동물 중에 서로 다른 시야각을 가진 것들

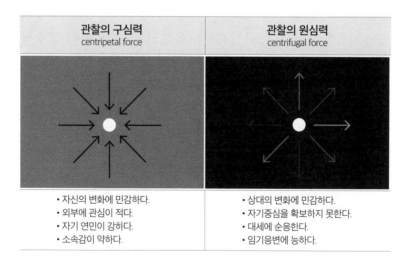

관찰의 구심력 centripetal force	관찰의 원심력 centrifugal force
• 자신의 변화에 민감하다. • 외부에 관심이 적다. • 자기 연민이 강하다. • 소속감이 약하다.	• 상대의 변화에 민감하다. • 자기중심을 확보하지 못한다. • 대세에 순응한다. • 임기응변에 능하다.

관찰력의 두 가지 접근 방식

이 있다. 동물의 왕국에는 좁은 시야각을 가진 종들과 넓은 시야각을 가진 종들이 뒤섞여 살아간다. 흥미롭게도 자연에서 더 강한 종은 더 좁은 시야를 가지고 있다. 어떤 동물이 다른 동물에 비해 더 유리하고 불리하지는 않다. 각기 장단점이 있을 뿐이다. 포식자와 피식자의 대비는 이에 대한 분명한 예를 제공한다. 포식자 종과 피식자 종을 구별하는 주요 특징은 발톱이나 생물학적 무기와 관련된 어떤 다른 특징의 존재가 아니다. 중요한 특징은 '눈의 위치'에 있다. 호랑이나 표범, 사자와 같은 포식자는 보통 눈이 앞에 달려 있다. 이들의 눈은 정면을 향하도록 진화했고, 이것은 사냥감(타깃)을 쫓을 때 정확한 거리 감각을 제공한다. 이들의 눈을 이른바 양안시兩眼視라고 하는데, 두 눈이 초점을 두고 있는 목표물까지의 거리와 그 목표물의 크기 및 형태를 파악하는데 최적화되어 있다. 반면 사슴이나 양, 염소 같이 대부분의 초식동물들은 눈이 옆에 달려 있다. 이들의 눈은 주변 시야를 최대한 벌려 바깥쪽을 향하도록 진화했고, 이것은 어떤 각도에서 접근할지 모르는 위험을 감지할 수 있도록 준비되어 있다. 이들의 눈을 이른바 주변시周邊視라고 하는데, 사주경계에 알맞은 구조다.

관찰에 있어 구심력과 원심력이 모두 필요하듯이, 우리의 시야도 양안시와 주변시가 모두 필요하다. 양안시는 꿈과 목표를 정확하게 바라보고 뛰어갈 수 있는 집중력을 준다. 하나에 몰두하고 집중하는 것은 목표 달성에 가장 중요한 덕목 중에 하나다. 그래서

양안시 binocular vision	주변시 peripheral vision
'하나의 계획에 집중하는 자세' • 포식자: 눈이 앞에 달려 있음 • 쫓을 때 직선으로 달림 • 공격(attack)할 자세를 취함 • 타깃(target)과의 거리감 • 목표는 잡지만, 맥락을 놓침 • 중앙(center) 집중	**'환경에 집중하는 자세'** • 피식자: 눈이 옆에 달려 있음 • 피할 때 지그재그로 달림 • 도망(run)갈 자세를 취함 • 타깃 주변의 상황 • 맥락은 잡지만, 목표가 없음 • 주변(periphery) 분산

말馬은 본래 주변시를 가진 동물임에도 불구하고 개중에 경주마로 특화되어 길러진 종들은 눈가리개를 양옆에 달아서 오로지 눈앞의 결승선만 보고 달리도록 훈련시킨다. 반면 주변시는 꿈과 목표를 이루는데 어떤 걸림돌이 있는지, 주변에서 어떤 상황이 전개되고 있는지 예민하게 파악하고 피할 수 있는 기민함을 준다. 나에게 중요한 꿈과 목표가 있지만, 목적지에 도달하기까지 주변에 무엇을 활용할 수 있고 어떤 상황이 전개되는지 둘러볼 필요가 있다.

유쾌한
아이러니스트가 되라

심리학자 에드워드 드 보노Edward de Bono는 사고방식에 두 가지
가 있다고 말한다. 수직적 사고와 수평적 사고가 그것인데, 이 둘
은 정반대의 사고방식이다. 수직적 사고vertical thinking는 새로운 지
식과 정보를 기존의 유형에 맞춰 옳고 그름을 이해하는 사고방식
이다. 새로운 창의적 사고를 할 수 없고 문제에 대한 해결책도 얻
을 수 없기 때문에 포스트모던 시대가 요구하는 창의력을 발휘하
는 것이 거의 불가능하다. 반면 수평적 사고lateral thinking는 어떤 문
제에 봉착했을 때 고정관념에 얽매이거나 과거의 전형적인 사고
만 고집하지 않고 새롭고 다양한 시각으로 문제에 접근하기 때문
에 훨씬 창의적인 해결책을 만들어낼 확률이 높다. 수평적 사고는
과거의 관점에서 보자면 언뜻 비정통적이고 비논리적인 사고방식

이다. 수직적 사고는 하나의 정해진 기반을 토대로 아래로 파내려 가거나 혹은 위로 쌓아올리는 사고방식이다. 수평적 사고는 의식 적인 도발이나 미친 짓, 실수, 우연이 개입할 수 있는 여지를 허용 한다. 반면 수직적 사고는 사고의 합리성이나 치밀한 수학적 논리 에서 벗어나지 않으려 한다.

수직적 사고	순서(sequence)를 따라 전개하는 사고 범주를 분류하는 명칭이 고정되어 있음 가장 논리적인 사고 경로를 추구함 관련이 없는 것은 가능한 배제하는 사고를 지향함 좌뇌적 사고(공학, 논리), 논리적 사고
수평적 사고	평행(parallel)을 따라 전개하는 사고 범주를 분류하는 명칭이 고정되어 있지 않음 어떤 경로로든 최종적 단계만 문제없으면 상관없음 무관한 주제들도 얼마든지 삽입될 수 있음 우뇌적 사고(예술, 감성), 도발적 사고

수직적 사고와 수평적 사고의 비교

드 보노는 일부러라도 수직적 사고에서 수평적 사고로 전환할 것을 요청한다. 과거의 경험과 기준에 기반하지 않는 생각의 '도 발'을 통해 사고의 각질을 깨고 새로운 의식의 전환을 경험할 수 있다는 것이다. 드 보노가 말하는 도발은 이성적인 사람이라면 내 놓을 수 없는 '거의 미친' 생각과 맞먹는 수준의 발상이다. 도발의 목적은 '정상적'이고 '이성적'이라고 여겨지는 규격화된 사고방식 에서 벗어나 '비정상적'이고 '비이성적'인 사고틀mindset 속에서 새로운 브레인스토밍을 일으키는 것이다. 마치 뇌를 '리부팅'한다고 할까? 수직적 사고는 정해진 답이 아닌 다른 방향으로의 사고는 아예 배척하고 최선의, 최단거리의 결론만을 지향한다. 수직적 사고는 경제성의 사고, 질적 사고를 높게 평가한다. 반면 수평적 사고는 정해진 방향이 없이 자유롭게 의식의 흐름대로 모든 가능성들을 열고 창의적인 생각의 단초들을 쏟아낸다. 수평적 사고는 양적 사고를 높게 평가한다.

언뜻 수평적 사고가 무질서해 보이지만 사실 더 빠른 해답을 내놓을 수 있다.

이러한 수평적 사고는 철학자이자 교육학자인 리처드 로티 Richard Rorty에게 가서는 아이러니irony가 된다. 언뜻 부정적인 의미를 띠고 있는 아이러니는 사실 수평적 사고에서만 가능한 지적 유희이자 창조적 해답이다. 언어도단, 말도 안 되는 것 같은 생각이 도리어 숨은 진리를 캐내는 유용한 도구가 될 수 있다. 지금처럼 4차 산업혁명의 물결이 제조업계와 산업계 전반을 거대한 쓰나미처럼 휩쓸어가는 시대에서야말로 그간 이성과 합리성에 의해 억눌려왔던 모순과 아이러니의 지적 반란이 필요하다. 로티는 『우연성, 아이러니, 연대성』이라는 자신의 저서에서 우리 모두가 '아이러니스트ironist'가 되어야 한다고 역설했다. 아이러니스트란 누구인가? 기존의 모든 해답이 무의미한 21세기에는 전통적인 대륙철학이 강조한 헤겔식 정반합의 절대적이고 불변적인 진리관이 아니라 가변적이고 우연적인 진리관이 필요하다고 역설하는 사람이다. 수직적 사고는 전통적인 형이상학이 추구해 왔던 절대 불변의 진선미를 가치 있는 기준으로 삼는다. 반면 수평적 사고는 이러한 기준을 아이러니의 관점에서 새롭게 바라본다. 그렇다면 어떻게 아이러니스트가 될 수 있을까?

로티는 수직적 사고가 내놓은 절대적 진리, 자신의 믿음이나 행위를 정당화시키기 위해 내놓은 설명, 더 이상 의심하거나 반박할 수 없는 '마지막 어휘final vocabulary'를 의심하는 사람이 아이러니스트라고 규정한다. 아이러니스트는 자신이 사용하는 '마지막 어휘'에 대해 끊임없이 의심을 할 수 있어야 한다. 보통 자신이 얻은 해답에 안주하는 사람은 아이러니스트로서 자격이 없다. 날마다 일신우일신日新又日新하고 꾸준히 일취월장日就月將하여 어제의 나를 끊임없이 넘어서려고 하는 사람만이 아이러니스트가 될 수 있다. '내가 아는 진리는 빙산의 일각tip of the iceberg에 불과하다.' '진리는 나와 무관하게 존재하지 않는다.' '내가 모르는 것이 세상에 아직도 많이 있으며, 그렇기에 나는 일상과 역사의 우연성 속에서 지치지 않고 진리에 나아가려는 의지를 가져야 한다.' 이런 자세가 로티가 말한 아이러니스트로서의 자격이다.

"진리는 저 바깥에 존재할 수 없다. 즉 인간의 정신을 떠나 독립적으로 존재할 수 없다. 왜냐하면 문장들이 인간의 정신과 독립적으로 저 바깥에 존재할 수 없기 때문이다. 세계는 저 바깥에 존재하지만 세계에 대한 서술은 그렇지 않다. 세계에 대한 서술들만이 참이나 거짓이다. 따라서 인간의 서술 활동의 도움을 받지 않는 세계 그 자체는 참이나 거짓일 수 없다."

아이러니스트에게 중요한 건 우연성contingency이다. 우연성이 우연성과 만나면 필연성이 된다. 수직적 사고는 일체의 우연성을 배제하지만, 수평적 사고는 우연성을 수용한다. 내가 오늘 만나는 이 사람이 나에게 훗날 어떤 영향을 줄지 우리는 알지 못한다. 내가 지금 하고 있는 이 일이 나에게 어떤 보상으로 돌아올지 우리는 알지 못한다. 가장 중요한 사람은 지금 내 앞에 있는 사람이고, 가장 중요한 일은 지금 내가 하고 있는 일이고, 가장 중요한 시간은 바로 지금이다. 우연성은 앞을 내다보는 것foresight이지만, 필연성은 뒤를 돌아보는 것hindsight이다. 아이러니스트가 되려면 우연을 수용하라.

우연성 contingency	필연성 necessity
'앞으로 어떻게 될지 아무도 모른다.' • 예측(foresight)적 자세—앞을 본다 • 세렌디피티(serendipity)의 여지를 열어둠 • 다양한 계획 수정과 플랜B가 가능함 • 실패했을 때 바로 도전할 수 있음	**'앞으로 어떻게 될지 알 수 있다.'** • 뒷궁리(hindsight)적 자세—뒤를 본다 • 세렌디피티의 여지를 열어두지 않음 • 계획은 수정될 수 없으며 플랜A 밖에 없음 • 실패했을 때 숙명론에 빠질 수 있음

우연성과 필연성의 접근법

프랑스의 미생물학자이자 실험으로 세균의 존재를 최초로 입증했던 루이 파스퇴르Louis Pasteur는 "기회는 준비된 사람을 찾아온다 Chance visits the prepared mind."는 말을 남겼다. 나는 기회나 우연도 준비된 사람에게 이르러 온다고 믿는다. 미래에 우연성을 열어두는 자세가 나와 같은 엄정한 과학자에게 때로 무책임해 보이는 연구 자세일지 모르겠지만, 돌이켜보면 인생에서 무수한 우연성의 연쇄들을 통해 지금의 내가 존재할 수 있었다는 생각이 든다. 내가 철저한 계획을 통해 귀인들을 만나고 일자리를 얻은 게 아니었다. 철공소 전무의 소개로 직공이 되지 않았더라면, 전산실장의 허락으로 직장에서 대학을 다니지 못했더라면, 안동과학대에 취업하지 못해 박사과정을 밟을 수 없었더라면, 지금의 나는 없었다. 아무리 훌륭한 계획이 내 머릿속에 있다 할지라도 그것을 구현할 수 있도록 도와줄 수 있는 사람들과 주변 여건이 없다면 그 계획은 휴짓조각에 불과할 것이다.

이것이 바로 우연을 가장한 세렌디피티serendipity의 세계다. 영화로도 우리에게 알려진 이 단어는 사실 『오트란토 성』을 쓴 영국의 작가 호레이스 월폴Horace Walpole이 1754년 처음 사용한 말이다. 전혀 생각하지도 못했던 행운의 발견을 우연히 하는 상황을 일컫는 이 말은 스리랑카의 동화 『세렌디프의 세 왕자』에서 따온 것이다. 과학은 우연을 가능한 한 없애는데 주력하지만, 사실 과학사 내에서도 이런 세렌디피티를 통해 위대한 발견과 과학적 진보를 이루었던 사례가 얼마든지 있다. 독일의 유기화학자 케쿨레Friedrich August Kekulé가 우연히 꿈에서 뱀이 똬리를 트는 걸 보고 벤젠의 화학식을 구했던 사례나, 실험실 청소를 게을리 했던 영국의 세균학자 알렉산더 플레밍Alexander Flemming이 우연히 배양균에 떨어진 푸른곰팡이 때문에 수만 명의 목숨을 구한 세기의 항생제 페니실린을 발명한 사례는 세렌디피티를 입증하는 수많은 사건들 중 극히 일부에 지나지 않는다. 목욕탕에서 욕조에 들어가자 물이 넘치는 걸 보고 "유레카"를 외치며 부력의 원리를 터득한 아르키메데스, 우연히 사과나무 아래에서 떨어지는 사과를 보고 중력의 원리를 구상해낸 아이작 뉴턴, 실수로 니트로글리세린을 모래에 쏟아서 굳어진 액체를 보고 안정적인 다이너마이트의 원리를 알아낸 알프레드 노벨이나 우연히 진공관으로 음극선을 연구하다가 자신의 손뼈가 보이는 것을 알아차리고 X선을 발견한 독일의 화학자 뢴트겐Wilhelm Röntgen도 여기에 해당한다.

과학사에만 우연이 통하는 건 아니다. 비즈니스 분야로 넘어오면 우연을 통한 제품 개발이 맹위를 떨친다. 유황을 녹이다가 실수로 생고무 위에 엎질러 자동차 타이어에 쓰이는 탄성 있는 내열성 고무를 얻어낸 미국의 화학자 찰스 굿이어Charles Goodyear, 이스트가 들어가지 않은 빵을 만들다가 우연히 곡물을 압착해 환자용 시리얼을 만든 미국의 의학자 존 하비 켈로그John Harvey Kellogg, 석탄 부산물인 콜타르와 인, 암모니아 등의 반응을 실험하다가 손을 씻지 않고 집에 돌아와 빵을 집어 먹다가 손에서 단맛이 나는 것을 이상히 여겨 인공 감미료인 사카린을 발견한 독일의 화학자 콘스탄틴 팔베르크Konstantin Fahlberg 등 세렌디피티를 통해 인류가 발견한 획기적 제품들은 가히 헤아릴 수 없이 많다. 강력 접착제를 발명하던 와중에 아무 짝에도 쓸모없는 물질을 만들어낸 3M 연구원 스펜서 실버Spencer Silver의 실패담을 우연히 듣던 동료 연구원 아서 프라이Arthur Fry는 평소 자신이 매주 교회 성가대에 서서 특창을 할 때 찬송가 책갈피로 쓸 만한 대용품을 찾던 사실을 떠올리고 포스트-잇Post-It이라는 희대의 발명품을 탄생시켰다. 고혈압 치료제를 만들다가 실수로 미녹시딜 발모제를 탄생시키고 심장병 환자들을 위해 혈관확장제를 연구하다가 발기부전 치료제 비아그라를 생산하게 된 미국의 화이자 제약회사Pfizer Inc.의 경우는 이 두 번의 우연한 약물적 발견으로 세계 최대 매머드급 다국적 제약회사로 도약할 수 있었다.

아이러니스트는 세렌디피티의 초대장을 받는 사람이다. 조직적이고 논리적인 사고로 무장한 연구원보다 재기발랄하고 발칙한 상상력으로 우연과 불예측성을 넘나드는 연구원이 더 창조적이고 세기적인 발견에 도달할 확률이 높다. 물론 과학적 우연성이 아무런 노력도 하지 않는 무책임한 연구자에게 호의적인 결과물을 가져다 주지는 않는다. 우연성이 낳은 대부분의 과학적 성과에는 몇 가지 공통점이 있다. 무엇보다 부단한 노력의 과정에서 우연한 발견을 잉태한다는 사실이다. 앞서 말한 케쿨레는 분젠의 화학식을 완성하려는 부단한 집념을 보였기 때문에 예지력 있는 꿈이라도 꿀 수 있었다. 유사 이래 숱한 사람들이 나무에서 사과가 떨어지는 걸 보았을 텐데 오직 뉴턴의 눈에 그 현상이 유독 의미 있게 다가올 수 있었던 건 그가 평소 만유인력이라는 물리적 주제를 놓고 집요하게 씨름하고 있었다는 사실을 말해 준다.

아이러니스트는 전에 가보지 않은 길을 가고, 남이 해보지 않은 시도를 하는 도전정신이 필요하다. 나는 현실의 불만을 품고 웅크리고 앉아 불평하는 사람으로 남지 않고 무엇이든 이것저것 도전해 보았다. 우유 배달도 해보고 신문 배달도 해보면서 경제적 감각을 가졌다. 철공소에서 밀링을 쓰고 선반을 다루며 공학적 감각을 키웠고, 경찰서 사환을 하면서 사회적 법제와 공권력의 효용성을 직접 경험했다. 그러다 보니 어쩔 수 없이 숱한 실패를 경험할 수밖에 없었다. 가만히 있으면 아무런 실패도 없다. 도전하는 자에게만 실패라는 훈장이 주어진다. '실패는 성공의 어머니Failure is the mother of success.'인 셈이다. 성공할 때까지 지독하게 연구와 실험에 매진한 것으로 유명한 미국의 발명가 토머스 에디슨 역시 수천 번의 백열전구 실험이 실패로 돌아가자 자신을 비아냥거리는 주변 사람들에게 "난 백열전구를 만드는 데 2,000번 실패한 게 아니라 백열전구를 만들 수 없는 2,000개의 방법을 알아냈을 뿐이다."라고 말했던 것으로 유명하지 않은가. 역사상 최고의 농구선수로 꼽히는 시카고 불스의 마이클 조던은 미 프로농구리그에서 15년 간 현역으로 뛰면서 9,000개가 넘는 슛을 실패했고, 300여 시합에서 패배했으며, 26번이나 승패를 가르는 결정적인 슛을 놓쳤다. 하지만 누구도 마이클 조던을 실패자로 기억하지 않는다. 실패를 받아들이는 문화, 실패에서 성공의 단서를 찾을 줄 아는 문화가 절대적으로 필요하다. 필자 역시 무수한 실패와 실수를 딛고 우수한 업적이라고 불릴만한 결과물들을 이뤄낼 수 있었다. 전 IBM을 이끌었던 전설적인 CEO 토마스 왓슨Thomas J. Watson은 "만일 성공률을 높이고 싶다면, 실패율을 두 배로 올려라If you want to increase your success rate, double your failure rate."라는 말을 남겼다.

영국의 위대한 수상이었던 윈스턴 처칠은 "성공은 최종적이지 않고, 실패는 치명적이지 않기에 계속하려는 용기가 중요하다Success is not final, failure is not fatal: it is the courage to continue that counts."고 말했다. 나의 10대는 결코 낭만적이지 않았다. 시골 촌구석에서 들로 산으로 소를 치고 여물이나 먹이던, 평균 이하의 삶을 살았던 아이가 오늘날 세계 여러 대학으로부터 러브콜을 받는 정보과학자로 거듭나기까지 얼마나 많은 실패와 좌절을 겪었겠는가. 어려서 무작정 대구로 나와 중국집에서 배달을 하며 공부의 꿈을 키웠다. 철가방을 들고 대구 먹자골목을 누비는 삶은 결코 아름답지 않다. 시골 아이들에게는 짜장면이나 짬뽕, 볶음밥이 평소 구경할 수 있는 흔한 음식이 아니었다. 배달하면서도 코끝을 찌르는 짜장면 냄새가 너무 향긋했다. 세관이나 관공서, KBS에 그릇을 찾으러 가면 먹다 남는 볶음밥을 가지고 나와 몰래 먹기도 했다. 배가 고프니 다른 사람이 먹다가 남긴 것도 맛만 좋았다. 꼭 세관이나 방송국에 가야만 볶음밥을 남겼기 때문에 그쪽으로 그릇을 찾으러 갈 때는 앞다투어 가려고 했다.

그러다 어느 날 방송국에 배달을 갔는데, 아나운서들이 녹음하는 방송실 안까지 들어가게 되었다. 아직 녹음이 안 끝났으니 음식을 안으로 가져와 세팅해 달라는 거였다. 철가방을 들고 들어갔는데, 난생 처음으로 방송국 안을 보게 되었다. TV에서만 보던 아나운서들과 배우들, 온갖 고가의 장비들이 즐비한 조정실과 녹음실을 눈이 휘둥그레지면서 천천히 둘러보았다. 별천지가 따로 없었다. 그때 처음으로 중국집 배달원인 게 행운이라고 생각했을 정도였다. 어린 마음에 방송국 직원들을 보면서 너무 부러웠다. '나도 꼭 성공해서 저런 사람이 되고 싶다.' '나도 훌륭한 사람이 되어서 꼭 TV에 나오는 사람이 되겠다.' 내가 꼭 성공해야 할 이유를 하나 더 찾았던 것이다. 아이러니스트는 우연을 필연으로 만드는 사람이다. 20세기 최고의 물리학자 아인슈타인이 상대성의 원리를 발표한 것도 어느 유명한 대학교수의 자리가 아닌 스위스 특허청 말단 서기의 자리에 있으면서 사고실험을 통해 내놓은 결과물들이었다. 그가 자유시간이 넉넉한 공무원이 되지 않았더라면, 그리고 내가 중국집 배달부가 되지 않았더라면, 과연 아인슈타인과 나는 어떻게 되었을까? 우연이 일상 속에 끼어 들어올 수 있는 여지를 항상 마련해두어야 한다. 그래서 토크쇼의 여왕 오프라 윈프리는 "행운이란 기회가 준비를 만난 것이라고 믿는다I believe luck is preparation meeting opportunity."는 말을 했다.

CHAPTER 7

성공의 습관을
길러라

우리는 우리가
반복적으로 하는 행동에 불과하다.
고로 탁월함은 행위가 아니라
습관이다.

윌 듀란트 Will Durant

워털루 전투에서 나폴레옹을 무찌른 영국의 장군 아서 웰링턴 Arthur Wellesley Wellington은 "습관은 천성의 열배와 같다Habit is ten times nature."고 말했다. '습관은 제2의 천성'이라는 말보다 훨씬 강력하다. 어머니의 뱃속에서 받아서 태어난 천성은 내가 어떻게 할 수 없는 운명적인 배경이다. 찰스 디킨스의 소설 『데이비드 카퍼필드』에 나오는 주인공처럼, 가난한 가정에 유복자로 태어난 현실을 피할 수 있는 사람은 아무도 없다. 아버지가 죽은 지 3개월 뒤에 유복자로 태어난 데이비드는 온정이 없는 계부의 뜻에 따라 런던의 지하공장 sweatshop에 끌려가 죽어라고 일만 하게 된다. 어린 나이에 학대에 가까운 열악한 환경에서도 늘 꿈과 희망을 버리지 않았던 낙천적인 데이비드는 결국 자신의 운명을 극복하여 훗날 소설가로 대성하게 된다. 그가 노예처럼 공장에서 일만 하는 현실을 저주하며 운명의 굴레를 벗어나려는 계발과 노력도 없이 그저 인생을 허비했더라도 아무도 비난할 수 없었을 것이다. 게으른 천성을 극복하고 시퍼렇게 살아있는 욕망을 끊어내며 자신의 꿈과 목표를 위해 성공의 습관을 만들어낸 데이비드는 습관이 천성의 열배의 위력이 있다고 말했던 아서 웰링턴 장군의 격언을 몸소 실천하여 보여준 인물일 것이다.

나 역시 데이비드 카퍼필드처럼 주어진 현실을 극복하고 궁상맞은 천성을 이기기 위해 부단히 노력했다. 배운 것도, 가진 것도, 얻은 것도 없는 무지렁이가 스스로의 길을 만들고make the way 그 길에 놓인 장애물들을 넘으며 꿈을 이루었던 비결은 오로지 습관만이 천성을 이긴다는 굳은 믿음에서 나왔다. 시골 고등학교에 진학하는 대신 황지 탄광 막장에 들어가 석탄을 캐서 나르고, 철공소에 들어가 선반으로 나사를 깎으며 궁벽함과 상스러움, 불민한 성격을 죽이고 다듬었다. 여러 번 포기하고 싶은 마음이 들었지만, 끝까지 운명에 저항했으며 안 될 거라는 사람들의 시선을 견디어냈다. 회사원으로 평범하게 살아가기를 거부하고 20대 중반 홀로 문수산 산장에 칩거하며 책을 독파했고, 여러 번의 낙방과 실패의 고배를 마시며 끝까지 버티는 자가 이기는 자라는 믿음으로 도전하고 또 도전했다. "최후에 웃는 자가 진정한 승리자다He who laughs last laughs longest."라는 말을 책상머리에 붙여놓고 하루 열여섯 시간 이상 학업에 매진했다. 막막한 현실 속에서 나(천성)를 이길 수 있는 건 좋은 습관, 성공의 습관, 이기는 습관을 몸에 들이는 것뿐이었다. 스티븐 코비 박사의 『성공하는 사람들의 7가지 습관』이라는 책을 바이블 삼아 몇 번이고 정독했던 때가 그 즈음이었다. 성공하기 위해서는 자신의 내면부터 개혁해야 한다는 점, 자신의 삶을 주도하고, 언제나 일을 시작하기 전에 목표를 설정하며, 급한 일보다는 소중한 일을 먼저 하고, 관계에서 윈-윈을 지향하며, 그러기 위해서는 협력의 시너지를 내고, 자신을 날마다 쇄신하는 삶이 필요하다는 가르침을 내 삶에 실천하기 위해서 애를 썼다.

옛말에 극기복례克己復禮라는 말이 있다. '자신을 이기고 예로 돌아간다.'는 뜻이다. 공자가 자신의 제자 안연에게 인仁을 실천하는 방법으로 제시했던 극기복례는 자신의 천성과 현실, 운명을 극복하고 예禮에 돌아가는 군자의 모습을 잘 보여준다. '군자'를 요즘 말로 바꾼다면, '성공자', '예'는 '이상'과 '꿈'일 것이다. 충동적이고 감성적인 자아, 천박하고 의뭉스러운 자신을 성공의 습관과 꿈과 목표를 바라보는 의지와 결기로 극복하여 세상이 우러러보는 성공자의 이상, 스스로를 이긴 인간승리의 모본으로 돌아가는 것이다. 진정한 극기복례의 첩경인 좋은 습관을 들이는 방법을 여기서 하나씩 살펴보도록 하자.

건강한 생활의 습관화:
20대부터 지금까지

건강은 아무리 강조해도 지나치지 않는다. 억만금이 있어도 건강을 살 수 없다. 애플사를 세계 최대 기업으로 이끌었던 스티브 잡스는 "인생에서 내가 가장 좋아하는 것들은 비용이 들지 않는다. 확실한 건 우리 모두가 가지고 있는 가장 가치 있는 자원은 시간이다My favorite things in life don't cost any money. It's really clear that the most precious resource we all have is time."라고 말했다. 56세의 나이에 췌장암으로 죽은 그가 가장 필요했던 건 그가 보유했던 애플사 주식도, 그가 만들었던 온갖 스마트 기기들도 아니었다. 그는 죽음 너머의 '내일이라는 시간'을 필요로 했다. 아무리 성공한 기업가라도 건강이 뒷받침되지 않으면 최후의 승리자로 남을 수 없다. 인간은 의지대로 영원히 살 수는 없지만, 살아있는 동안 노력으로 얼마든지 건

강하게 살 수는 있다. 선천적으로 자신의 밥줄과 명줄을 가지고 세상에 나온다는 말에도 일리는 있다. 어려서부터 남들보다 골골하며 신체적으로 미약하게 태어난 사람들이 있을 수 있다. 하지만 건강의 요소를 모두 가지고 태어난다고 주장하는 사람들도 건강의 습관이 그 요소를 촉발시키는 결정적 매개라는 데에는 모두 동의한다. 아무리 건강하게 태어난 사람도 나쁜 습관으로 몸을 망가뜨리고 건강을 탕진한다면 결코 오래 강건하게 살 수 없다. '건강은 하루아침에 찾아오지 않는다Health never comes overnight.'는 말이 있다. 매일 날마다 건강의 원칙을 실천하고 건전하고 품격 있는 생각과 영양가 있고 정갈한 음식, 그리고 부단히 몸을 움직이는 규칙적 운동이 더해져야 건강이 채워질 수 있다.

매일 운동하자

'체력이 국력이다.' 어렸을 때 종종 들었던 말이다. 무슨 일을 하든지 건강이 뒷받침되어야 제대로 할 수 있다. 내 몸이 건강하지 않다면 아무리 의욕과 정신력이 앞선다 해도 일을 그르치게 된다. 만병의 근원은 운동 부족에 있다. 몸의 근력을 키우고 활력을 강화하며, 스트레스를 해소하는 일을 게을리 해서는 안 되는 이유다. 건강은 있을 때 지켜야 한다. 하루도 거르지 않고 규칙적인 운동을 통하여 순환기와 호흡기, 소화기 등 몸의 각 기능을 최적의 상태로 유지하는 게 건강의 비결이다.

운동은 크게 유산소운동과 근력운동으로 나뉜다. 건강한 삶을 유지하기 위해서는 유산소운동과 근력운동 둘 다 필요하다. 어느 것 하나 부족하면 몸의 밸런스가 무너지게 된다. 예전에는 활성산소free radical에 대한 우려로 유산소운동을 기피했지만, 최근 학계의 연구에 따르면, 지나치지만 않는다면 유산소운동이 신체의 신진대사에 매우 좋은 활동이라고 한다. 유산소운동에 근력운동이 추가되면 활성산소의 증가를 막을 수 있다는 연구 결과도 있다. 유산소운동이든 근력운동이든, 운동의 목적은 몸에 있는 잉여지방을 태우는 데에 있다. 쓸데없이 쌓은 체지방을 빼는 것보다 애초에 식이요법으로 덜 먹는 방법이 최선이지만, 어쩔 수 없이 지방을 태워야 한다면 유산소운동과 근력운동을 병행하는 게 좋다. 윗몸일으키기 (싯-업)와 팔굽혀펴기(푸시-업), 자전거 타기, 트레드밀(러닝머신) 걷기와 달리기, 아령, 바벨, 덤벨 등 팔근육 강화 운동 등이 좋다. 특히 자전거 타기와 수영은 유산소운동이면서도 필수 근력 강화에 좋은 운동이기도 하다.

『톰 소여의 모험』을 쓴 촌철살인의 작가 마크 트웨인은 "건강을 유지할 수 있는 유일한 방법은 원치 않는 걸 먹고, 즐기지 않는 걸 마시고, 차라리 안 할 일을 하는 것이다The only way to keep your health is to eat what you don't want, drink what you don't like, and do what you'd rather not."라고 말했다. 나는 선천적으로 왜소한 체격에 키도 작고 남들만큼 건강한 편도 아니었다. 영양가 있는 음식을 풍족하게 먹을 수 있는 시절이 아니었기 때문에 발육도 남들보다 더뎠다. 그렇다고 특별히 운동을 할 수 있는 처지도 아니었다. 이렇게 나약한 체격을 가지고 탄광과 철공소를 전전하면서 몸도 많이 망가졌다. 생계와 생존의 틈바구니에서 매일 돈을 벌어야했기 때문에 특별히 건강에 신경을 쓸 수 없었다. 20대 때에는 오랜 객지 생활로 위장이 좋지 못했고 만성 위염을 달고 살았다. 계속되는 알바와 고된 노동으로 근육통과 편두통에 시달렸고, 밤에는 무기력증과 우울증, 불안증이 엄습했다. 그러다가 뜻한 바가 있어 스스로 운동과 규칙적인 생활, 몸을 단련하는 습관을 생활화하게 되었다. 그 습관은 40년이 지난 지금도 계속되고 있다. 나는 지금도 매일 등산을 하지 않으면 좀이 쑤셔서 견딜 수 없는 사람이다. 아무리 바쁜 일이 있어도 피트니스 센터에서 근력운동을 꾸준히 하면서 체력을 기른다. 해외 출장이나 학회 활동으로 밤늦게 들어와도 나는 어김없이 대학 뒷산을 오른다. 야간 산행은 하루의 긴장을 풀고 그날의 일과를 정리할 수 있는 명상의 시간도 된다.

꾸준한 운동은 습관을 넘어 일상이 되었다.

매일 충분한 영양소를 섭취하자

'인간은 그가 먹는 것 그 자체다Man is what he eats.' 운동도 중요하지만, 그에 못지않게 음식도 중요하다. 양질의 음식을 규칙적으로 골고루 먹는 습관은 건강을 유지하는 데 가장 중요한 비결로 꼽힌다. 어느 한 부분에 집중하는 식단은 좋지 않다. 과도한 편식이나 채식도 신체의 균형을 파괴할 수 있다. 검증되지 않은 매체나 지인의 말만 믿고 식단을 바꾸거나 고정하지 말자. 5대 영양소(탄수화물, 지방, 단백질, 비타민, 미네랄)를 꾸준히 섭취하는 게 가장 안전하고 검증된 식습관이다. 영양 불균형을 초래하지 않으려면 일상에서 5대 영양소를 섭취할 수 있는 음식들을 적어놓고 돌아가면서 골고루 먹어야 한다. 예를 들면, 쥐눈이콩이나 아로니아, 토마토, 과일, 채소, 된장, 청국장, 김치, 두부, 계란, 고기, 우유 등을 먹으면 5대 영양소를 균형 있게 섭취할 수 있다.

영양소 있는 음식을 먹는 것도 중요하지만, 식습관과 식사 방법, 음식량도 중요하다. 1일 3식을 원칙으로 하며, 아무리 바빠도 아침은 반드시 먹는 게 좋다. 아침breakfast은 말 그대로 밤에 수면을 취하는 동안 금식fast 상태이던 우리의 몸을 깨우는break 일종의 신호탄이다. 점심까지 공복 상태로 유지하는 건 지나치게 혈당이 떨어지게 해서 점심에 폭식을 유발하는 주요인이 된다. 아침을 제대로 먹으려면 무엇보다 야식을 끊어야 한다. 야밤에 치킨, 라면, 족발을 먹는 건 건강에 치명적이다. 건강의 중요성을 일찌감치 깨달은 나는 십수 년 간 매일 새벽 3시까지 연구실에서 연구를 하면서도 절대로 야식을 입에 대지 않았다. 식사도 습관이기 때문에 원칙을 정하고 몇 주만 지속하려고 노력하면 금세 몸에 익힐 수 있다.

좋은 음식을 먹는 것만큼 중요한 건 나쁜 음식을 멀리하는 것이다. 이 부분은 현대인들이 가장 실천하기 힘들어하는 습관이다. 각종 패스트푸드와 정제식품, 다가공식품은 건강에 치명적이다. 햄버거, 피자, 치킨, 과자, 탄산음료, 라면, 냉동식품, 간편조리음식 등은 간편하게 배를 채울 수는 있지만 건강을 채울 수는 없다. 간단하게 끼니를 때우려고 하지 말고 한 끼를 먹어도 건강하고 균형진 식사를 해야 한다. 과하게 기름진 요리, 화학물질이나 조미료, 양념이 많이 들어간 음식, 식품첨가물이 들어간 식품들 역시 횟수를 줄이거나 되도록 피하는 게 좋다. 식습관은 몸에 건강을 쌓는 가장 중요한 관문이자 최후의 보루다. 음식의 종류도 중요하지만 식사 시간도 중요하다. 규칙적인 시간에 식사를 하는 게 무엇보다 중요하다. 몸은 정교한 기계로 우리가 일상에서 하는 일정한 행동 패턴을 스스로 학습하고 저장한다. 식사를 제때 해야 위장을 비롯한 각종 장기가 준비하고 있다가 때에 맞춰 원활하게 돌아갈 수 있다.

무엇보다 물을 자주 섭취하자. 인간의 몸은 80%가 물이라는 말도 있다. 「로마의 휴일」로 유명한 영화배우 오드리 햅번도 "물이 생명이라면, 깨끗한 물은 건강을 뜻한다Water is life, and clean water means health."고 말했다. 물은 생명을 유지하는 데 없어선 안 될 첫 번째 필수조건이다. 관개 사업을 통해 물만 제대로 공급하면 사막에서도 원예나 농사를 할 수 있다. 아무리 척박한 땅이라 하더라도 가느다란 물줄기 하나만 흐르면 금세 옥토로 변한다. 역사적으로 위대한 인간의 문명이 모두 강 유역에서 발원했다는 사실만 보더라도 얼마나 물이 인간에게 중요한지 알 수 있다. 아침에 기상하면 물 한 잔을 통해 몸의 노폐물을 씻어낸다. 물은 신진대사를 돕고 소화활동에 이롭다. 위장에 음식이 담겨있는 동안을 제외한 일상에서 물을 자주 마시면 장의 활동을 도와 쾌변을 볼 수 있도록 해준다. 물은 음용뿐만 아니라 목욕이나 족욕, 반신욕, 수치료 등에도 도움을 준다. 물에 몸을 담그는 것만으로도 건강에 유익한 것들이 많다. 나는 아이들이 어려서부터 물을 가까이 하고 늘 물을 마실 수 있도록 지도했다. 자녀들이 밖에서 돌아오면 반드시 손과 발을 씻어 유해한 병균이 체내에 들어가는 것을 방지했고, 꼭 물 한 잔을 마시게 해서 안팎으로 불순한 물질들을 씻어내게 했다.

매일 스트레스를 날려버리자

"삶이 그대에게 레몬을 주면, 그걸로 레모네이드를 만들어라 When life gives you lemons, make lemonade."라는 말이 있다. 인생에 쓴맛이 느껴질 때 이를 상큼한 행복으로 바꿀 수 있는 것도 능력이다. 단순히 문제를 바라보는 우리의 관점을 바꾸는 것도 포함되지만, 문제를 해결해서 새로운 성취로 바꾸는 일도 가능하다. 우리가 알다시

피, 몸과 마음은 유기적으로 연결되어 있다. 고대 로마의 시인 유베날Juvenalis은 라틴어로 '아니마 사나 인 코르포레 사노anima sana in corpore sano', 즉 '건강한 육체에 건강한 정신이 깃든다A Sound mind in a sound body.'고 말했다. 마음이 아프면 몸도 아프다. 마음이 아픈데 몸이라고 안 아플 수 있겠는가? 바늘과 실처럼 마음이 가는 데로 몸도 따라가며, 몸이 이끄는 대로 마음도 흘러간다. 몸이 가는데 마음이 거슬러 갈 수는 없다. 인간은 몸과 마음을 동시에 가진 하나의 객체, 곧 자연이다. 둘은 서로 긴밀하게 연결되어 있기 때문에, 어디서 어디까지가 마음이고, 어디서 어디부터 몸인지 구분할 수 없다. 하지만 우리들은 몸의 질병에 비해 마음의 병은 너무 쉽게 생각하는 경향이 있다. 몸이 망가지는 것보다 마음이 망가지는 게 훨씬 파괴적이다.

스트레스는 만병의 근원이다. 현대인들은 일상에서 스트레스를 적절하게 해소할 수 있는 메커니즘을 가지고 있어야 한다. 운동이 신체적 목적을 가지고 있다면, 스트레스 해소는 정신적 목적을 가지고 있다. 일상에서 술이나 담배, 도박 같은 부정적인 결과를 낳는 스트레스 해소법은 바람직하지 못하다. 일시적으로 스트레스가 풀리는 것 같지만 장기적으로 더 많은 스트레스를 누적시키기 때문이다. 대신에 운동이나 여행, 야외활동, 명상, 음악 감상, 선행 같이 고상하고 바람직한 스트레스 해소법을 습관화하자. 나는 20대 이후부터 꾸준히 봉사활동과 선행, 농활 등을 다니며 업무에서 생긴 스트레스를 해소하고 있다. 선행은 남을 위해 하는 게 아니라 나 자신을 위해 하는 것이다. 처음에는 나도 불쌍한 사람들을 도와주어야겠다는 마음에서 시작하지만, 지나고 보면 그들보다 내가 훨씬 더 많이 받은 것 같은 느낌이 들곤 한다. 선행을 통해 받는 보람과 행복감은 어디에 견주어 볼 대상이 없을 정도다. 붓다는 "보시를 할 수 있도록 해준 가난한 사람에게 오히려 감사하라."고 말했다. 내가 해탈할 수 있도록 도와준 보시를 정작 받아줄 상대가 없었다면 열반도 불가능하다는 역설이다. 자선과 기부, 선행을 통해 얻는 행복감은 여러 달 쌓인 스트레스를 단번에 날려줄 정도로 강력한 메가톤급 원자탄이다.

나는 남서울대학교 경영학과 교수로 있으면서 고교생과 대학생들의 진학상담과 진로탐색, 취업지도 및 인성함양에 남다른 열정을 가졌다. 2005년부터 3년 간 경영학과 학과장직을 수행하면서 약 3천여만 원의 장학기금을 조성하여, 지금까지 해마다 경영학과 재학생 10여명에게 다양한 유형의 장학금을 전달하고 있다. 또

봉사와 섬김의 리더십은 내 삶의 모토다.

한 2008년에는 장학회를 설립하여 지난 12여 년간 50여 명의 대학생들에게 장학금을 주어왔다. 또한 천안시 업성동 장애인시설인 예수가족 임마누엘의 집에 대학생들과 함께 정기적으로 방문하여 지적장애인을 대상으로 하는 언어교육과 야외운동, 목욕봉사, 놀이봉사를 80회 이상 하기도 했다. 자연스럽게 주변에서 여러 제안이 들어왔고, 충남지체장애인협회 천안시지부 이사로 활동하면서 다양한 기부와 봉사활동을 하게 되었다. 내가 가진 전문성을 가지고 봉사하는 일도 게을리하지 않았다. 지난 18년간 ㈜디에스원, ㈜다인, ㈜한원테크, ㈜동서 KVS, 대성개발㈜, ㈜디알젬, ㈜자유종합건설, 영진이엘㈜ 외 50여개 중소기업에 경영 특강과 경영 자문 등 산학협력 사업을 450여 회 수행했다. 봉사활동은 남을 돕는 게 아니라 나 자신을 돕는 일이다. 봉사를 통해 가장 많은 보람을 느끼는 건 바로 봉사자인 나이기 때문이다.

걱정거리는 정신에 생기는 암이다. '걱정하는 일의 90%는 현실에서 절대 일어나지 않는다Ninety percent of what you worry about never happens in real.' 걱정은 내 머릿속에서 만든 최악의 시나리오일 뿐 현실에서 24부작 드라마 내지 주말 연속극으로 구현되지는 않는다. 부정적인 감정이 끌어내는 인식은 현실을 왜곡시키고 이성을 마비시킨다. 부정주의는 철학이 아니라 하나의 태도이며 관점이다. 한 예로, 야구선수가 스스로 '나에게 굴러오는 이 땅볼을 놓치고 싶지 않아.' 혹은 '난 이 타자를 볼넷으로 걸어가게 하고 싶지 않아.'라고 불안해 할 때, 뇌는 '않아'라는 말을 신체 각 근육에까지 전달하지 않는다. 몸은 '땅볼을 놓친다.' 내지 '볼넷으로 걸어가게 한다.'는 것만 인식할 뿐이다. 부정적인 생각을 표현하는 건 쓸데없이 바람직하지 않은 이미지를 강조하게 되고, 볼을 놓치거나 볼넷을 보다 쉽게 주게 된다. 일어나기를 원치 않는 것을 생각하는 건 그 일이 일어날 가능성을 엄청나게 증가시키는 꼴이다. 심리학에서는 이를 확증편향confirmation bias으로 설명한다. 부정적인 생각으로 가득한 사람은 만사가 부정적으로 보일 뿐이다. 빨간색 색안경을 끼고 세상이 불붙는 것 같다고 투덜대는 사람과 같다. 네타포르테Net-A-Porter의 창립자이자 온라인 럭셔리 패션 유통의 대모라고 불리는 나탈리 마스넷Natalie Massenet은 "긍정성은 근육과 같다. 계속 운동을 하면, 습관이 된다Positivity is like a muscle: keep exercising it, and it becomes a habit."고 일갈했다.

우리나라에서도 인기 있는 소설가 알랭 드 보통은 자신의 저서 『불안』에서 "우리가 현재의 모습이 아닌 다른 모습일 수도 있다는 느낌—우리가 동등하다고 여기는 사람들이 우리보다 나은 모습을 보일 때 받는 그 느낌—이야말로 불안과 울화의 원천"이라고 말한다.[16] 이어 그는 책에서 불안이 생기는 원인을 총 다섯 가지로 분류하는데, 사랑 결핍, 속물근성, 기대, 능력주의, 불확실성이 그것들

---

16 『불안(은행나무)』, 정영목 역, 57쪽.

이다. 미국인들이 자주 하는 말 중에 '사소한 일에 신경 쓰지 말라 Don't sweat the small stuff.'는 말이 있다. 이와 관련된 긍정심리학 책들도 시중에 많이 쏟아져 나왔다. 그냥 가볍게 웃어넘길 일을 끌어안고 죽자고 고민하는 건 문제를 해결하기는커녕 스트레스 상황을 배가시킬 뿐이다. 『성서』에도 '마음의 즐거움은 양약이라도 심령의 근심은 뼈를 마르게 한다.'는 격언이 있듯이 스트레스가 주는 신체상의 해악을 가볍게 여기지 말자.[17] 좋은 생각을 품고 있는 것도 습관이다. 매일 한 시간 정도 명상하고, 흔들림 없는 고요한 마음의 상태를 유지하는 것도 좋다. 명상을 위해 굳이 특정 종교의 의례를 따를 필요는 없다. 절대자를 대상으로 하는 명상도 있겠지만, 나의 내면에 잠재된 걱정거리를 지우거나 내려놓는 마음수련은 종교의 가르침과 별개로 언제든지 바로 시작해 볼 수 있다. 물론 종교가 정서에 미치는 긍정적인 효과도 있다. 그리스도교든 불교든 한 가지 종교를 갖는 것도 나쁘지 않다. 어떤 종교가 되었든 그 종교가 말하는 지향점은 인간의 행복이기 때문이다.

노자는 위도일손爲道日損이라는 말로 인생의 근심을 타개하는 방법을 설파했다. '도를 행하는 것은 매일 매일 하나씩 덜어내는 것이다.'라는 뜻의 위도일손은 오늘날 하나라도 더 가지려고 하고 한 번이라도 더 움켜쥐려고 하는 현대인들의 이기심과 소유의 욕망

---

17 「잠언」, 17장 22절.

에 경종을 울리는 말이다. 행복은 누적이 아니라 덜어내는 것이다. 가진 것을 나누고 버리는 것이 우리가 더 행복해지는 비결이다. 폴 케네디Paul Kennedy는 21세기는 더 이상 인포메이션information의 시대가 아니라 익스포메이션exformation의 시대라고 말했다. 인포메이션이 밖에서 안으로 들어와 형성된 정보라면, 과잉된 쓰레기 지식이 범람하는 시대에 그것들을 밖으로 내보내거나 제거할 수 있어야 제대로 된 지식과 정보를 사용할 수 있다고 본 것이다.

꿈과 목표를 가지고 살아가자

소명vocation이라는 말이 있다. 소명召命, 즉 '신이 나를 불렀다.'는 이 단어는 보통 직업을 일컫는 말로도 쓰인다. 건강한 삶을 살기 위해서 잘 먹고 잘 사는 것도 중요하지만, 무엇보다 내가 이 세상에서 할 수 있는 일이 있어야 한다. 자신이 감동하는 꿈과 목표를 가지고 살아가면 반드시 건강하다. 사람에게 일정한 직업이 필요하다. 사회에서 일정한 쓰임새가 있는 사람은 결코 한눈을 팔거나 경로에서 이탈하지 않는다. 자신의 일을 천직으로 알고 성실하고 꾸준하게 일하는 사람은 위험에 빠지지 않는다. 그래서 종교개혁의 기수 마르틴 루터는 '따분한 뇌는 악마의 놀이터'라고 말하지 않았는가? 목표를 갖는 것은 인생의 궤도에서 벗어날 위험을 줄여준다. 목적지가 있는 배는 표류하지 않는다.

이는 교육심리학에서 말하는 자기효능감 이론self-efficacy theory으로 설명할 수 있다. 스탠퍼드대학의 앨버트 밴듀라Albert Bandura는 어떤 상황에서 적절한 행동을 할 수 있고 주어진 문제를 제대로 해결할 수 있다는 기대와 신념을 일컬어 자기효능감이라고 했다. 그는 자기효능감이 모든 종류의 성취 행동의 중요한 매개자로 보았다. 특정 영역의 과제에 대한 자기 자신의 역량에 대한 믿음은 그 과제를 완수하는 데 필요한 동력이다. 꿈과 목표를 설정하고 이를 달성하기 위해 계획을 실천하는 과정에 자기효능감은 불붙은 연료와 같다. 목표가 있는 사람과 그렇지 않은 사람은 세상을 바라보는 관점부터 다르다. 60대 중반에 은퇴하고 갑자기 할 일이 없어져 매일 탑골공원에 가서 하루 종일 무료하게 앉아있는 가장들이 많다. 그들 중 거반은 건강의 적신호가 켜진 경우가 많다. 인생의 목표가 없는 사람은 그냥 살아갈 뿐 스스로에게 자극을 주는 운동이나 활동을 거의 하지 않는다. '못이 닳아 없어지는 게 아니라 녹슬어 없어지는 것이다.'

지금까지 건강한 생활의 습관화 네 가지, 즉 매일 운동하고, 영양소의 충분한 섭취, 스트레스 해소, 꿈과 목표 설정 등을 살펴보았다. 건강을 해치는 온갖 나쁜 병인과 자극에서 우리 몸을 지켜주는 웰빙의 장벽을 만든다고 해보자. 하루아침에 그 장벽을 쌓을 수 있는 사람은 아무도 없다. 하루하루 한 개의 벽돌을 차곡차곡 쌓아올려야 한다. 마음이 급하다고 성급하게 올릴 수 있는 작업이 아니다. 모든 사람에게 공평하게 주어지는 하루 한 개의 벽돌을 인내라는 모르타르를 발라 차분히 쌓아야 한다. 또한 사람을 사서 대신 쌓을 수 있는 일도 아니다. 이 일은 누구도 대신할 수 없다. 오로지 내 자신이 감당해야 하는 일이다. 『간절히 원하면 기적처럼 이루어진다』의 저자 삭티 거웨인Shakti Gawain은 "귀 기울여 들어준다면 우리 몸은 우리에게 분명하고 구체적으로 얘기해준다."고 말했다. 매일 건강한 생활을 습관으로 실천할 때, 자신의 몸이 보내는 신호를 민감하게 느끼며 적절히 반응할 수 있다는 뜻이다.

공부: 성공을 위한
최고의 투자

  책 읽는 부모 밑에서 책 읽는 자녀가 나온다. 책 읽는 부모는 자녀들에게 하나의 커다란 나무와 같다. 나무에서 떨어지는 열매를 받아먹고 나무 그늘에서 비를 피하며 건강하게 자랄 수 있기 때문이다. 부모는 하루가 멀다 하고 서로 싸우면서 자녀들에게 우애를 설교하는 건 앞뒤가 맞지 않는다. 부모가 TV 보고 스마트폰에 몰두하면서 "넌 방에 들어가서 공부하라."고 잔소리하면 어떤 아이들이 따라하겠는가? 모든 일에 부모가 주도적으로 모본을 보일 때, 자녀 교육 역시 성공적으로 이뤄질 수 있다. 다시 말해, 나의 성공 방정식이 자녀에게 그대로 대물림을 한다는 사실이다. 나는 두 아들을 나와 똑같은 학습 습관을 심어주려고 노력했다. 나는 어렸을 때 나를 이끌어주고 조언해주는 멘토가 없어서 서울대나 해외

대학은 꿈도 꾸지 못했다. 생존을 위해 눈앞의 꿈을 저당 잡히는 삶을 살아야 할 때도 있었고, 가정의 생계를 위해 가시적 목표를 잠시 시야에서 놓쳐야 할 때도 있었다. 그런 나에게 서울대나 미국 유학은 언감생심이었다. 뒤늦은 대학원 공부 중에도 주변의 경제적 도움은 꿈꿀 수도 없었고, 학업을 이어가면서도 직업 전선에 나서서 처자식을 먹여 살려야 했다.

자녀들만큼은 나의 전철을 밟게 하고 싶지 않았다. 그래서 나는 아이들이 어렸을 때부터 내가 체득했던 공부의 노하우를 그대로 전수했다. 서울대를 들어간 첫째 아들은 어릴 때부터 독서를 많이 시켰다. 그 덕분인지 천안 두정중학교를 우수한 성적으로 졸업한 후, 자율고인 공주의 한일고등학교에 입학하여 3년간 성적우수 장학생으로 보냈다. 고교 3년 동안 각종 경시대회에서 여러 가지 상을 수상하였으며 각종 자격증도 취득했다. 2009년 전국 수능 모의평가에서 전국 수석을 3회 차지하며 한일고를 우수한 성적으로 졸업한 후, 2010년 서울대학교에 합격했다. 2016년 2월 학부를 졸업하고 다시 대학원 경제학과에 진학했다. 내 영향 때문인지 학과를 상경계열로 잡았고, 대학원을 졸업하면 박사과정은 미국으로 유학을 가려고 준비하고 있다. KAIST를 진학한 둘째 아들 역시 책을 끼고 살았다. 둘째는 중학교를 졸업하고 자사고인 천안 북일고등학교에 입학했는데, 2학년 때 교내 물리경시대회 대상, 충남 물리경시대회 금상을 수상했고, 3학년 때에는 국제 저명전문학술지

SCI에 학술논문이 게재되면서, 중앙일보에 한국의 미래 노벨상 후보로 보도되기도 했다. 3학년 담임선생에 따르면, "북일고 역사상 가장 스펙이 좋은 학생으로 KAIST 물리학과에 입학하게 되었다."고 전했다. 둘째는 군대에 가지 않아도 되지만, 미국 아이비리그 대학으로 유학을 가기 위해 2학년 1학기 때 자발적으로 휴학하여 공군에 입대했고 지금은 전역하고 대학에 복학했다.

　나를 팔불출이라 말할지 모르겠지만, 아이들이라고 순탄한 길만을 걸었던 건 아니었다. 첫째는 키가 또래에 비해 작은 편이라 고등학교 1학년 시절 같은 반 아이들로부터 '찌질이'라는 별명과 함께 따돌림을 당했다. 그때를 생각하면 부모로서 아직도 마음이 아프고 아리다. 하지만 정작 본인은 담담히 이겨나갔다. 처음에는 힘들어했지만 곧 중심을 잡고 공부에 매진하면서 주변 친구들도 아들을 인정하면서 왕따를 멈추었다. 둘째는 고 2때 축구를 하다가 부상으로 무릎 인대를 다친 적이 있었다. 걸을 수조차 없어서 졸지에 2~3개월을 보조기구에 의지해야 했다. 첫째에 비해 성격이 활발하고 친구들을 좋아했던 둘째는 움직일 수 없게 되자 많이 낙심했다. 2개월 동안 승용차로 아들의 두 발이 되어주면서 아들의 고민과 생각을 직접 들을 수 있는 기회를 얻었으니 나에게는 그리 나쁜 시간만은 아니었다. 고교시절 유일하게 나간 수학 학원, 학원을 다니고 친구를 만나러 나갈 때 차로 함께 이동하면서 자연스럽게 나는 아들의 교우관계나 사회관계의 경계를 가늠해볼 수 있었다. 부모부터 솔선수범하여 TV를 끄고 대신 손에 책을 쥐어보자. 부부는 서로를 아끼고, 아빠는 자상하며, 엄마는 검소한 가정에서 안정적인 면학 분위기가 형성되며, 그 가운데서 자녀들이 일취월장한다. 부모부터 건강한 삶을 실천하고 운동에 열심을 내면 자녀들은 그대로 따른다. 아이는 설교가 아니라 행동에 움직인다.

성공적인 자녀 교육을 위한 다섯 단계 방법론

우리가 익히 알고 있듯이, 학습學習이라는 말에 이미 습관이 들어가 있다. 학습은 '배워서 익히는 일체의 행위'다. 학습에 얼마나 습관이 중요한 역할을 하는지 잘 알 수 있는 대목이다. 아이가 시키지 않아도 스스로 학습에 매진하는 경우라면 얼마나 좋겠는가? "전생에 나라를 구했다."고 말을 듣는 부류의 부모들일 것이다. 안타까운 건 대부분의 자녀들이 공부보다는 스마트폰이나 인터넷, TV에 더 관심을 보인다는 사실이다. 자녀들에게 학습의 습관을 심어줄 수 있는 부모는 치열한 입시경쟁에서 이미 반은 이기고 들어간 것이나 다름없다. 과연 어떻게 하면 성공적으로 자녀들을 교육시킬 수 있을까? 이 글을 읽는 독자들이 만약 10대 중고생에서 20대의 대학생이라면 필자가 앞으로 설명하는 원리들을 자신에게 직접 적용하면 될 것이고, 만약 유아기나 초등학생의 자녀를 둔 부모라면 아이들에게 적용하면 될 것이다.

첫 번째 단계는 "지적 기초 형성단계"로 자녀가 쉽게 학업에 빠져들 수 있도록 모든 단계에 놀이적 요소들을 넣어주는 게 중요하다. 3세에서 7세까지 유아기는 말문이 트이고 사회화가 진행되는 시기로 언어(말, 단어) 놀이와 수치 계산(사칙연산) 놀이를 통해 지적 활동의 기초를 마련할 수 있다. 이 시기에는 언어 놀이와 수학 놀이가 가장 중요하다. 특히 수리 능력 향상이 중요한데, 수학은 유아교육, 초등교육, 중등교육 등을 단계별로 학습해야 하기 때문에 유아기나 초등학교 시절에 흐름을 놓치면 따라잡기 어렵다. 유, 초, 중, 고 과정 중 단계적으로 수학(산수) 능력을 향상시키기 위해 물건(교구)을 이용하여 생활 속 연산사고력을 향상시키는 게 필요하다. 무엇보다 아이가 손으로 교구를 만지면서, 수를 감각적으로 인지하고, 아이의 눈으로 수를 확인시키며, 수적 인지능력을 키운다. 어느 정도 익숙해지면 차츰 물건 없이 추상적으로 수를 그려볼 수 있도록 유도한다. 놀이를 이끄는 사람(엄마)이 숫자를 크레파스나 색연필 등으로 표현한다.

두 번째 단계는 "독서 훈련 연습단계"로 초등학교 저학년 때부터 집중적으로 독서(책읽기) 훈련을 시킨다. 독서하는 자세를 갖추고, 독서할 때 집중하는 훈련이 중요하다. 조선 후기의 문인 김득신金得臣의 사례는 오늘날 부모들에게도 시사해주는 바가 많다. 그는 어릴 때 천연두를 앓아 지각이 발달하지 못해 노둔한 편이었다. 아버지 김치金緻는 이러한 아들을 질책하기보다는 책을 주며 꾸준히 격려했다고 한다. "너는 대기만성大器晚成형이다. 책을 읽으면 성공할 수 있을 것이다." 그러면서 여러 권의 책을 읽는 대신 한 권의 책을 열 번이고 백 번이고 읽는 독특한 학습법을 아들에게 전수했다. 위편삼절韋編三絶이라고 고대 중국에서부터 입증된 고전적인 학습 방법이다.[18] 그렇게 그는 닥치는 대로 책을 구해 읽었는데, 한 권을 적게는 백 번, 많게는 만 번 이상 읽는 열의를 보였다. 개중에 만 번 이상 읽은 글이 무려 36편이나 되었다고 한다. 사마천의 『사기』에 나오는 백이전은 10만 번이나 읽을 정도였다. 이렇게 독서를 게을리 하지 않았던 김득신은 훗날 명필이자 유명한 시인으로 이름을 날렸다. 다산 정약용은 "글자가 생겨난 이후로 상하 수천 년과 종횡 3만 리를 통틀어 독서에 부지런하고 뛰어난 이로는 당연히 백곡(김득신)을 제일로 삼아야 할 것이다."라고 그의 독서력에 감탄했다. 그렇게 지독하고 치밀한 독서의 힘으로 자신의 글을 모아 『백곡집柏谷集』을 남겼다.

　독서는 매우 가치 있는 지적 행위이기 때문에 자녀교육에서 절대로 빠질 수 없다. 『월든』을 쓴 헨리 데이비드 소로는 독서를 두고 이런 명언을 남겼다. "고차원적인 독서는 우리를 향락으로 어르고 고결한 재능을 잠들게 하는 행위가 아니라 정신을 집중하고 긴장한 채 까치발로 꼿꼿하게 서서 정신이 가장 맑은 시간을 바치는 숭고한 행위이다." 미국 건국의 아버지, '최초의 미국인'이라

---

18 『사기』에 나오는 고사로 공자가 같은 책을 여러 번 숙독하여 책을 묶은 가죽끈이 세 번이나 끊어진 데에서 유래한 말.

는 별명이 붙을 정도로 국민들의 추앙을 받아 훗날 100달러 지폐에도 초상화가 그려진 벤자민 프랭클린은 "읽을 만한 가치가 있는 것을 쓰든지 아니면 쓸 만한 가치가 있는 일을 하라Either write something worth reading or do something worth writing."고 말했다. 그는 요즘으로 말하면 초등학교 2학년 학력 밖에 없었지만, "게걸스럽다devour"는 표현을 할 정도로 꾸준한 독서로 정치가이자 과학자로 만인의 존경을 받는 인물이 되었다. 그는 조국을 대표하여 프랑스 대사로도 활동했고, 그가 했던 여러 가지 실험은 아직도 그의 천재성을 증명이라도 해주듯이 과학 교과서에 실려 있다. 훌륭한 스승을 만나면 하나의 가르침을 받을 수 있지만, 양질의 서적들을 만나면 천 가지 가르침을 얻을 수 있다.

세 번째 단계는 "속독 정독 훈련단계"로 초등학교 고학년 때 속독과 정독 훈련을 해야 한다. 독서에는 크게 네 가지 방식이 있다. 정독精讀, 숙독熟讀, 간독間讀 그리고 속독速讀이다. 정독은 흔히 '커버-투-커버cover-to-cover'라고 불리는 독서로 책을 처음부터 끝까지 뜻을 새기면서 꼼꼼히 읽는 것이다. 가장 기본적인 독서의 형태이면서 모든 독서의 기본이 되는 방식이다. 숙독은 정독보다 더 꼼꼼하게 읽는 방식이다. 숙독은 책의 어떤 부분은 따로 정리하여 암기하고, 어떤 부분은 하나의 주제나 화두를 가지고 깊이 사고하는 지적 행위까지 포함한 독서 방식이다. 보통 숙독은 재독再讀이 포함되며 전공서나 인생에서 중요한 책들을 접근할 때 활용할 수 있는 방식의 독서다. 물론 정독을 통해 숙독으로 넘어가는 책들이 걸러질 수도 있다. 반면 간독은 띄엄띄엄 읽는 것이다. 보통 책을 한 번 읽으면 완독完讀을 목표로 하는 사람들이 종종 있는데 이는 독서에 대한 커다란 오해 중 하나다. 책 중에서는 간독이 도리어 효과적인 경우도 있기 때문이다. 참고서나 곁에 두고 꾸준히 읽는 책들 중에는 간독이 더 효과적일 수 있다. 마지막으로 속독은 책을 쭈욱 읽어 나가는 방식이다. 걸리는 부분, 이해되지 않는 부분은 우선 그냥 남겨두고 앞으로 계속 달려 나간다. 속독은 단순히 글을 빨리 읽는 기술이 아니다. 속독은 정독을 가능하게 하는 고도의 숙련된 지적인 인지 행위다. 나는 두 아들을 모두 속독학원에 보냈다. 속독은 빠르게 본문의 내용을 파악하고 간추리는 문단요약summing-up 능력을 기르는 데 필수적이다. 요약이 가능해야 다음 단계에서 문장전환paraphrasing이 가능하다.

사실 학부모들이 가장 힘들어하는 단계가 이 단계다. 오늘날 아이들은 이미 인터넷과 스마트폰, 유튜브 등 각종 영상 매체에 점령당했기 때문에 책 한 권 글 한 자 읽히기가 여간 어려운 일이 아니다. 한참을 어르고 달래고 보상이라도 걸어야 마지못해 아이들이 책을 읽는다. 미국의 저명한 교육학자이자 『죽도록 즐기기』의 저자 닐 포스트먼Neil Postman은 최근 문자(독서) 문화에서 영상 문화로 미디어의 중심이 바뀌면서 교육에서 어린이가 소멸했다고 진단한다. 인쇄 문화에서 출발한 교육제도가 아이들이 정보를 받아들이는 시스템을 일정 부분 통제하는 '자동온도조절장치'의 역할을 해왔다면 미디어 시대로 넘어가면서 이 부분이 제대로 작동하지 않는 심각한 문제에 빠졌다고 보았다. 어떻게 하면 아이들에게 윽박지르지 않고 책을 가까이할 수 있게 할까? 바로 넛지nudge를 활용하는 것이다. '팔꿈치로 슬쩍 찌른다'는 뜻의 넛지는 미국 시카고대 행동과학자이자 노벨 경제학상을 수상한 리처드 탈러Richard H. Thaler 교수와 하버드대 로스쿨 캐스 선스타인Cass R. Sunstein 교수가 제시한 개념이다. 이미 우리나라에도 소개되어 아직도 베스트셀러에 오르내리는 『넛지』의 저자들이다. 넛지란 무엇인가?

> "넛지는 선택 설계자가 취하는 하나의 방식으로서, 사람들에게 어떤 선택을 금지하거나 그들의 경제적 인센티브를 크게 변화시키지 않고 예상 가능한 방향으로 그들의 행동을 변화시키는 것이다. 넛지 형태의 간섭은 쉽게 피할 수 있는 동시에 그렇게 하는 데 비용도 적게 들어야 한다. 넛지는 명령이나 지시가 아니다. 과일을 눈에 잘 띄는 위치에 놓는 것은 넛지다. 그러나 정크푸드를 금지하는 것은 넛지가 아니다."[19]

넛지는 사람들을 일정 방향으로 유도해 선택하도록 하는 직접

---

19 『넛지(리더스북)』, 안진환 역, 21쪽.

적이고 강제적인 메시지를 사용하는 게 아니라 당사자가 눈치채지 못할 정도로 간접적이고 은유적인 방식으로 개입하는 전략을 말한다. 우리 주변에서 가장 쉽게 볼 수 있는 사례는 남자 공공화장실 소변기에 그려진 파리 그림이다. 사람들은 소변기 중심에 소변을 보라는 직접적인 지시나 강압적인 명령보다는 자기도 모르게 소변으로 파리를 조준하여 맞추려는 욕구가 발동하여 누가 시키지 않았는데도 제대로(?) 볼일을 본다. 미국 미네소타주에서 체납고지서에 '주민의 90% 이상이 이미 납부를 마쳤다.'는 문구를 넣었더니 '이번 달 안으로 납부하지 않으면 법적 처벌을 받을 것이다.'라고 윽박지를 때보다 납세율이 더 높아졌다. 체납요금을 납부하라는 독촉 전화보다 다른 상식적인 사람들의 행태를 소개해서 자연스럽게 납부를 유도한 것이다. 마찬가지다. 자녀들에게 책을 읽게 하고 싶다면, 넛지를 활용하여 자연스럽게 책을 가까이 하도록 전략을 짤 수 있다. 아이를 의대를 보내고 싶다면, 무턱대고 "공부 열심히 해라."가 아니라 『닥터 지바고』나 『인간의 굴레』 같은 의사가 주인공인 소설책들을 주는 것과 같다.

네 번째 단계는 "논술 작문 훈련단계"로 초등 고학년과 중학교 저학년에서 논술 훈련을 해야 한다. 사실 글쓰기 학습은 나이와 세대를 무론하고 누구에게나 필수적인 과정이다. 작문이 되는 학생은 모든 과목에서 그렇지 못한 학생들보다 훨씬 우수한 성적을 거둘 수 있다. 단지 학교에서만 작문이 요구되는 건 아니다. 회사에서도 자신의 생각을 정제된 언어로 표현할 수 있는 능력이 있는 사원이 그렇지 못한 이들보다 승진에 유리한 것은 불 보듯 뻔한 일이다. 근간 『150년 하버드 글쓰기 비법』이라는 책을 보면, 하버드대학교의 학생들이 가장 많이 듣는 수업이 글쓰기 수업이라고 한다. 그들은 졸업할 때까지 종이 무게로 50kg이 되는 분량의 글을 써댄다고 하니 그럴 만도 하다. 학습이란 자신이 보고 배운 내용, 글로 읽은 내용을 소화하여 자신의 글로 논리정연하게 표현하고, 이를 교수나 다른 사람들로부터 평가받고 고쳐 쓰는 행위를 지칭하는 말이다. 당연히 글을 쓰고 글로 사고하는 능력이 제일 먼저 요구될 수밖에 없다. 자신의 생각을 글로 표현할 수 없는 학생은 그 생각을 정확하게 인지하지 못했거나 아니면 제대로 이해하지 못했음을 반증하는 것이다.

앞선 단계에서 속독과 정독이 어느 정도 되면, 논술에 관련된 훈련을 시작하는데, 여기서 가장 중요한 건 소위 '휴리스틱heuristic'이라 불리는 방식이다. 아리키메데스가 대중목욕탕에서 부력의 원리를 발견하고 외쳤던 "유레카(알았다)"라는 말에서 유래한 휴리스틱은 자발적이고 능동적인 발견적 학습법을 총칭한다. 엉성하고 불완전한 정보 속에서 내가 원하는 지식을 간취하는 능력은 요즘 젊은 세대가 말하는 단순한 인터넷 검색 능력을 말하는 게 아니다. 생각의 줄기를 완성하고 그 사이에 빠진 부분들을 지적 사고와 적극적인 분석력, 추론력, 탐구력, 지식을 확장시키는 탐색력을 포괄

하는 능력이자 자질이다. 다행스러운 건 이 휴리스틱은 선천적으로 가지고 태어나는 게 아니라 일상의 연습으로 누구나 얼마든지 확보할 수 있는 기술skill이라는 점이다. 나중에 서울 대치동 논술학원에서 한 달에 기백만 원을 들이며 특강을 듣는 것보다 아이가 어렸을 때 이러한 발견적 훈련법을 통해 작문 실력을 확보하는 게 바람직하다.

다섯 번째 단계는 "자기주도학습 훈련단계"로 6학년 2학기부터 중학교 입학하기 전에 경쟁이 치열한 입시학원에 가서 자신의 학습 능력을 확인해 보고 중학교에 들어가서부터는 학원보다는 자기주도학습 방법을 습득하여 자력으로 공부해야 한다. 중학교 2~3학년 때 자기주도형 학습이 가능해지면, 고등학교도 사설 입시학원에 가지 않고도 목표와 계획을 세워서 공부할 수 있는 공부 체력을 얻게 된다. 무엇이든 시킨 일을 하는 것과 자기가 주도적으로 하는 것은 천양지차다. 재미로 하는 일과 돈 받고 하는 일은 벌써 보람부터 다르다. 이에 대해 1973년, 리처드 니스벳Richard E. Nisbett은 동료들과 함께 과잉-정당화 효과Over-justification effect를 실험으로 이유를 제시했다. 제일 먼저 여러 그룹의 아이들에게 여러 색의 미술 도구를 주고 가지고 놀도록 했다. 그리고 그중 일부 아이들에게는 이 미술도구를 사용하면 상을 준다고 하고, 나머지 아이들은 상 없이 그냥 갖고 놀게 했다. 흥미로운 사실은 일주일이 지나자 오히려 보상을 받지 않은 아이들이 미술도구를 다시 가지고 노는 데 더욱 열의를 보였다는 사실이다. 누가 시키지 않았는데도 스스로 그림을 그리는 게 재밌다고 느꼈던 아이들이 남이 시켜서 그림을 그렸던 아이들에 비해 더 많은 자극을 받은 것이다. 그 전까지는 재미있게 놀다가도 꼭 남이 하라고 시키면 그 놀이가 갑자기 싫어지고 싱거워지는 경험을 누구나 한 번쯤 해보았을 것이다. 자기주도학습에 관해서는 다음 단원에서 자세히 설명하겠다.

지금까지의 내용을 정리하면, 다음과 같다.

지적 기초 형성단계	3세에서 7세까지 유아기의 언어화와 사회화 단계 언어 놀이와 계산(사칙연산) 놀이를 통한 지적 활동
독서 훈련 연습단계	초등학교 저학년의 독서 단계 체계적인 책읽기 훈련을 통한 지적 활동
속독 정독 훈련단계	초등학교 고학년의 속독 단계 속독과 정독 훈련을 통한 지적 활동: 넛지(nudge)
논술 작문 훈련단계	초등 고학년과 중학교 저학년의 논술 단계 논술과 발견법을 통한 지적 활동: 휴리스틱(heuristic)
자기주도학습 훈련단계	중학교와 고등학교의 자기주도학습 단계 자발적 목표 세우기와 계획을 통한 지적 활동

다섯 단계 학습 방법론

자녀의 자기주도학습을 위한 여섯 단계 방법론

필자가 가르치는 경영학 이론 중에서도 사내 경영과 관련되어 종종 언급되는 이론이 있다. 미국 로체스터대학의 심리학과 교수인 에드워드 데시Edward L. Deci와 리처드 라이언Richard M. Ryan은 1987년 사람은 무엇이든 자기 스스로 결정해서 할 때 가장 즐겁고 만족감을 느낄 수 있으며, 그에 따른 결과도 가장 좋다는 주장을 내놓았다. 흔히 자기결정성 이론Self-determination theory이라고 불리는 그들의 주장은 사람에게 어떠한 행동을 촉발하는 두 가지 심리적 동기 중에서 내재적 동기가 외재적 동기보다 훨씬 능률적이고 효과적이라는 내용이다. 그들은 동기의 스펙트럼motive spectrum을 가지고 이를 설명했는데, 외재적 동기external motive는 밖에서 일방적으로 주어지는 동인으로 "너 이번 기말고사 시험 잘 보면 엄마가 최신형 스마트폰 사줄게." "이번 회기 영업 목표를 달성하면 한 단계 진급을 약속합니다."와 같은 조건화이다. 보통 일정한 행위를 달성했을 때 보상이 주어지는 동기의 유형으로 개인에게 일정한 행위를 즉각적으로 촉발시키는 효과가 있지만 장기적인 과제로는 효력이 떨어지는 단점이 있다. 반면 내재적 동기internal motive는 내부에서 생겨난 동인으로 외부의 조건화가 불필요하다. 기말고사를 위해 열심히 공부하는 이유는 '최신형 스마트폰'이라는 보상을 바라기 때문이 아니라 '그냥' 공부가 좋기 때문이다. 이번 회기 영업망을 확보하려고 동분서주하는 건 매출 목표를 달성하기 위해서가 아니라 '그냥' 사람 만나고 물건을 판매하는 영업 자체가 성격에 맞고 즐겁기 때문이다. 단기적으로 이러한 내재적 욕구를 만드는 데 어려움이 있지만, 일단 내재적 동기가 형성되면 외재적 동기보다 훨씬 능률적이고 지속적이다. 자기결정성이론에 의하면, 내재적 동기는 대부분 직접적인 동기이며 일 자체의 즐거움과 의미, 개인의 성장을 추구하는 경향이 있다. 일과 개인의 가치, 신념과 매우 밀접한 관계를 가지기 때문에 시간이 지나도 좀처럼 약화되거나 퇴색되지 않는다. 반면 외재적 동기는 간접적인 동기들로 정서적인 압박감이나 경제적인 압박감, 타성에 젖은 동기로 외부에 의해 주입된 것들이 대부분이다. 보상과 처벌이라는 기제를 통해 동기를 확보할 수 있지만 장기적인 관점에서는 도리어 부정적인 결과를 낳는 경우가 많다.

나는 자녀 교육을 명분으로 아이들에게 매를 든 적이 단 한 번도 없다. 이렇게 말하면 사람들은 도통 믿으려고 하지 않는데 내 교육 철칙은 항상 칭찬과 격려뿐이었다. 간혹 암묵적 방향 제시가 있었다면 항상 선제적으로 자연스럽게 스며들도록 했다. 교육자로서 외재적 동기가 자녀에게 얼마나 나쁜 것인지 잘 알고 있었기 때문에 가능했다. 아이들 역시 서투를 뿐이지 말을 듣고 납득하고 이해할 수 있는 인간이며, '인간적인 것 치고 낯선 건 아무것도 없다Nothing human is alien to me.'는 게 내 자녀 교육 방법이다. 내가 아빠로서 아이들에게 중요한 내용을 이해시키고 싶을 때에는 절대 집에서 말하지 않고, 여행이나 등산 등 마음이 편하고 자유로운 상태에서 진행했다. 절대 식탁에서 가족끼리 함께 식사를 할 때나 거실에 앉아 담소를 나눌 때 진지한 이야기를 피했다. 주로 가족과 함께 등산할 때나 공원을 산책할 때, 아니면 함께 낚시를 갔을 때, 천천히 이야기를 꺼냈다. 이때 직설법은 가급적 피하고, 간접적인 표

현, 은유법을 사용하여 에둘러가면서_{beating around the bush} 말을 하는
게 포인트다. 넛지를 활용하는 게 많은 도움이 됐다. 대학 전공과
장래희망, 취업과 직업의 세계 등은 중학교 고학년이나 고등학교
저학년 때, 미리 이야기해서 스스로 동기부여를 통해 준비할 수 있
도록 배려했다. 중학교와 고등학교 때 학교 공부 내용과 방법, 취
미활동, 운동(스포츠), 음악, 미술, 놀이 등은 초등학교 고학년 때 미
리 이야기를 해주어 시간을 낭비하지 않을 수 있도록 했다.

외재적			자기 결정적	
동기 상실 amotivation	외부의 동기 external	투입된 동기 introjected	동일한 동기 identified	내재적 동기 intrinsic
선생님이나 동료들에게 아무런 반응도 하지 않기	지면 푸시업을, 이기면 10점을 얻을 수 있기 때문에 동참함	활동이 개인적으로 건강에 좋기 때문에 동참함	개인적으로 중요하다고 여기기 때문에 동참함	내재적으로 좋아하고 즐기기 때문에 동참함

동기의 수준

→

동기의 스펙트럼

　자기주도학습이 가능하려면, 무엇보다 현실점검이 우선해야 한
다. 내가 머물고 있는 좌표를 모른 채 계획을 세울 수 없기 때문이
다. 공부의 자세와 준비가 되어 있지 않은 아이를 부모가 무조건
높은 목표에 맞춰 닦달한다고 해서 좋은 결과를 얻을 리 만무하다.
스스로 공부의 주인이 되어서 자신의 현실에 맞는 학습목표를 정

하고, 그 목표에 따라 한 걸음씩 걸어가는 게 필요하다. 일단 자기주도학습을 하겠다고 마음먹었다면 아이에게 공부의 주도권을 양보해야 한다. 우리나라 공교육의 가장 큰 병폐는 자율학습이 '자율'학습이 아니라는 데에 있다. 대부분의 중고생들은 '자율학습'이라는 말에 콧방귀를 뀔 것이다. 학생들의 의지와 무관한 자율학습은 자율이라는 가식적인 미사여구로 단장한 타율학습에 불과하다.

목표를 세울 때에는 너무 멀거나 거창해서는 안 된다. 아직 3년이상 남아있는데 대학 입시를 카운트하는 건 금물이다. 중간고사나 기말고사 단위도 사실 아이들에게 너무 멀다. 대부분 학사일정에 자신의 공부 패턴을 맞추기에 앞서 책상머리에 앉아 하루하루 공부하는 시간 단위부터 정하는 게 올바른 순서다. 평소 앉아있는 습관이 되어있지 않은 아이들은 열이면 아홉은 꾸준히 책상에 착석하지 못하고 10분이 지나면 엉덩이를 들썩인다. 우선 엉덩이를 의자에 붙이는 습관을 들이도록 목표를 소박하게 잡고, 매일 반복하여 습관이 몸에 들게 한다. 그렇다고 해서 높은 이상을 아예 갖지 말라는 건 아니다. 목표는 단기적이지만 최종지점은 꿈과 비전을 이룰 수 있는 원대한 이상이어야 한다. 항상 북극성이 밤하늘 항로의 중심이 되듯, 타협할 수 없는 꿈과 목표는 제시해야 한다.

계획만큼 중요한 것이 평가다. 적절한 평가와 피드백이 없는 학습은 맹목적이다. 본인이 세운 계획대로 목표에 근접했는지 부모는 개량 가능한 방식으로 측정해야 하고, 이 과정을 여러 번 반복하여 익숙한 상태가 되면 비로소 스스로 평가할 수 있어야 한다. 자기주도학습은 남을 보여주기 위해서 하는 학습이 아니라 스스로 지식을 누적하고 쌓아 올려서 응용이 가능한 상태로 준비하는 과정이다. 따라서 계획에 대한 실천 동기와 평가가 학생 스스로에게 나와야지 외부로부터 주어지면 자기주도학습이라는 본연의 의미를 상실하게 된다.

위의 사항을 정리하면, 다음과 같다.

1) 자기주도학습 준비를 위한 자기진단 단계
- 꿈과 목표를 가지고 있는지 확인한 후 없으면 꿈과 목표를 세우도록 지도함
- 학습 계획을 세우고 실천할 의지가 있는지 확인하고, 의지를 갖도록 지원함
- 현재하고 있는 학습 과정과 단계를 확인하고 효율적인 학습 방법을 안내함
- 어려운 문제에 대해 도전할 자신감이 있는지 확인하고, 자신감을 가질 수 있도록 격려함
- 이성 교제나 게임, 스마트폰 등 공부에 방해가 되는 외부적 요소들을 정리할 의지가 있는지 확인하고 의지를 가지도록 지도함
- 책을 꾸준하게 읽는 습관이 있는지 확인하고, 책 읽기를 습관화시킴

2) 학습 시간을 확보하는 단계
- 학교 수업에 치열하게 참여해야 함
- 효율적, 능률적 '자습 시간' 확보가 중요함

- '자기 공부' 시간 확보가 관건임
- 자기주도학습의 핵심은 '시간 관리'이므로 1일 타임테이블을 작성함

3) 자기주도학습 환경을 조성하는 단계
- 공부 장소를 결정함. 집과 독서실 등 공부가 잘 되는 곳을 정함
- 가족들의 분위기 조성의 노력, 공부 시간대에 가족들이 TV를 보지 않도록 합의함
- 컴퓨터 게임, 휴대폰 사용, 이성 관계 등 주변을 정리함
- 부모와 자녀 간 협의하여 이행(실천) 약속해야 함

4) 학습 목표를 설정하는 단계
- 단기목표: 매일, 매주, 매월 등 목표를 설정하고, 달성 가능한 목표를 세우도록 지도함
- 중기목표: 매 학기, 매 학년 학습 목표를 설정함, 학습 목표는 성과를 수치로 나타내야 함, 예를 들면, 교내 성적(내신 성적) 향상 정도, 외부 교육기관 시험이나 외국어 성적, 경시대회 성적 등
- 장기목표: 중학교 3년 간 목표 또는 고등학교 3년 간 학습 목표를 설정함, 학습 목표는 성과를 수치로 나타내야 함, 예를 들면, 내신 성적 향상 정도, 수능 모의고사나 사설 연합고사의 성적 향상 정도 등

5) 학습 계획을 수립하는 단계
- 학습 목표를 달성하기 위한 과목별 구체적 학습 계획을 수립함
- 학습 계획은 매일 계획, 매주 계획, 매월 학습 계획 등 3가지 단위로 수립함
- 학습 계획은 공부의 시간 양이 아닌 공부의 분량(범위)으로 함

6) 지속적인 실천과 결과를 평가하는 단계
- 학습 목표와 계획대로 쉬지 않고 꾸준히 공부하도록 지도함
- 학습 목표와 계획 대비 학습 성과를 점검함
- 점검을 통해 얻어낸 결과를 반성함
- 결과를 다음 학습 목표에 반영함

자기주도학습을 실천할 수 있는 비결은 내 안에서 내재적 동기를 끌어올리는 것으로 출발한다. 학교에서 많은 학생을 가르치다 보면, 시험에 쫓겨 억지로 공부하거나 졸업 학점을 채우기 위해 수업에 임하는 학생들이 적지 않다. 안타까운 건 그러한 외재적 동기로 시작한 공부는 결코 충분한 단계까지 성장할 수 없다는 점이다. 외재적 동기가 어느 순간 내재적 동기로 변하고, 그 속에서 새로운 가치와 동력을 얻을 수 있을 때에만 학업이 성장한다. 흔히 남이 제시해준 목표, 외부에 의해 주어진 길을 따라가는 공부를 하다 보면 어느 순간 '눈 가리고 아웅'하는 수준에 머무르는 자신을 보게 된다. 이럴 경우에는 무조건 기본으로 돌아가서back to basic 꿈과 목표를 설정하는 작업부터 새로 시작해야 한다. 세계적인 동기부여 강사인 짐 론Jim Rohn은 "성공은 마법도 신비도 아니다. 성공은 기본 원칙을 꾸준히 적용한 자연스런 결과다Success is neither magical nor mysterious. Success is the natural consequence of consistently applying the basic fundamentals."라고 말했다.

성공을 만드는 습관

바로 앞에서 언급한 짐 론은 "당신을 시작하게 만드는 건 동기부여지만, 당신을 계속 하도록 하는 건 습관이다Motivation is what gets you started. Habit is what keeps you going."라고 말했다. 습관은 목표와 동기사이에 가로 놓인 돌다리와 같다. 꾸준한 동기부여와 결단도 내 일상을 성공의 습관으로 혁신하지 않으면 결코 성공으로 건너갈 수없다. 그렇기 때문에 알바를 하든지 비정규직을 하든지 내 전문적인 직업에 어울리는 일을 찾는 게 바람직하다. 습관이 우리를 어느새 목표로 데려가기 때문이다. 작은 일을 하더라도 내 꿈과 연관성과 연속성이 있는 일들을 찾는 게 중요하다. 필자 역시 교수라는 인생의 목표를 설정하고 내가 머물러 있는 좌표를 냉정하게 살펴보았더니 꿈의 경계 밖에서 안으로 점차 들어가는 방향으로 움직

여왔다는 사실을 깨달았다. 쉽게 말해, 시간이 갈수록 점점 교수와 가까운 직업으로 이동해왔다는 점이다. 철공소 직공으로 있을 때, 사장은 나에게 이렇게 말했다.

"닌 뭐가 되고 싶노?"
"공부를 해서 학자가 되고 싶습더."
"내 보니 닌 여서 있을 녀석이 아이다."
"…"
"니가 공부할 수 있는 델 알려줄 테니 글루 함 가봐라."

사장이 뜬금없이 나에게 다른 직업을 추천해 준 게 아니다. 철공소에서 누구보다 부지런하고 성실하게 일했기 때문에 내가 이직을 하면 사장 입장에서 좋을 게 없었다. 하지만 내가 평소 공부에 대한 결의를 보였기 때문에 다음 날 사장은 나를 대구 대명동에 있는 명덕파출소에 급사로 일할 수 있도록 소개해 주었다. 파출소는 기존에 내가 일하던 것과 완전히 다른 일을 요구했다. 한마디로 철공소는 육체노동을 해야 하는 곳이다. 한여름에도 땀을 뻘뻘 흘리면서 코우크스를 나르고 선반 작업을 해야 한다. 1mm의 오차도 허용되지 않는 밀링작업을 할 때면 모든 잡념을 버리고 기계 끝에 초집중하지 않으면 안 되었다. 깜박하면 손이 기계에 말려들어갈 수도 있는 위험천만한 작업의 연속이었다. 하지만 파출소의 급사는 전혀 달랐다. 우선 서류를 정리하고 경찰들의 구두를 닦아주고 잔심부름을 해주는 일에서부터 중요한 서류들을 철하고 캐비닛에 보관하는 일을 맡아 했다. 물론 사무실 환경미화나 관사를 청소하는 업무도 빼놓을 수 없는 일과 중에 하나였다. 일단 철공소보다 일이 수월했다. 게다가 철공소보다는 내 꿈에 더 가까운 직업임이 분명했다.

명덕파출소에서 그렇게 6개월가량 일하다가 보다 힘이 덜 들고 공부할 시간이 많으며, 안정적으로 공부할 수 있는 직장을 찾았다. 어느 날 대구 중부경찰서 경무과에서 사환을 구한다는 소식을 경찰서에서 사환으로 근무하고 있는 고등학생으로부터 듣게 되었다. 사환은 급사보다 한 단계 더 높은 직위로 개인적인 시간을 좀 더 낼 수 있는 위치였다. 하는 일은 비슷했으나 동네 파출소에 급사로 있는 것보다 경찰서 경무과 사환을 하는 게 공부하는 데에는 더 도움이 될 거라 판단했다. 곧장 경무과 창구에 가서 물어보니, 사환을 구한다고 하여, 다음 날 면접을 보기로 약속하고 집으로 왔다. 다음 날 면접을 보고 그 다음 주부터 바로 출근할 수 있었다. 경무과는 소위 페이퍼워크paperwork를 전담하는 사환을 따로 두었는데, 나를 똘똘하게 봤던 상관이 나를 그 일에 투입시켰다. 지금에야 컴퓨터로 문서를 작성하고 출력하지만, 예전에는 공문을 일일이 손으로 직접 다 쓰고 등사기로 밀어서 매일 각 부서나 파출소로 보내야 했다. 나는 일단 공문서 배달하는 일부터 시작했고 일이 점차 손에 익자 직접 손글씨를 쓰는 일을 했다. 공문 발송 작업이라고 하는데, 글씨를 쓰는 일을 했던 게 내가 나중에 교수를 하는 데에도 도움을 줬다. 전문적인 필경사를 두고 있는 대규모 관공서는 모르겠지만, 보통은 나처럼 글을 쓰는 사람을 하나씩 두고 있었다. 이밖에도 경찰관들의 구두를 닦는 일, 관사를 청소하는 일, 간단한 서류 관련 심부름 등등을 했다. 당시 경찰 월급이 15,000원에서 20,000원이던 시절이었는데, 이런 잡일들을 해주고 9,000원 정도를 받았다. 1년 동안 이 돈을 모아 십여만 원 이상을 저축할 수 있었다. 나중에는 15만 원을 만들어서 시골집에 갖다 준 적도 있다. 그 돈은 아버지께서 전답을 사는 데 보탬이 되었다.

사람의 환경은 중요하다. 대구경찰서 경무과에 사환으로 입사한 후 비로소 주경야독으로 공부를 할 수 있었다. 본격적인 공부가 가능한 환경으로 스스로 움직인 것이다. 평소 남들보다 영어가 부족했던 나는 문법책을 붙들고 살았다. 그러던 어느 날, 혼자 『성문종합영어』를 펴놓고 공부하는데, 244쪽에 '천천히 꾸준히 달리면 경주에서 이긴다Slow and steady wins the race.'는 글이 눈에 확 들어왔다. 당시 기억이 너무 선명해서 아직도 쪽수까지 잊지 않고 기억난다. 어떻게 보면 사소한 속담에 불과한 그 한 줄의 경구가 공부에 간절한 한 사내의 마음을 파고든 것이다. 사환으로 공부하면서 나는 남들보다 학업이 뒤쳐졌다는 생각에 초조한 마음을 억누르지 못하고 전전긍긍했다. '이러다 낙오자가 되는 건 아닐까?' '다른 친구들은 다 교복을 입고 학교에 가는데 나는 지금 빗자루를 들고 경찰서 마당이나 쓸고 있구나.' 자괴감이 드는 날에는 밀려드는 우울감에 몸서리치며 벌벌 떨기도 했다. 그런데 비록 늦지만 꾸준히 하면 경주에서 이긴단다. 늦는slow 건 어쩔 수 없지만 꾸준히steady는 내가 어떻게든 해볼 수 있겠다 싶었다. 나는 이 경구가 나를 일으켜 세운 삶의 진리라고 느끼고, 그날부터 이 문장을 나의 좌우명으로 삼았다. 내 마음을 때렸던 그 '꾸준히'는 어느덧 나에게 성공의 습관을 만들어준 한 단어가 되었다. 그렇게 나는 주경야독 독학으로 고교과정을 마치게 되었고, 대구경찰서장 관사에 머물게 되면서 더욱 더 부단히 공부할 수 있었다.

날마다 독서를 하는 삶

독서에 중독되라! 어감이 좀 이상하지만 가장 현실적인 성공 방정식이다. 우리는 마약에만 중독되는 게 아니다. 술, 담배, 도박처럼 3대 중독원 뿐 아니라 쇼핑이나 게임, TV 시청 등 우리의 보상 회로를 정상수준 이상으로 자극할 수 있는 것이라면 무엇이든 중독될 수 있다. 중독의 메커니즘을 이용하라! 독서도 맛 들이면 이것만 한 금단현상도 따로 없다. 알다시피, 독서를 강조하면서 안중근 의사는 "하루라도 책을 읽지 않으면 입안에 가시가 돋는다—日不讀書口中生荊棘."고 이러한 금단현상에 대해 말했다. 그런데 이 말을 그가 죽음을 눈앞에 둔 옥중에서 했다는 사실을 아는 사람은 거의 없다. 맨정신이라면, 빼앗긴 나라의 백성으로 영어囹圄의 몸이 되어 목숨이 경각에 달린 사형수가 '요즘 들어 책을 읽지 못해 입안이 까끌까끌하다.'고 불평이나 늘어놓을 수 있겠는가? 그것도 모자라 그는 사형 집행이 있기 직전 마지막 소원을 묻는 집행관에게 "못 다 읽은 책을 읽을 수 있도록 나에게 5분만 시간을 달라." 말했다고 전해진다. 죽음의 순간, 지난날을 돌아보며 일생을 정리해도 시원치 않을 판에 곧 있으면 형장의 이슬로 사라질 운명에 놓인 사람이 태연자약하게 미처 읽지 못한 책을 두고 떠나는 것을 애달파한다니 '괜히 안중근 의사가 아니구나.'라는 생각이 든다.

20대 시절 나는 독서에 미쳐 지냈다. 공자는 일찍이 '사내라면 모름지기 다섯 수레의 책은 읽어야 한다.'고 했는데, 그에 미치지 못하더라도 청년기에 한 수레의 책은 읽고 싶었다.[20]

나는 나보다 책을 더 사랑하는 사람에게 경외감을 느낀다. 다른 것으로는 통 부럽지가 않지만, 늘 책을 가까이 하는 사람은 언제 봐도 기품이 있고 존경스럽다. 리더leader는 리더reader다. 파레토 법칙Pareto rule에 의하면, 세상을 이끌어가는 사람들은 소수에 불과하며, 대략 20% 정도의 사람들이 나머지 80%를 리드한다고 한다. 품질경영 전문가인 조지프 주란Joseph Juran은 파레토 법칙을 두고 '치명적인 소수와 사소한 다수vital few and trivial many'라는 말로 요약했

---

20 男兒須讀五車書.

다. 나는 이 소수가 책을 읽는 리더라고 생각한다. 책은 시대를 이끌어가는 오피니언리더의 양 날개라고 했다. 그리스-로마신화의 이카루스처럼 날개가 녹아 바다로 곤두박질치지 않기 위해서는 탄탄한 독서 습관을 어깨에 장착할 필요가 있다.

　그럼 무엇을 읽어야 할까? 독서광인 나에게 주변 사람들은 "그렇다면 대체 어떤 책을 읽어야 하느냐?"고 묻는다. 우선 가장 가까이에 있는 책, 내 지적 호기심을 자극하는 책, 쉽게 읽을 수 있는 책이 제일 좋다. 기능이나 목적을 가지고 공부하는 전공서나 참고서는 이러한 독서에 포함되지 않는다. 필독서로 종종 소개되는 고전은 대부분 전문가들이 동의하고 오랜 세월 사람들에 의해 검증된 책이기 때문에 실패할 확률이 적다. 그럼에도 불구하고 범위가 너무 넓고 막연하다고 하는 분들에게 필독서를 몇 권 제안한다면, 서양 철학사와 『성서』, 그리스-로마신화, 셰익스피어 문학선은 꼭 읽어볼 것을 권한다. 이것들은 모두 역사적으로 서구 문명을 주도했던 세 가지 흐름이기 때문에, 다른 독서의 배경이나 토대가 될 수 있다. 기회가 된다면, 서양 철학사를 쉽게 풀어쓴 책을 일독하면 좋다. 우리가 지금 배우고 있는 거의 모든 학문은 서양철학과 밀접한 관련을 맺고 있다. 너무 전문적이지 않다면, 두세 권 정도 교차해가면서 일독하면 체계가 잡힐 것이다. 또한 시간을 갖고 『성서』를 일독할 것을 권하고 싶다. 어떤 교회나 특정 집단에서 하는 성경공부는 권하고 싶지 않다. 옳은 해석과 그른 해석의 기준은 전적으로 본인에게 있다. 누가 뭐라 하든지 철저히 주관적인 관점에서 수천 년간 이어져 온 일신교 신앙의 정수를 음미하기 바란다. 물론 이런저런 참고 될 만한 책들을 찾아볼 수는 있겠으나, 의미의 갈림길에 섰을 때 전적으로 외부자의 권위를 무시하고 스스로의 관점만을 믿어야 한다. 『성서』를 읽으면 서구사회를 이해할 수 있다. 이건 경전을 읽고 그 뜻을 음미한 사람들이 얻을 수 있는 특권이다. 모두가 잘 아는 바와 같이, 오늘날 서구사회는 세 가지 전통을 토대로 형성됐다. 철학과 종교, 문학, 이 세 가지는 문명을 직조織造한 삼색 실과 같다. 철학은 헬레니즘의 세례를 통해 이뤄진 전통이며, 종교는 그리스도교 문화를 거치며 성립된 전통이고, 문학은 그리스-로마 신화와 셰익스피어를 토대로 성립됐다. 이를 도표로 그리면 다음과 같다.

철학 philosophy	헬레니즘 Hellenism	로고스—지식의 체계 그리스철학은 서구사상의 등뼈(backbone)와 같다. 여기서 모든 사상이 발원했다. 전문적인 수준은 아니더라도 서양 철학사는 어느 정도 알고 있어야 한다.
종교 religion	그리스도교 Christianity	에토스—윤리의 체계 그리스도교 사상은 종교를 떠나 서구의 윤리를 지배한 원리이며, 나아가 서구사회를 결속시키는 끈이다. 『성서』는 반드시 읽어야 한다.
문학 literature	그리스-로마신화 /셰익스피어 Greco-Roman myths /Shakespeare	파토스—감정의 체계 그리스-로마신화와 셰익스피어 문학은 서구의 정서를 지배한 내러티브이다. 이것을 읽지 않으면 다른 문학들을 이해할 수가 없다.

서구문명을 주도했던 독서의 세 가지 영역

종교적 지혜는 중요한 지적 자산의 하나다. 종교는 오랜 인류의 정신적 보고寶庫다. 의례의 형식이 됐든 경전의 형태가 됐든 간에, 각종 종교가 오늘날 우리에게 주는 정신적 가치는 결코 사소하거나 적지 않다. 이성적으로 아둔하고 과문한 사람들이 무분별하게 종교를 비하하고 조롱하지만, 사실 인류가 지금까지 갈고 닦아온 종교의 진리는 영롱한 별처럼 빛나고 있다. 영국에서 활동하는 작가 알랭 드 보통은 『무신론자를 위한 종교』에서 현대 무신론의 오류는 어떤 신앙의 핵심 교의가 더 이상 유효하지 않더라도 여전히 타당성을 지니는 신앙의 측면들이 무척 많다는 점을 간과한 데에 있다고 말한다. 물론 필자는 현재 특정한 종교에 편향되어 있지 않으나, 기독교적 세계관에 깊은 관심을 가지고 있다. 기성 종교나 특정 교단을 두둔하고 싶지는 않지만, 종교를 순전히 영적이고 정신적인 것이라고 치부하지 않는다. 무신론자임을 공공연히 밝히고 교회를 맹렬히 비판하는 행위가 스스로를 지적이고 합리적인 현대인으로 보이도록 만들어준다는 착각에서 벗어나라고 조언하고 싶다.

이러한 순수한 독서와 함께 꿈과 목표를 깨닫게 해주는 자기계발서도 꾸준히 읽는 게 좋다. 다음의 책들은 내가 평소 여러 번 읽고 큰 동기부여가 되었던 목록의 일부다. 지금 필자가 쓰고 있는 이 책의 뼈대를 이루는데 결정적인 역할을 한 양서들도 포함되어 있다. 책은 개인적으로 호불호가 나뉘기 때문에 독자에 따라 충분히 다른 생각을 가질 수 있다. 그러한 개인차를 감안하고 책을 고르기 바란다. 특히 이 중에서 마르크스 아우렐리우스의 『명상록』은 나에게 삶의 지혜와 냉철함을 주었으며, 급한 마음을 다스리고 인생관과 가치관 형성에 많은 도움이 되었다. 톨스토이의 책에서 인생의 지혜를 배웠고, 헤세의 책에서 인생의 아름다움을 느꼈다. 조셉 M. 마셜의 책은 꿈과 목표를 설계하는 데 많은 도움을 받았다. "산꼭대기를 향해, 해돋이를 향해, 희망을 향해 내디딘 가장 연약한 한 걸음이 가장 맹렬한 폭풍보다 훨씬 더 강하다."는 저자의 조언은 아직도 내가 외고 있는 몇몇 경구 중 하나다.

- 헤르만 헤세의 『데미안』, 『청춘은 아름다워라』
- 마르크스 아우렐리우스의 『명상록』
- 톨스토이의 『인생독본』
- 나폴레옹 힐Napoleon Hill의 『나의 꿈 나의 인생Think and Grow Rich』, 『성공학 노트』
- 조셉 M. 마셜Joseph M Marshall의 『그래도 계속 가라Keep Going』
- 홍자성의 『채근담』
- 사마천의 『사기』
- 『중용』과 『주역』
- 스티븐 메이슨Stephen F. Mason의 『과학의 역사A History of the Sciences』

- 스티븐 코비Stephen R. Covey의 『성공하는 사람들의 7가지 습관The Seven Habits of Highly Effective People』
- 지그 지글러Zig Zigler의 『정상에서 만납시다See You at the Top』
- 조엘 오스틴Joel Osteen의 『긍정의 힘The Positive Power』
- 찰스 두히그Charles Duhigg의 『습관의 힘The Power of Habit』
- 마이클 샌델Michael J. Sandel의 『정의란 무엇인가Justice: What is the right thing to do』
- 황농문의 『인생을 바꾸는 자기혁명: 몰입Think Hard』
- 미치오 카쿠Michio Kaku의 『마음의 미래The Future of The Mind』, 『평행 우주Parallel Worlds』
- 피터 린치Peter Lynch의 『월가의 영웅One up on Wall Street』
- 새뮤얼 헌팅턴Samuel Huntington의 『문명의 충돌The Clash of Civilizations』
- 에드워드 윌슨Adward O. Wilson의 『지식의 대통합: 통섭Consilience』
- 조던 B. 피터슨Jordan B. Peterson의 『12가지 인생의 법칙12 Rules for Life』
- 오그 만디노Og Mandino의 『아카바의 선물The Gift of Acabar』
- 유발 하라리Yuval Noah Harari의 『사피엔스Sapiens』, 『호모 데우스Homo Deus』
- 하워드 가드너Howard Gardner의 『열정과 기질Creating Minds』
- 신영복의 『강의』
- 유시민의 『국가란 무엇인가』, 『어떻게 살 것인가』
- 배철현의 『심연』, 『수련』

필자는 개인적으로 독일의 낭만주의 소설가 헤르만 헤세의 책들을 좋아했다. 특히 그 중에 『데미안』은 어린 감성에 큰 영향을 줬다. "새는 알을 깨고 나온다. 알은 새의 세계이다. 태어나려는 자는 하나의 세계를 파괴하지 않으면 안 된다. 새는 신을 향해 날아간다. 그 신의 이름은 아프락사스다." 이 구절은 내가 유독 좋아하는 글귀다. 헤세의 말처럼, 독서는 자기 파괴에서 시작된다. 어제의 나, 익숙한 나, 고정된 나를 부수고 오늘의 나, 달라진 나, 변화된 나를 지향하는 행위다. 독서는 변신이다. 따라서 독서에는 수련이 요구된다. 익히 알다시피 교양을 독일어로는 '빌둥Bildung'이라고 한다. 말 그대로 무언가를 '형성'하고 세우는 것을 의미한다. 독서는 교양을 쌓을 수 있는 가장 빠르고 확실한 방법이다. 눈빛이 책장을 뚫는 것 같은 치열한 독서든, 틈틈이 남는 오후 시간에 카페에 앉아 유유자적 책장을 넘기는 독서든, 무엇이든 좋다. 그러나 교양에 가장 좋은 독서는 나를 불편하게 하는 책을 읽는 것이다.

"술술 읽히는 책 말고, 읽다가 자꾸만 덮어지는 그런 책을 골라 읽을 것이다. 좋은 책이란 물론 거침없이 읽히는 책이다. 그러나 진짜 양서는 읽다가 자꾸 덮이는 책이어야 한다. 한두 구절이 우리에게 많은 생각을 주기 때문이다. 그 구절들을 통해서 나 자신을 읽을 수 있기 때문이다. 이렇듯 양서란 거울 같은 것이어야 한다. 그래서 그 한 권의 책이 때로는 번쩍 내 눈을 뜨게 하고, 안이해지려는 내 일상을 깨우쳐 준다. 그와 같은 책은 지식이나 문자로 쓰여진 게 아니라 우주의 입김 같은 것에 의해 쓰여졌을 것 같다. 그런 책을 읽을 때 우리는 좋은 친구를 만나 즐거울 때처럼 시간 밖에서 온전히 쉴 수 있다."[21]

책을 읽고 그치는 것이 아니라 글로 남기는 것 역시 훌륭한 독서 습관이다. 특히 책을 읽은 다음 독후감을 적은 일기는 필자의 인생에 나침반과 같은 역할을 했다. 길을 잃고 헤맬 때 가장 필요한 것이 자신의 좌표를 확인할 수 있는 나침반의 존재다. 현재 본인이 어디에 있는지를 알아야 목적지도 알 수 있기 때문이다. 뭐에 홀린 것처럼 나는 누가 시키지도 않았는데 10대 후반부터 20대 후반까지 매일 일기를 썼던 것 같다. 일기를 쓰는 행위를 영어로 흔히 '쓴다write'라고 하지 않고 '지킨다keep'고 하는데, 그 이유는 일기를 평소 쓰는 사람만이 알 수 있다. 그만큼 이리저리 끼적거림이 낳은 누적의 힘이 필수적이라 하겠다. 나는 독후감을 단순히 쓰는 것으로 그치지 않았다. 매년 연말이 되면 1년 동안 썼던 일기들을 주욱 읽어보고 정리하려고 애썼다. 어떤 책을 읽었고, 어떤 글귀가 가슴에 와 닿았는지, 무엇이 중요한 경험이었고, 누가 나에게 중요

---

21 법정, 『무소유(범우사)』, 19쪽.

한 사람이었는지, 어떤 일이 보람된 경험이었고, 언제 행복했는지, 모든 부분을 꼼꼼하게 체크하고 긍정적인 것과 부정적인 것을 나눠 정리했다. 이렇게 약 15년간 쓴 일기를 해마다 연말에 정리하고 그 내용을 토대로 인생의 핵심 성공요인 12가지를 도출하여 지도를 만들었다. 필자가 태어나서 죽을 때까지 10년 단위로 10개의 기간을 나눠 건강, 직업, 학업, 가족, 경제적 문제 등 인생의 로드맵을 작성한 것이다. 그 로드맵이 나의 인생의 마스터플랜(청사진)을 낳은 기본 바탕이 됐다. 모두 책을 읽으면서 일어난 기적들이다.

급한 일보다 중요한 일을 하는 삶

경험상 '습관 깨기breaking habits'와 '습관 들이기building habits'는 서로 반대의 구조로 접근하는 것이 좋다. 나쁜 습관을 제거할 때에는 습관의 난이도에 따라, 즉 습관을 타파하기 용이한 순서대로 하나씩 정복하는 게 좋다. 지금 당장 실천할 수 있는 것부터 하나씩 접근한다. 눈앞에 보이는 가깝고 쉬운 포스트부터 공략한다. 무리한 계획을 세워서 쓸데없이 스트레스를 받을 필요가 없다. 무엇이 쉬운 습관 깨기일까? 우선 담배를 하루에 열 개비 피우는 사람이라면 일주일에 한 개비씩 줄이는 것이다. 하루아침에 당장 끊기cold turkey를 실천하는 사람도 있겠지만, 대부분의 사람들은 지독한 금단현상으로 고생하기 마련이다. 일주일이라는 느슨한 타이밍을 설정하고 천천히 담배를 줄여보는 것이다.

반면 좋은 습관을 들이는 과정은 습관의 중요도에 따라, 즉 내 삶에 가장 중요하다고 여기는 행동의 순서대로 하나씩 반복하는 게 좋다. 용이한 순서대로 습관을 들이다가는 결코 내 인생에 가장 필요한 습관을 받아들이기 힘들다. 여기에는 앞서도 언급한 스티븐 코비 박사가 『성공하는 사람들의 7가지 습관』에서 제시한 '다급한 일'과 '중요한 일'을 나눠서 생각하는 전략을 응용할 수 있다.[22] 코비 박사에 따르면, 인생에 해결해야 할 일들은 네 가지 종류가 있다. 각기 중요함과 신속함을 기준으로 4사분면을 가를 수 있는데, 다급하면서 중요한 일이 가장 먼저 몸에 길들여야 할 좋은 습관이다.

	다급한 일	다급하지 않은 일
중요한 일	**처리하라!** • 위기 • 데드라인이 걸린 프로젝트 • 위급 상황	**집중하라!** • 가치관 • 준비와 계획이 필요한 프로젝트 • 관계 설정 • 운동과 건강
중요하지 않은 일	**조심하라!** • 모임 • 전화와 이-메일 • 위기를 가장한 프로젝트	**피하라!** • TV시청과 오락 • 취미생활 • 시시한 걱정거리

코비 박사가 말한 중요한 일과 다급한 일

---

22 스티븐 코비 박사의 책은 인생을 설계하는 일에 진지한 열정과 관심을 가진 사람이라면 반드시 읽어야 할 책이다.

코비 박사의 도식을 필자의 아내의 사례를 빗대어 설명하면 좋을 것 같다. 아내는 경북대학교에서 국어국문학을 전공하여 중등학교에서 12년간 국어 교사로 일하였다. 두 아이의 엄마로 일상에 안주할 수도 있고 남편을 내조하며 벌어다 주는 월급에 만족하며 살아갈 수도 있었다. 하지만 아내는 인생에서 급한 일보다 중요한 일에 집중했다. 학교 교사로 있으면서 공부를 게을리하지 않아 2006년 충북대학교 시창작학 전공으로 석사학위를 받았으며, 이후 교단을 떠나 시창작 공부에 몰두하여 2004년 정지용문학상을 수상하기도 했다. 아내의 시는 그 문학성을 인정받아 일간지로는 「강원일보」와 「경남일보」, 문예지로는 「시와 시학」 등에 당선되기도 했다. 만약 아내가 급한 일에만 집중하며 살았다면 지금처럼 전업 작가로 나설 수 없었을 것이며, 나에게도 긍정적인 영향력을 주지 못했을 것이다.

아내는 결혼할 때부터 필자가 박사학위를 취득하여 학자가 되기를 강력히 희망했다. 결혼할 때 이미 나에게 꿈과 목표의 로드맵(청사진)이 있는 것을 알았기 때문에, 인생에 다급하고 중요하지 않은 일들에 크게 신경 쓰지 않도록 배려해주었다. 아내의 내조 덕분에 나는 공부에 집중할 수 있었고, 대학교수로 우뚝 설 수 있었다. 내가 몸담은 한국경영정보학회는 회원수만 5,000여 명에, 「스코푸스SCOPUS」 영문학술지와 한국연구재단 등재 학술지 등 2종의 학술지를 발간하는 학회로 정보통신기술 분야 최고의 메이저학회이다. 역대 회장은 전원 서울대 출신 교수들이었고, 그중 대부분은 미국 유수의 대학에서 박사학위를 받은 해외파들이다. 내 주변에 교수들은 모두 "김병곤은 학벌이 딸리기 때문에 메이져학회 회장이 될 수 없다."고 입을 모았다. 하지만 나는 그런 억측을 부수고 20대 회장이 되어 학회를 성공적으로 이끌었다.

다급한 일보다 중요한 일을 먼저 하려고 노력한 결과, 지난 24년간 대학교수로 봉직하면서 각종 국내학술지에 122편, 국제저명 전문학술지에 21편의 논문을 발표할 수 있었고, 국내학술단체에서 6회, 해외학술단체에서 3회 등의 우수논문상을 수상하기도 했다. 내가 있는 곳에서 최선을 다하며 봉사하며, 인생의 철학과 의미를 중요하게 생각하고, 변함없는 마음으로 실천한 결과, 약 15년 만에 별다른 인간적 어려움 없이 순리대로 메이저학회 수장이 될 수 있었다. 이는 학회가 창립한 이래 일개 교수가 비서울대, 비유학파, 비수도권대라는 거대한 3가지 편견의 벽을 허문 최초의 사건이 되었다.

특히 내가 회장으로 있던 2013년에는 전 세계 경영정보학회를 서울에서 성공적으로 유치했다. 2017년 12월에는 한국경영정보학회 주관으로 코엑스에서 세계 경영정보학자 및 정보과학자 약 1,500명이 참석한 가운데 성황리에 국제 컨퍼런스를 치르기도 했다. 또한 2016~2017년 2년간 한국경영정보학회 장기전략위원장으로 학회의 장기 발전 마스터플랜을 주도했고, 이후 한국경영학회 국가미래전략위원회 위원장으로 「제4차 산업혁명을 위한 새 정부의 경제 및 기업정책에 관한 정책연구보고서」를 3회 발간하여 청와대 정책실, 국무총리실, 과기정통부 등 정부관련 부처, 경제 단체 등 110여 곳에 보고하기도 했다.

나쁜 습관을 과감하게 파괴하고 새로운 습관을 창조하는 데에는 일정한 '미친 용기'가 필요하다. 그 미친 용기를 가지고 나는 고백할 수 있다. 일상의 작은 것에서 늘 감탄하는 삶을 살고, 남들이 당연한 것으로 보는 걸 기적으로 여기며, 누구를 만나건 어떤 일을 하건 바로 지금 여기here and now가 가장 중요하다. 보석처럼 영롱하게 빛나는 시간은 어제도 내일도 아닌 현재임을, 그래서 현재present는 신이 나에게 준 하나의 고귀한 선물present임을 깨닫는 삶을 이어가는 것, 그것이 나에게 가장 중요하고 시급한 일이다.

"이렇게 보고 응답하고 인식하고 인식 대상을 알아보는 감각을 갖추려면 어떤 조건이 필요할까? 진짜 삶의 첫 번째 조건은 감탄의 능력이다. 아이들은 이 능력을 아직 갖고 있다. 노력을 총동원하여 새로운 세상에서 방향을 찾고 항상 새로운 사물을 붙잡아 알아간다. 당황하고 놀라고 감탄할 수 있으며 이를 통해 창조적으로 응답할 수 있다. 하지만 교육과정을 거치면서 대부분의 사람이 감탄의 능력을 잃는다. 이제 자신은 모르는 것이 없으며, 감탄은 무지의 증거라고 생각한다. 세상은 더 이상 기적으로 가득하지 않고 사람들은 세상을 당연한 것으로 받아들인다. 하지만 감탄의 능력이야말로 예술과 학문의 모든 창조적 결과를 낳는 조건이다. 두 번째 조건은 집중력이다. 서구 문화에서는 희귀한 것이다. 우리는 늘 분주하지만 집중하지 못한다. 어떤 일을 하고 있으면서도 이미 다음 것을, 지금 하는 일을 끝마칠 수 있는 그 순간을 생각한다. 최대한 많은 일을 동시에 한다. 진정으로 집중할 때는 지금이다. 이 순간에 하는 일이 이 세상에서 가장 중요하다. 어떤 사람과 이야기를 나누건, 어떤 글을 읽건, 산책을 하건, 이 모든 일을 집중해서 한다면 나에게는 지금 여기서 내가 하는 일보다 더 중요한 것이 없다. 대부분의 사람들은 과거나 미래에서 산다. 하지만 실제 경험으로서의 과거나 미래는 존재하지 않는다. 지금 여기만이 존재한다. 그러므로 진정한 인식과 응답은 여기 지금에서만 존재한다."[23]

나보다 남을 챙기며 사는 삶

오늘날 소아마비polio는 질병 축에도 끼지 못하는 고만고만한(?) 병으로 취급되지만, 한때만 하더라도 호환마마만큼 무서운 질병이었다. 1955년, 백신이 발명되기 전까지 전 세계에서 매년 50만 명

---

23 에리히 프롬, 『나는 왜 무기력을 되풀이하는가(나무생각)』, 193쪽.

이상의 아이들이 소아마비로 하반신이 마비되거나 아까운 목숨을 잃어야 했다. 1952년 한해 미국에서만 5만 8천 명의 환자가 소아마비에 걸렸고, 미국인들이 가장 사랑하는 대통령 프랭클린 루스벨트 역시 소아마비로 평생 휠체어를 타야 했다. 철제 휠체어와 보조기, 목발을 연상시키는 무시무시한 질병, 소아마비는 어떻게 퇴치될 수 있었을까?

러시아 유대인 이민자 출신이었던 조너스 소크Jonas Edward Salk 박사는 1947년 피츠버그대학 교수로 재임하면서 소아마비 백신 연구에 몰두했다. 2차 세계대전이 막 끝난 1954년 마침내 백신이 개발되었고, 모두가 인체실험을 두려워하자 그는 자신의 팔뚝에 먼저 주사를 놓는 대담함을 보였다. 이듬해 최종적으로 백신의 안전성이 밝혀지자, 소아마비 발병률은 현격히 떨어졌고, 그는 「타임즈」에 등장해 전 세계에서 소아마비 박멸을 선언하기에 이르렀다. 많은 사람들은 소크가 완성한 백신의 효과에 깜짝 놀랐다. 전 세계는 자신이 개발한 백신에 특허를 걸지 않고 무료로 풀자 또 한 번 놀랐다. "이 백신의 특허권은 누구에게든 있습니다. 누가 태양에 특허를 걸 수 있단 말인가요?" 이 한 마디를 남기고 그는 공공의 이익을 위해 소아마비 백신에 대한 특허권을 행사하지 않았다. 그 결과 세계보건기구WHO를 통해 보급되는 소아마비 백신의 공급 단가는 단돈 100원에 불과했고, 현재 전 세계적으로 소아마비 환자는 백신 출시 이전의 1% 이하로 감소했다. 만일 그가 자신이 개발한 백신에 특허권을 사유화했다면, 오늘날 골수성 백혈병 치료제인 글리벡처럼 천문학적인 금액을 벌어들였을 것이다. 하지만 그는 자신의 재능을 공공의 이익에 환원시키기로 결심했다.

우리는 혼자일 수 없다. 나의 나됨은 너가 있기에 가능하다. 나와 너는 이렇게 인간으로 거듭난다. 인간人間은 사람과 사람[人] 사이[間]를 말한다. 그래서 유아독존唯我獨尊의 삶은 그 자체로 실패다. 내 옆에 친구가 없고, 동료가 부재하며, 이웃이 자취를 감추고, 공동체가 무너진다면, 나의 성공도, 나의 꿈과 목표도 아무런 의미가 없을 것이다.

나의 성공은 너의 실패가 아니다. 나의 성공은 너의 성공이며, 나아가 한 사회와 국가의 성공이기도 하다. 그런데 최근 TV나 신문을 통해 보도되는 뉴스와 기사는 우리의 마음을 울적하게 만든다. 치기 어린 천재성을 공명심을 올리는 데 허비하고, 자신의 승리와 업적에 도취되어 기득권을 사적인 용도에 충당하는 사람들, 많이 가지고 높은 지위에 앉은 분들이 서푼어치 자존심에 금이 갔다는 이유로 폭력배를 동원하고, 이름만 대면 알만한 훌륭한 대학을 나온, 배울 만큼 배운 분들이 자신의 지식을 얄팍한 재리財利에 활용하는 모습을 기사에서 읽으며 우리는 절망한다. 이건 한 개인의 타락을 넘어서 우리 모두가 속한 한 사회의 실패fiasco다.

에드워드 헤일Edward Everett Hale은 "함께 모이는 것이 시작이라면, 함께 지속하는 건 과정이며, 함께 일하는 건 성공이다Coming together is a beginning; keeping together is progress; working together is success."라고 말했다. 혼자 이루는 것보다 함께 이루는 것이 훨씬 가치 있다. 나는 LG전자를 다닐 때부터 지금까지 꾸준히 이웃을 돕는 삶을 살려고 노력했다. 교수로서 학생들을 가르치는 일 또한 가치 있는 삶이다. 나아가 학자금을 마련하지 못해 동분서주 고민하는 친구들에게 매 학기 장학금을 주려고 노력하고 있다. 졸업생들은 회사에 취업할 수 있도록 도와주고, 어려운 기업은 경영전략 수립과 컨설팅을 통하여 회생을 돕고 있다. 특별히 학자가 되기를 희망하는 제자는 홀로 설 수 있을 때까지 뒤를 봐준 적도 많았다. 그 중에 이영라 씨가 기억에 남는다. 그녀는 평택에 소재한 미군 부대 캠프 험프리스 Camp Humphreys에서 민간인으로 근무하는 여성이었다. 학벌이든 실력이든 크게 내세울 것이 없는 상황이었지만, 영어를 유창하게 할 수 있다는 것은 큰 자산이었다.

이를 눈여겨 본 필자는 그녀가 학자의 길로 꿈과 목표를 설정하도록 지도하였으며, 결국 미국으로 유학을 가게 주선해 주었다. 필자와 끊임없이 연락을 주고받으며 미시간주립대에서 경영학으로 석사를 마치고, 미네소타대학에서 박사학위까지 취득한 뒤 모교에서 조교수를 하게 됐다. 꿈이 현실이 된 것이다. 평택 미군 부대에서 이름 모를 직원으로 근무하던 그녀가 세계적으로 유수한 대학의 교수로 거듭날 수 있었던 이유가 무엇일까? 그녀의 꿈이 자신을 구원하게 됐다. 이영라 씨는 필자를 모델로 삼아 경영학자의 길을 가겠다는 꿈과 열정을 가지고 미국으로 유학을 갔고, 평소에도 특별히 목표의식이 강하고 도전정신이 남달라서 미국 생활도 잘 적응했다. 내가 키운 제자 중에서 가장 기억에 남는다.

아래 그림을 한 번 보자. 중간에 들어간 글자를 유심히 보기 바란다. 알파벳 대문자 B일까, 아니면 숫자 13일까?

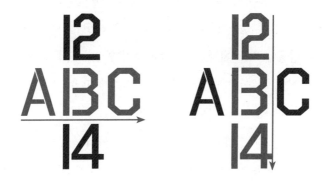

가운데에 들어있는 글자는 알파벳 B일까, 아니면 숫자 13일까?

좌측처럼 가로로 읽으면 알파벳 B로 보이고, 우측처럼 세로로 읽으면 숫자 13으로 보인다. 사실 두 그림을 비교해보면 글자에는 아무런 변화가 없다. 똑같은 글자인데도 어디에 놓이느냐에 따라, 어떤 방식으로 읽느냐에 따라 전혀 다르게 인식되어진다. 소위 게슈탈트 심리학Gestalt psychology에서 말하는 형태론인데, 이를 통해 전체가 부분의 합 이상이며 인간은 개별적 부분의 조합이 아닌 전체의 형태로 인식하는 존재임을 밝혔다. 사람이 어떤 사물을 인지할 때, 가까이에 있는 물체들을 하나의 그룹으로 인지하여 받아들인 다는 것이다. 파편적인 단위가 아니라 하나의 전체 묶음으로 이해하기 때문에 이렇게 같은 글자인데도 주변에 어떤 글자와 묶이느냐에 따라 전혀 다른 것으로 인식될 수 있다.

성공 역시 마찬가지다. 나의 성공이 어떤 의미가 있는지는 내 주변의 성공과 실패에 의해 결정될 수 있다. 내 옆에 누가 있는가? 나를 돕는 귀인이 있는가? 나를 끌어내리고 해코지하는 악인이 있는가? 내 성공은 그들에게 어떤 영향력이 있고, 나의 꿈과 목표는 그들에게 어떤 감화력이 있는가? 나는 알파벳 B로 읽혀지는 사람인가, 숫자 13으로 읽혀지는 사람인가?

김남조 시인의 「그대 있음에」라는 시가 있다. "그대 있음에 내가 있네/ 나를 불러 손잡게 해/ 그대의 사랑 문을 열 때/ 내가 있어 그 빛에 살게 해/ 사는 것의 외롭고 고단한 곳에/ 그대 있음에/ 삶의 뜻을 배우니/ 오, 그리움이여/ 그대 있음에 내가 있네." 정상은 높으면서도 넓다. 나 혼자 우뚝 서는 게 아니라 더불어 어깨동무하며 설 수 있을 만큼 성공의 땅은 모두에게 후하다. 성공회대고故 신영복 교수는 이 '함께 함'을 서예의 획으로 설명하고 있다.

> "…실상 획의 성패란 획 그 자체에 있지 않고 획과 획의 '관계' 속에 있다고 이해하기 때문입니다. 하나의 획이 다른 획을 만나지 않고 어찌 제 혼자서 '자字'가 될 수 있겠습니까. 획도 홉

사 사람과 같아서 독존獨存하지 못하는 '반쪽'인 듯합니다."[24]

2017년 1월 5일 『마르퀴즈 후즈후』에 이름이 등재되었다는 소식을 전달받고, 2017년 3월 28일 영국 국제인명기관 포상심의위원회에서 전 세계 수천 명의 전문가들을 대상으로 심사하여 세 종류의 분야에서 세계 100인의 우수 전문가로, 교육자이자 정보과학자로 평가되어 상패를 받고는 내가 희망하던 세계적 수준의 저명학자가 된 것에 감격했다. 드디어 꿈과 목표 하나 붙잡고 아무것도 모른 채 시골에서 상경하여 철공소 직공으로 살았던 촌놈의 인생이 보상받는 느낌이 들었다. SCI와 SSCI 저널에 실린 다수의 논문들은 내 가슴에 달린 훈장이 되었다. 하지만 이 모든 성공은 나와 함께 꿈과 목표를 향해 달렸던 가족과 아내, 동료, 친구, 공동체, 사회 그리고 국가가 있었기에 가능했다. 나의 강렬한 획은 한지 위에서 춤을 추었다. 그리고 그 획을 받쳐주는 여러 획들이 있었기에 나의 획은 외롭지 않았다. 그렇게 완성한 글자는 모든 획들이 하나의 형태로 이웃하며 읽혔을 때 비로소 소통이 가능했다. 그 글자는 '성공'이었다. 성공의 원리는 간단하다.

우주와 인생, 모든 공부와 비즈니스를 관통하는 성취의 단계는 동일하다.

---

24 신영복, 『감옥으로부터의 사색(돌베개)』, 118쪽.

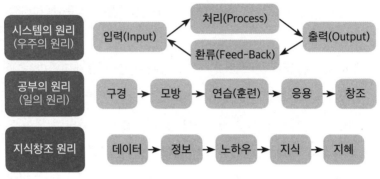

성공의 가치사슬

나가는 글

로버트 프로스트의 「가지 않은 길The Road not Taken」에는 이런 대목이 나옵니다.

그날 아침 두 길은 모두 아직
발자국에 더렵혀지지 않은 낙엽에 덮여 있었습니다.
먼저 길은 다른 날로 미루리라 생각했습니다.
길은 길로 이어지는 것이기에
다시 돌아오기 어려우리라 알고 있었지만.

먼먼 훗날 어디에선가
나는 한숨 쉬며 이야기를 할 것입니다.

"숲 속에 두 갈래 길이 있어

나는 사람이 덜 다닌 길을 택했습니다. 그리고

그것이 내 인생을 이처럼 바꿔 놓은 것입니다."라고.

　인생의 갈림길에서 하나의 길만을 선택해야 할 때, 어떤 길을 가시겠습니다? 평탄하고 아름다운 길, 아니면 풀이 무성하고 인적이 드문 길? 이럴 때 인생에 리허설이 있다면 얼마나 좋을까요? 미리 길이 안내하는 종착지를 가보고 결정할 수 있다면, 한 번 잘못 발을 들였다 해도 패자부활전이 주어진다면, 조금 더 용감하게 걸어갈 수 있을까요? 모르겠습니다. 저는 넓은 길을 포기하고 풀이 더 무성하고 사람의 발길을 기다리는 길을 택하기로 마음먹었습니다.

　중국 『열자』의 「탕문편」에 보면 우공이산愚公移山이라는 고사성어가 나옵니다. 필자는 이 이야기에 등장하는 우공의 우직함이 마음에 듭니다. 우공의 나이가 아흔이 다 되었을 때 동네 사람들의 왕래가 어려운 것을 보고 앞을 가로막고 있는 북산北山을 곡괭이로 깨서 삼태기로 옮길 결심을 합니다. 산을 통째로 평평하게 만들겠다는 심산이었지요. 누가 보더라도 거짓말 같은 무모한 도전이었습니다. 사람들은 노인의 우둔함을 비웃었습니다. 자신을 말리는 사람들에게 우공은 당당하게 말했다고 합니다.

"내가 죽더라도 아들이 있고, 그 아들이 손자를 낳으며, 그 손자가 또 자식을 낳으며, 그 자식이 또 자식을 낳고, 그 자식이 또 손자를 낳으면, 자자손손 끊이지 않겠지만, 북산은 해를 거듭해도 더 커지지 않을 뿐이니 시간이 흘러 어찌 평평해지지 않는다고 걱정할 필요가 있겠소."

남들이 보면 무식하다고 손가락질 하겠지만, 필자는 우공의 그 고매한 뜻이 아름답게 느껴지기까지 합니다. 그는 자신의 이익을 위해 산을 옮기려고 하지 않았습니다. 그는 재를 넘고 산을 넘어야 옆 마을에 당도하는 동네 사람들의 어려움을 보고 마음속에 연민을 느꼈습니다. 남들이 가지 않은 길, 이타심의 극치 위에 무모한 도전은 시작된 것입니다.

필자 역시 남들이 비웃어도 하나도 이상할 것이 없는 도전을 했습니다. 저는 정말이지 시골에서 내세울 것 하나 없는 평범한 소년기를 보냈습니다. 탄광과 철공소에서 품을 팔아야 했던 흙수저 출신의 소년이 세계적인 학자가 된 거지요. 필자를 이런 위치에 설 수 있도록 만든 힘은 꿈과 목표 밖에 없습니다. '서두르는 것도 없이, 쉬는 것도 없이Without hasted, without rested'라는 괴테의 명언을 모토 삼아 그저 꾸준히 내 앞에 가로 놓인 운명의 산을 하나씩 옮겼을 뿐입니다.

지금 이렇게 책을 쓰고 나서 돌이켜 보니, 그 모든 과정이 저를 새로운 사람으로 거듭나게 만들었음을 다시금 깨닫게 됩니다. 처음 만났을 때부터 부족한 저를 믿어준 아내 김려원과 아버지의 가르침을 전적으로 신뢰하고 같이 도전해주었던 두 아들 재영이 재완이에게 감사한 마음이 큽니다. 가족이 없었다면 저의 도전은 그 색이 바랬을 것입니다. 저에게 도리어 성공한 인생이 무엇인지 가르쳐준 이들이었습니다.

　이 책을 읽는 분들이 모두 꿈과 목표를 찾고, 원대한 생의 이상을 따라 한 걸음 한 걸음 전진하는 성공자들이 되기 바랍니다. 저의 이 자그마한 경험이 여러분 모두에게 도움이 되었기를 바랍니다. 마지막으로 당부 드리고 싶은 말씀이 있습니다. "시간은 권력입니다. 자신의 시간을 남에게 함부로 주지 마세요. 시간과 돈을 맞바꾸지 마세요. 시간은 돈보다 훨씬 더 가치 있는 자산이기 때문입니다."

　감사합니다.

부록—퓨처드림 워크시트

연도										
나이	0-9	10-19	20-29	30-39	40-49	50-59	60-69	70-79	80-89	90-100
건강										
직업										
가정										
재정										
학업										
저술										
여행										
종교										
철학										
모토										
관점										
성장										
비전										
성과										
경주										

* 연도와 나이는 독자 본인에 맞게 기록한다.

세계적인 정보과학자가 된
어느 철공소 직공의 이야기

퓨처드림

지은이 | 김병곤
펴낸이 | 박상란
1판 1쇄 | 2019년 6월 19일
펴낸곳 | 피톤치드
교정교열 | 이선옥 디자인 | 김다은
경영·마케팅 | 박병기
출판등록 | 제 387-2013-000029호
등록번호 | 130-92-85998
주소 | 경기도 부천시 길주로 262 이안더클래식 133호
전화 | 070-7362-3488
팩스 | 0303-3449-0319
이메일 | phytonbook@naver.com
ISBN | 979-11-86692-31-8(03320)

「이 도서의 국립중앙도서관 출판예정도서목록(CIP)은 서지정보유통지원시스템 홈페이지(http://seoji.nl.go.kr)와 국
가자료공동목록시스템(http://www.nl.go.kr/kolisnet)에서 이용하실 수 있습니다.(CIP제어번호 : CIP2019021850)」